富의 수직 상승
아이디어에 길을 묻다

유순근

New Idea

아이디어 창조 비결서
창의적 사고기법, 디자인 씽킹, 트리즈 기법, 고객 가치제안,
비즈니스 모델과 사례를 함께 제시한 아이디어 창조 비결서

박문사

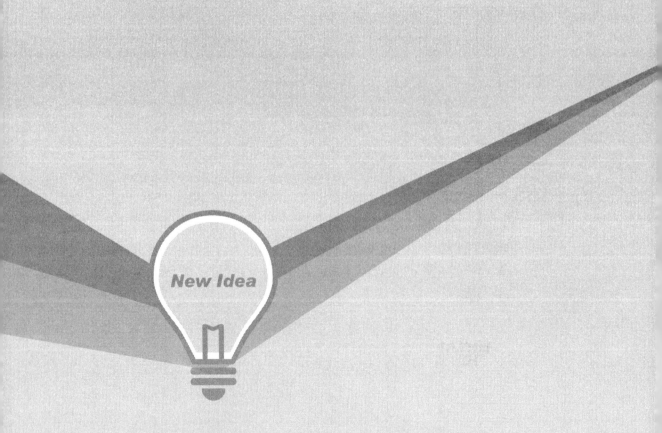
New Idea

서 문

창조적인 사고는 무에서 새로운 것을 창안하는 것이 아니라 이미 존재하는 것을 취하고
이전에 행해지지 않은 방법으로 결합하는 것이다 (James Webb Young).

　모든 사업가가 사업에 성공하거나 실패하는 것이 아니라 성공하는 사업가는 따로 있다. 성공한 사업가는 실패한 사업가들이 갖고 있지 못한 다른 성공 요소가 있고, 이 독특한 성공 요소는 부의 수직 상승을 가져온다. 사업에 뜻을 두고, 탁월한 아이디어를 창조하고, 사업을 수행하고, 사업을 성공하고, 재산과 명예를 달성하는 것이 바람직한 사업의 선순환이다. 성공한 기업이나 제품은 모두 독창적이고 가치 있는 아이디어의 결과이다. 바로 아이디어가 사업의 성공을 견인하고 기업가의 부를 수직으로 상승하는 비결이다. 독창적이면서 가치 있고 돈이 되는 아이디어가 성공의 길이다. 어떤 아이디어가 독창적이고 가치 있고 돈이 되는가? 이러한 질문은 결국 창의적인 사업 아이디어에 관한 문제이다. 본 「富의 수직 상승: 아이디어에 길을 묻다」에서 매력적이고 독창적이고 가치 있는 아이디어를 창조하는 비결을 제시한다.

　아이디어는 일상적인 문제나 다른 기존 아이디어에서 오지만 지금까지 없었던 새로운 방법으로 창안할 때 성공할 수 있다. 창의적 발명은 이전에 있었던 것을 개선한 것이다. 이처럼 아이디어나 발명은 결코 진공 속에서 창조되지 않는다. 최고의 혁신은 이전 아이디어를 개선하고 유용한 가치를 창조하는 새로운 방법을 찾을 때 실현된다. 창의력을 개발하려면 문제를 넘어서는 사고방식이나 인식이 필요하다. 그러나 대부분의 사람들은 사업이나 제품 아이디어를 창조하는 데 서투르다. 이것은 대체로 창조적인 사고방식에 익숙하지 못한 탓이다. 창의력은 숨겨진 원천을 찾아 새롭게 변형하는 능력이지만 체계적인 학습이 필요하다.

　창조적인 사고는 이미 존재하는 것을 새로운 방법으로 개선하고 결합하는 창조적인 두뇌 활동이다. 새로운 사업 아이디어를 창안하는 것은 일반적으로 쉬운 일이 아니다. 가치 있고, 경쟁자가

모방하기 어렵고, 희귀하고, 대체하기 어려울 뿐만 아니라 장기적으로 기업에 수익을 주는 아이디어인 경우는 창안하기가 더욱 어렵다. 그래서 사업이나 제품 아이디어를 창안하려면 창조적인 사고기법이 필요한 이유이다. 그렇다고 창조적인 사고 활동이 어려운 것은 아니다. 만물에는 대체로 원리가 있듯이 성공하는 사업 아이디어 창조에도 원리가 있다. 이러한 원리를 이해한다면 누구나 다 창조적인 사람이 될 수 있고, 또한 매력적인 사업이나 제품 아이디어를 창안할 수 있다.

본 「富의 수직 상승: 아이디어에 길을 묻다」에서는 성공한 기업에서 사용하는 아이디어의 창조 기법을 다룬다. 검증된 창의적 사고기법을 토대로 고객의 문제를 확인하고 정의하여 아이디어를 창조할 수 있는 능력을 사례를 통하여 배양한다. 이러한 과정에서 창안한 사업 아이디어를 가치제안으로 변환하고 비즈니스 모델로 이동하는 기법을 설명한다. 우수한 세계적인 기업의 비즈니스 모델을 분석한다. 기존의 사업 방식을 변경하여 성공한 구글, 애플, 익스피디아, 우버 및 에어비앤비의 사례를 다룬다. 이러한 성공한 기업들은 아이디어로 富의 수직 상승을 이룬 기업들이다. 부의 수직 상승을 달성하기 위해 아이디어를 개발할 수 있는 창조적 사고기법을 제시한다.

그 동안 저자는 벤처 창업, 창업을 디자인 하라, 신제품개발, 기업가 정신, 마케팅, 전략경영과 경영학 등 많은 저서를 저술하였다. 그러나 아이디어 창조 비결에 대한 설명이 지면의 제약으로 심층적으로 다루지 못하였음을 못내 아쉬워하였다. 차일피일 미루다 드디어 집필을 완성하게 되었다. 본 「富의 수직 상승: 아이디어에 길을 묻다」는 총 7장으로 구성된다. 제1장은 사업 아이디어, 제2장은 창의적 사고기법, 제3장은 디자인 씽킹, 제4장은 트리즈 기법, 제5장은 가치제안, 제6장은 비즈니스 모델, 제7장은 비즈니스 모델의 사례이다. 따라서 독자들께서 본서에서 다루는 사업 아이디어 창조 비결과 사례를 충실히 학습한다면 성공적인 사업 아이디어나 제품 아이디어를 창안할 것으로 본다.

본 「富의 수직 상승: 아이디어에 길을 묻다」는 독창적이고, 가치 있고, 수익성 있는 사업 아이디어를 창안하는 창의적 기법을 다룬 아이디어 창조 기법 서적이다. 본서에서 다루는 사업 아이디어 창조 기법으로 성공적인 사업 경영과 신제품 개발에 도움이 되기를 소망한다. 아울러 독자 제현들의 많은 조언과 충고를 부탁드린다. 끝으로 본서의 가독력을 높여주기 위해 교정과 편집에 창의력과 완성도를 높여 주신 박문사의 모든 선생님들께 감사를 드린다.

유 순 근

목 차

제1장

사업 아이디어

New Idea

富의 수직 상승
아이디어에 길을 묻다

1. 사업기회

경영환경은 기업가에게 기회와 문제를 제공하는 바다이다. 기회는 신제품이나 사업을 위한 호의적인 환경이다. 뿐만 아니라 기회는 사업에 유리한 조건이지만 문제는 현재 상태에서 개선된 상태로 변환이 가능한 상황으로 현재 상태와 이상적인 상태 간의 차이를 말한다. 기회는 고객의 욕구나 필요가 있는 곳이나 문제를 확인하고 이를 해결하는 곳에 존재한다. 이러한 기회에서 매력적인 아이디어를 창조하거나 발견할 수 있다. 이렇게 발견한 아이디어는 사업을 위한 행동계획이다. 문제는 사업 아이디어가 될 수 있는 기회이다. 따라서 고객의 욕구를 충족하거나 문제를 해결할 수 있을 때 사업기회가 된다.

기회란 새로운 상품과 서비스를 창출하는 유리한 시장 조건을 의미한다. 기회를 개발하려면 선제성, 노력 및 창의성이 필요하다. 대부분의 사업기회는 갑자기 발생하지 않고 기회에 몰입하는 결과이다. 경제적, 법적, 사회문화적, 인구통계학적 그리고 기술 분야의 변화에서 기회가 발생한다. 따라서 기회를 발생하는 요인을 포착하고 이를 아이디어로 활용하는 기법과 지혜가 아이디어 창조 비결이고 부의 원천이 된다.

1) 사업컨셉

기업가는 부의 수직 상승을 위해 아이디어를 창조하고 사업컨셉을 구성한다. 즉, 사업을 시작하기 전에 사업과 관련된 사업 방향을 생각한다. 사업에 필요한 기본적인 틀인 사업컨셉은 사업을 계획하는 데 유용한 지침을 제공한다. 이와 같이 사업컨셉은 상품이나 서비스에 경쟁우위를 제공하는 독창적인 가치와 판매제안에 대한 아이디어이다. 우수한 사업컨셉은 사업 아이디어, 가치제안과 비즈니스 모델을 포함한다. 이것은 고객들에게 제공할 가치와 독특한 판매제안을 의미한다. 또한 사업컨셉은 수익성 높은 사업에 필요한 핵심 항목이 완벽하게 잘 고려된 구조이다. 따라서 사업컨셉은 제품이 어떻게 표적고객에게 전달되는지, 그리고 아이디어가 성공할 만큼 독특한지를 포함한다.

[그림 1-1] 사업컨셉의 구성 요소

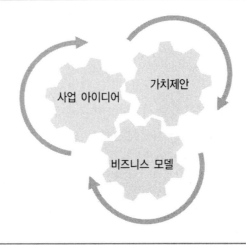

(1) 사업 아이디어

아이디어 구상은 창업이나 제품개발의 첫 단계이다. 고객의 욕구나 문제를 해결할 때 사업 아이디어는 가치가 있다. 사업 아이디어는 종종 시장 진출 및 경쟁우위를 확보할 수 있는 비결이다. 사업은 적어도 하나 이상의 고객욕구나 고객문제를 해결하는 아이디어로부터 시작한다, 아이디어는 기회와 문제에서 찾는다. 기회는 경영환경에서 나타난다. 아이디어는 고객의 욕구나 문제이거나 기술의 공백에 대한 해결방안이다. 따라서 사업 아이디어는 고객에게 유용하고 회사에는 수익성이 있어야 한다.

유망한 아이디어는 고객을 만족시키는 혁신적이고, 독창적이고, 가치 있고, 수익성이 있어야 한다. 유망한 아이디어는 적어도 세 가지 특징이 있다. 첫째, 상품과 서비스의 속성을 설명한다. 둘째, 표적고객을 정의한다. 셋째, 아이디어의 구현 방법, 즉 비즈니스 모델을 포함한다. 많은 기업과 개인이 기존 상품과 서비스를 개선하고 이를 통해 사업을 운영하지만 아이디어는 창안하기가 쉽지 않다. 이미 존재하지 않는 것을 발명하는 것은 매우 어려운 과업이만 창의적 기법으로 해결할 수 있다. 고객의 문제를 혁신적이고, 독특하고, 이익이 되도록 해결할 때 경쟁우위가 가능하고 성공하는 아이디어가 된다.

(2) 가치제안

가치제안은 사업 아이디어에 대한 구체적인 제안이다. 가치제안은 소비자가 특정한 상품이나 서비스를 구매함으로써 얻는 이익이 무엇인지를 명확하게 표현한 진술이다. 즉, 가치제안은 고객들이 경쟁제품 대신에 자사 제품을 구매하는 이유를 표현한 진술이다. 고객들이 제품을 구매하거나 서비스를 사용하는 이유를 충족해야 한다. 특정한 상품이나 서비스가 다른 유사한 상품이나 서비스보다 더 많은 가치를 제공하거나 문제를 더 잘 해결한다는 것을 잠재 소비자에게 확신시킬 수 있어야 한다. 따라서 가치제안은 회사가 무엇을 제공하는지, 어떻게 제공하는지와 얼마나 독특하게 제공할 수 있는 이유를 기술한 것이다.

(3) 비즈니스 모델

비즈니스 모델은 사업 자체에 대한 아이디어이다. 즉, 어떤 상품이나 서비스를 어떻게 소비자에게 제공하고, 어떻게 마케팅하며, 어떻게 돈을 벌 것인가에 관한 계획이나 사업 아이디어이다. 이것은 새로운 서비스나 제품이 제공하는 가치의 개발, 도입과 촉진 등과 관련된 요인들을 이해하는 체계적이고 구조화된 방식이다. 기업은 비즈니스 모델을 사용함으로써 새로운 상품이나 서비스의 개발, 도입과 촉진에 있는 위험을 잘 통제할 수 있고, 상품이나 서비스의 성공 기회를 확대할 수 있다. 따라서 우수한 비즈니스 모델은 기업이 가치를 어떻게 창조하고 유지하는지에 관한 논리를 일관성 있게 설명한다.

2) 사업기회

연은 바람을 잘 이용하면 오래 멀리 갈 수 있다. 연이 높이, 멀리, 오래 날려면 연의 환경, 즉 비행의 위치와 시기는 풍향과 속도에 잘 맞추어져야 한다. 사업 아이디어도 연과 마찬가지로 경영환경과 적합해야 한다. 경영환경이 아이디어를 수용할 수 있어야 성공할 수 있고 수익성이 있다. 아이디어가 많이 떠오르더라도 시장성 및 수익성 조사를 토대로 지속적으로 이익을 얻을 수 있는 것은 드물 것이다. 유망한 기회는 현재 존재하는 시장의 공백이며 이전과 다르고 더 좋게 고객에게 서비스를 제공할 수 있는 가치이다. 기회는 매우 새로운 세계를 창조하는 데 사용되는 재료이다. 이러한 기회는 상품 및 서비스에만 국한되지 않고 새로운 생산방식이나 사업조직, 새로운 원자재, 완전히 새로운 시장창출의 형태를 포함한다.

좋은 아이디어가 반드시 좋은 기회가 되는 것은 아니다. 아이디어가 고객의 욕구를 충족하고 고객이 선호하는 가치가 될 때 좋은 기회가 된다. 기회는 소비자에게 가치를 창출하거나 추가하고, 매력적이고, 시의적절하며, 장기적으로 지속될 수 있는 것이어야 한다. 기업가는 사업계획을 작성하는 것이 필수적이다. 사업계획을 작성하기 전에 기회를 분석하고 평가한다. 기회 분석을 통해 어떤 아이디어가 고객가치와 사업 잠재력을 갖고 있는지 파악할 수 있다. 기회 분석의 목적은 기업가가 올바른 궤도를 갈 수 있는지 확인하는 사전 단계이다.

(1) 사업기회의 성격

새로운 아이디어라고 모두 신제품을 개발하거나 사업을 창업할 수 있는 기회가 되는 것은 아니다. 개인이 발견한 미개발 기회는 합리적 행동의 아이디어를 자극한다. 사업기회란 우수한 가치를 제공하기 위해 창의적인 자원의 조합을 통해 시장 기회를 충족할 가능성이다. 즉, 기회란 사업을 착수할 수 있는 유망한 가능성이다. 이것은 새로운 가치나 유통 방식, 고객과의 의사소통, 내부 및 외부 관계관리 또는 회사에 경쟁력을 제공할 수 있다. 따라서 기회는 현재의 사업 모델과 관행을 개선하는 것에 중점을 두고 어떻게 진행되고 있는지를 나타낸다.

SENSE ☑ **유망한 사업기회**

- 고객에게 중요한 가치를 제공한다.
- 새로운 시장 욕구와 수요를 충족한다.
- 잠재적으로 높은 수익을 올릴 수 있다.
- 기업가의 역량에 잘 부합한다.
- 시간이 갈수록 향상될 잠재성이 있다.

아이디어란 무엇인가 마음에 떠오르는 생각이다. 아이디어가 중요시되는 이유는 기업가가 아이디어를 얻은 후에 고객이 구매하고자 하는 제품을 실제로 설계하거나 제작하기 때문이다. 벤처기업이 실패하는 이유는 기업가가 시장에 필요한 우수한 아이디어를 창출하지 못하기 때문이다. 모든 사업기회에는 아이디어가 포함되어 있지만 모든 아이디어가 반드시 사업기회를 나타내는 것은 아니다. 아이디어가 기업가에게 기회가 되기 위해서는 특정 성격을 가져야 한다. 사업기회는 사업을 창출하고 이익을 얻으며 더 많은 성장을 보장하기 위해 실행될 수 있는 매력적인 경제적 아이디어로 묘사될 수 있다.

(2) 사업기회의 발견과 창조

콜럼버스(Christopher Columbus: 1451~1506)는 장사와 항해술을 익히고 라틴어와 에스파냐어를 공부하였다. 또한 해도 제작과 판매를 하면서 서쪽 항로 개척에 대한
열정을 키웠다. 지리학자 토스카넬리의 이야기를 듣고 서쪽으로 항해하기
로 결심했다. 그는 드디어 "나는 인도로 가는 빠른 길을 찾아낼 것이다. 황
금이 모래보다 흔하다는 그곳을 반드시 찾아내리라!"라고 말하면서 1492
년 8월 산타 마리아호를 비롯한 세 척의 배를 이끌고 에스파냐의 항구를
떠났다. 결국은 항해를 통해 신대륙을 발견하게 되었지만 그가 발견한 곳
은 인도가 아니라 아메리카였다. 그러나 그가 정말 인도를 발견했느냐가 중요한 게 아니라 모르
는 또 다른 땅이 있다는 것이 중요하다.

더 좋은 땅의 발견이 바로 기회이다. 사업기회는 기업가의 창조적인 초기 아이디어로 시작된
다. 기회를 개발하려면 주도권, 도전, 몰입 및 창의력이 필요하다. 사업기회와 아이디어의 발견
은 창업 기업이나 기존 기업 모두 매우 중요한 창의적인 과정이다. 사업 아이디어는 사업기회이
지만 성공적인 사업기회를 찾는 것은 쉬운 일이 아니다. 기회를 탐구하는 방법은 다양하다. 그렇
다면 사업기회는 단지 발견되는가? 또는 기업가의 행동으로 창조되는가?

▋사업기회의 발견 관점

많은 사람들이 사업기회가 발견되었다고 생각하는 경향이 있고, 이들은 무의식적으로 발견
관점을 지지한다. 이 견해에 따르면 기회는 단순히 환경의 일부이며 발견될 수밖에 없다. 어떤
기업가는 기회를 찾는 데 매우 능동적이다. 그러나 기업가가 의식적으로 그것을 찾지 않아도 많
은 기회가 생긴다. 어떤 기업가들은 다른 사람들보다 더 주의를 기울여 더 많은 기회를 발견한
다. 예를 들면, 개인이 수행하는 역할, 특정 활동이나 분야에 관한 정보, 이전의 개인적 및 전문적
경험, 소셜 네트워크 및 개인적인 노력 등을 활용하여 기회를 발견한다. 이러한 관점의 근본적인
가정은 발견된 기회는 누구에게나 동일하다는 것이다. 영국 경제학자인 커즈너(Kirzner)의 견해
를 따르면 정보를 분석하고 해석하는 능력, 예를 들어 자신의 문제 또는 다른 사람들의 문제에
대한 해결안을 찾거나, 지능 수준, 그리고 뇌가 어떻게 작동하는지, 즉 일어나는 일에 대해 이해
하고 생각하는 방식에 따라 사람들은 기회를 발견할 수 있는 능력이 다르다.

▋사업기회의 창조 관점

기회가 발견되지 않는다고 생각한다면 어떨까? 이런 식으로 생각하는 사람이 많이 있다. 이들
은 인간 개입 없이는 기회가 없다고 생각한다. 기회와 시장은 인간에 의해 발명되고 건설되고 창

조된다는 견해이다. 기회는 주관적이지만 객관적인 현실이 아니다. 슘페터에 의하면 기회는 혁신적인 인간 행동을 중심으로 이루어진다. 기회는 시장, 가격, 소비자 선호도 등에 대한 과거 또는 현재의 정보를 기반으로 하지 않는다. 대신 새로운 조합을 설계하고 혁신적인 사고방식으로 창의적으로 행동할 수 있는 개인의 능력을 기반으로 한다. 따라서 기회는 사회적 배경에 뿌리를 두고 있는 개인의 행동과 관련이 있으며, 기회 창출의 과정에는 창의적 개인이 필요하다. 일상생활에서 기업가, 사람들 및 생태계 간의 상호작용의 결과로써 기회가 창조된다.

3) 발명 이야기

발명은 이전에 있었던 것을 지속적으로 개선한 것이다. 개인이 아주 좋은 발상을 갖고 있지만 발명의 순간은 결코 진공 속에서 발생하지 않는다. 혁신을 생각하면서 처음부터 항상 시작할 필요는 없다. 종종 최고의 혁신은 이전 아이디어를 취하고 고객이 사랑하는 가치를 부가하는 새로운 방법을 찾는 것이다.

과학은 다재다능하고 진화하는 분야로서 불과 몇 년 전만해도 상상처럼 보였으나 실제로 새로운 이론이나 과학적 돌파구로 입증된 경우가 많다. 역사적으로 새로운 발명품을 창안한 유명 발명가와 과학자가 있다. 과학 발견과 발명품은 고대 문명에서 현재까지 발견될 수 있다. 어떤 위대한 발명가들은 그러한 돌파구가 없는 삶을 상상할 수 없을 정도로 상당히 기여했다. 예를 들어, 알렉산더 플레밍이 없으면 페니실린이 없으므로 항생제도 없고, 루이 파스퇴르 없이는 생명을 구하는 백신이 없으며 팀 버너스 리(Timothy John Berners Lee) 없이는 인터넷이 없었다.

SENSE ✓ **토마스 에디슨 전구**

전등은 아마도 가장 유명한 발명이며 실제로 아이디어를 개선한 결과였다. 아크 램프라고 불리는 최초의 전기 조명 장치는 Humphry Davy 가 에디슨보다 먼저 개발했지만 수명이 오래 가지 못하고 너무 밝았다. 에디슨(Edison Thomas Alva Edison)은 전구를 발명하지 않았고, 그의 발명은 유리 전구나 내부의 빛나는 필라멘트 발명이 아니다. 1880년에 그는 단지 이전의 아이디어를 개선하여 실용적으로 만들었다. 필라멘트 재료를 무수히 바꿔가며 1,200회가 넘는 실험을 거듭한 끝에 좋은 재료를 찾은 발명이었다.

에디슨의 이름으로 등록된 미국 특허권 숫자는 1,093건, 다른 나라 특허권까지 합하면 1,500건이 넘는다. 수많은 발명 가운데 상당수는 다른 사람이 취득한 특허 아이템을 개선한 것들이다. 그는 "나는 나 이전의 마지막 사람이 멈추고 남겨 놓은 것에서 출발한다"고 말한다. 바로 발명은 기존의 것을 개선하는 것이다.

SENSE **퍼시 스펜서의 전자레인지**

전자레인지는 세계에서 가장 보편적인 가전제품 중 하나로 발전했지만 사고로 발명되었다는 것을 아는 사람은 거의 없다. 레이다 생산을 주로 했던 미국 군수기업 레이시온에 근무하던 독학 엔지니어인 퍼시 스펜서(Percy Spencer)는 1945년 레이더 내부의 고출력 진공관인 마그네트론 테스트 실험실에서 일했다. 어느 날 마그네트론 근처에서 일하던 스펜서는 주머니에 있는 땅콩 버터 캔디 바가 녹기 시작했다. 그는 "혹시 이게 마그네트론 때문에 녹은 건 아닐까?" 라고 생각하고 몇 가지 실험을 했다. 처음에는 옥수수를 마그네트론 테스기에 올리자 옥수수는 즉시 팝콘으로 변했다. 그는 여러 번 같은 방식으로 실험을 진행하여 마그네트론에서 방출되는 극초단파를 수분 쏘이면 수분의 온도가 올라간다는 사실을 알아냈다. 이러한 사실을 토대로 마그네트론을 통하여 음식물

을 데우는 기술을 발견하였다. 처음에는 많은 양의 음식을 신속하게 조리해야 했던 식당, 철도 차량 및 선박에서 독점적으로 사용되었다.

SENSE **마르코니의 라디오**

1890년대에 마르코니(Marconi)와 니콜라 테슬라(Nikola Tesla)는 모두 라디오 개발을 위해 싸우고 있었다. 테슬라는 실제로 기술에 대한 초기 특허를 더 많이 받았다. 그러나 전자기파의 초기 발견은 실제로 실험실에서 전파를 송수신할 수 있었던 독일의 과학자 하인리히 허

츠(Heinrich Hertz)가 10년 전에 실제로 만들었지만 실제적인 응용을 생각할 수 없었다. 그러나 마르코니는 이 모든 기술을 이용하여 상용 제품으로 만들 수 있었다.

SENSE 빌 게이츠와 그래픽 사용자 인터페이스

초기의 컴퓨터 시스템은 주로 명령 줄을 기반으로 해서 원하는 것을 입력하기 위해 키보드로 입력하는 입력을 모두 알아야 했다. 그래픽 사용자 인터페이스는 마우스를 사용하여 화면 개체를 클릭하여 수행할 작업을 지시함으로써 전체 프로세스를 훨씬 쉽게 할 수 있었다.

그래픽 사용자 인터페이스(GUI)의 개척자는 더글라스 엥겔 바트(Douglas Engelbart)였다. 그는 1968년에 마우스 포인터가 있는 운영체제를 시연했다. 이 아이디어는 마우스와 GUI를 사용하여 처음으로 알토 컴퓨터를 출시한 Xerox에 의해 채택되었다. 애플의 스티브 잡스(Steve Jobs)는 제록스의 PARC 연구센터를 방문하면서 알토를 보았고 애플 매킨토시가 GUI를 가질 수 있도록 영감을 주었다. 이것이 첫 번째 대중적인 GUI 컴퓨터였다. 그러나 빌 게이츠는 이 아이디어를 활용한 Microsoft Windows 운영체제에서 진정한 비즈니스 중심의 길을 열었다. 많은 사람들이 Microsoft Windows를 사용하여 GUI에 매력을 느꼈다.

4) 사업기회의 탐색

기업가는 제품 아이디어나 기술로 시작하여 제품에 적합한 시장 잠재력을 탐색하는 경우도 있다. 사업기회는 기업이 처리하지 않은 충족되지 않은 고객욕구가 존재하는 곳이다. 어떤 기업가들은 시장의 욕구나 문제에 민감하여 환경에서 기회를 발견하고 신제품에 대한 가능성을 지각한다. 기회는 누구에게나 의식적이든 무의식적이든 주어진다. 그러나 기회가 있다 하더라도 사전에 추구할 가치가 있는지를 결정하는 것은 쉬운 일이 아니다. 기회를 포착하는 능력과 이를 활용하는 능력이 뛰어나면 사업기회는 확대될 수 있다.

(1) 시장규모의 추정

시장규모의 추정은 잠재고객의 수를 계산하는 과정이다. 즉, 확인한 욕구가 있는 소비자들의 수와 문제를 느끼는 소비자들의 수를 추정하는 것이다. 판매수입계획은 계획기간에 판매수입을 획득할 것으로 기대하는 기회의 일부분이다. 조사가 충분할 때까지 조사의 타당성을 신뢰하지 않는 것이 좋다. 기업이 제공하는 욕구에 대한 해결안을 잠재고객들이 구입할 것이라는 가설을 형성한다. 이러한 속성을 공유하는 다른 소비자들에 대해서도 가설을 검증한다. 합리적으로 좋은 가설이라면 잠재고객으로부터 시장잠재력을 추정하기 위해 보고서와 자료를 찾을 수 있다. 그러나 아직도 비현실적인 자료이므로 기회의 최고와 최저 가능범위로써 시장기회를 생각하는 것은 매우 유용하다.

(2) 추세발견

좋은 틈새시장을 찾기 위해서 추세를 발견한다. 그러나 유망제품이나 유행제품을 구분할 필요가 있다. 추세는 사회변화에 따라 일정한 형태가 있기 때문에 틈새를 더 잘 찾을 수 있다. 기회 확인 방법은 추세를 관찰하고, 사업가들이 추구하는 기회를 창조하는 방법을 연구하는 것이다. 경제적 요인, 사회적 요인, 기술진보, 정치행동과 규제변화에 대한 추세를 관찰하여 사업이나 제품을 위한 기회를 탐색하는 데 활용한다. 추세관찰과 사업기회의 탐색은 복합적인 시장조사의 과정으로 새로운 사업의 시작 단계에 해당한다.

[그림 1-2] 추세관찰과 사업기회의 탐색

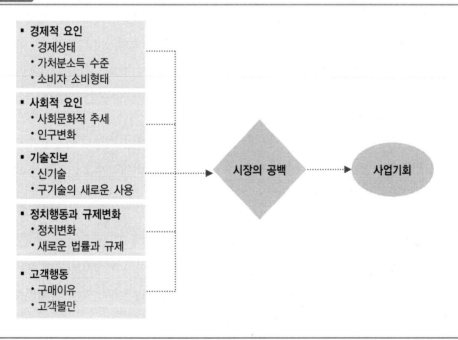

▌경제적 요인

경제적 요인은 소비자들의 가처분소득에 영향을 미친다. 경제의 개인 영역은 소비자들의 구매 형태에 직접적인 영향을 준다. 예를 들면, 이자율 하락은 신규주택건설과 소비의 증가를 가져온다. 조사와 관찰, 구매시장 예측과 분석에 의해서 이러한 요인을 확인할 수 있다.

▌사회적 요인

사회적 요인이 신제품, 서비스와 아이디어에 어떻게 영향을 주는지를 이해하는 것은 기회인식의 기본이다. 예를 들면, 패스트푸드 레스토랑의 지속적인 확산은 패스트 음식에 대한 사랑 때문이 아니라 사람들이 바쁘다는 사실 때문이다. 새로운 기회가 되는 최근의 사회적 추세는 가족과 근무형태, 인구의 고령화, 작업자의 다양화, 산업의 세계화, 건강관리의 관심증가, 컴퓨터와 인터넷의 확산, 핸드폰 사용자의 증가, 음악의 새로운 규범과 오락의 유형 등이다.

▌기술진보

기술진보는 기업가들에게 새로운 기술이 현재와 미래의 기회에 영향을 준다. 일단 기술이 개발되면 뒤이어 제품은 향상되어 나타난다. 기술의 진보는 종종 기회를 창조하는 경제와 사회적 변화와 꼭 들어맞는다. 예를 들면, 핸드폰의 창안은 기술적인 성취이지만 사용자들에 의해 기술적 진보의 자극을 더 받는다.

▌정치행동과 규제변화

정치행동과 규제변화는 기회에 대한 토대를 제공한다. 예를 들면, 기업이 법을 준수하도록 하는 새로운 법률은 창업가에게는 기회를 제공한다. 규제를 받는 반대편에 있는 기업은 새로운 사업의 기회가 생성되기 때문이다.

▌고객행동

고객행동 안에 있는 미충족 욕구와 기회를 발견한다. 소비자들은 특정제품을 왜 구매하는가? 소비자들의 구매에 영향을 주는 요인은 무엇인가? 고객들의 불만은 무엇인가? 사회의 변화요인은 무엇인가? 고객행동으로 제품선택과 구매이유 등을 파악할 수 있다.

5) 사업기회의 요건

너무 많은 불확실성이 성공가능성을 감소하기 때문에 단일 사업기회를 주장하는 것은 적절하지 않다. 기회 중에 소수를 개발할 때 자원의 적정투자를 고려한다. 일단 소수의 사업기회가 적절한 자원의 투자로 제품을 개발하려면 투자의 타당성이 있어야 하고, 불확실성은 충분히 해결되어야 한다. 이를 위해 사용하는 방법은 3M에서 개발한 현실-승리-가치법(Real-Win-Worth doing: RWW)이다. Real은 기회는 현실적인가? 소비자가 그것을 구입할 것인가? Win은 이길 수 있는가? 경쟁우위를 가져오는가? Worth doing은 할 만한 가치가 있는가? 충분한 잠재수익을 제공하는가? 이 기법에는 기회를 심사할 때 조직이 답해야 하는 3개의 질문이 있다.

▌Real: 사업기회는 현실적인가?

제품을 제공할 수 있는 현실적인 시장이 있는가? 확인된 많은 기회는 어떻게 내부원천과 외부원천에서 오는가? 많은 기회를 고려했는가? 고려기준은 시장규모, 잠재적 가격결정, 기술의 이용가능성과 제품이 필요한 비용으로 필요한 양을 전달할 수 있는 가능성을 포함한다.

▌Win: 사업기회는 경쟁력이 있는가?

여과기준이 과학적이고 궁극적인 제품성공의 가능한 추정에 근거한 것인가? 이 기회를 활용하여 지속가능한 경쟁우위를 수립할 수 있는가? 아이디어를 특허등록하거나 제품화할 수 있는가? 경쟁자보다 더 잘 수행할 수 있는가? 탁월한 기술능력을 보유하고 있는가?

▌Worth doing: 사업기회는 재정적으로 가치가 있는가?

필요한 자원을 갖고 있는지와 투자가 적절한 수익으로 보상된다고 자신하는가? 사업기회를 수행할 자원이 있는가? 이러한 요인들을 경쟁자의 기회와 구별한다.

2. 사업 아이디어

우수한 아이디어를 찾고 있는가? 성공적인 기업가들은 우수한 아이디어를 찾기 위해 상상력과 창의력을 사용한다. 성공한 회사는 모두 한 가지 공통점이 있다. 즉, 고객의 문제를 선도적으로 해결했다. Google, Netflix 및 Uber와 같은 회사는 구체적인 고객문제를 해결하고, 계속해서 큰 성과를 거두고 있다. 이들은 경쟁자보다 먼저 고객문제를 발견하고 해결했고, 문제를 해결할 수 있는 상품이나 서비스가 무엇인지를 항상 연구하고 개발한다.

좋은 아이디어를 찾는 것이나 기회를 포착하는 것은 쉽지 않다. 기회란 새로운 상품, 서비스 또는 사업의 욕구를 창출하는 유리한 상황을 의미하지만 기회는 항상 변한다. 어떤 사람들은 변화를 좋아하지 않고 두려워하므로 매력적이라고 생각하는 아이디어를 받아들이기 어려울 수 있다. 따라서 변화를 원하지 않는 사람들은 우수한 아이디어를 포착할 수 없다.

1) 사업 아이디어

완전히 독창적인 아이디어는 거의 존재하지 않는다. 대부분의 유망한 아이디어는 다른 사람의 아이디어를 모방하거나 결합한 것이다. 성공한 사업은 누군가의 아이디어로 시작되었다. 사업 아이디어는 보통은 돈을 벌기 위해 제공될 수 있는 상품이나 서비스에 집중된다. 아이디어는 처음에는 상업적 가치가 없어 보일 수 있다. 사실 대부분의 초기 아이디어는 추상적인 형태로 희미하게 존재하기 때문이다. 또한 창안자의 마음속에 있는 모든 아이디어가 아무리 우수해 보이더라도 수익성이 있는 것은 아니다. 따라서 아이디어는 고객의 욕구를 충족시키거나 문제를 해결할 때 가치가 있고 매력적이다.

사업을 시작하기 전에 실행하고 싶은 사업에 대한 명확한 아이디어가 필요하다. 사업 아이디어는 고객의 미충족된 욕구나 불평, 제품의 문제나 기술의 공백을 해결하는 해결책이 있고 수익성이 기대되는 아이디어이다. 고객의 미충족된 욕구는 현재 또는 잠재적 미충족 욕구이다. 고객들이 돈을 기꺼이 지불할 수 있는 상품이나 서비스가 되어야 판매가 되고 수익을 창출할 수 있다. 모든 사업은 고객 없이 성공할 수 없다. 고객이 누구인지를 아는 것이 중요하다. 특정 유형이나 지역의 고객들에게 판매하는가? 상품이나 서비스를 어떻게 판매할 것인가? 예를 들면, 제조업체는 고객이나 도·소매업체에 직접 판매할 수 있다. 어떤 업체는 고객에게만 직접 판매한다.

사업이 사회 및 자연환경과 조화롭게 작동하는 경우에만 장기적으로 지속 가능할 수 있다. 사업이 환경에 어느 정도 의존하는가? 날씨, 토양 또는 다른 천연 자원에 의존하는가? 지역사회에서 특정 유형의 노동이 필요한가? 그것을 지원하기 위해 지역 공동체가 필요한가? 사업이 자연환경을 보완하고 지역사회를 돕기 위해 무엇을 해야 하는가? 사업이 자연환경을 보호하거나 훼손하는가? 사업에 미칠 수 있는 부정적인 영향을 최소화하거나 전환할 수 있는가?

2) 사업 아이디어의 관점

사업은 모든 고객들을 만족시키는 것을 목표로 하지 않고 단지 특정한 고객들을 목표로 한다. 특정한 고객이 목표고객 또는 표적고객이다. 따라서 사업 아이디어의 관점은 표적고객, 판매제품과 유통경로이다. 이러한 관점이 계획된다면 아이디어를 창안하는 데 더욱 효율적이다. 아이디어의 관점을 설정하기 위한 질문이 있다. 이러한 질문에 답하면 아이디어를 더 자세하게 창조하는 데 도움이 된다. 아이디어는 자신의 사업을 시작하는 첫 단계이다.

- **표적고객**: 누구에게 판매할 것인가?
- **판매제품**: 무엇을 판매할 것인가?
- **유통경로**: 어디에서 판매할 것인가?

기업은 상품이나 서비스를 통해 고객과 관계를 맺는다. 첫째, 표적고객을 묘사한다. 제품을 구매할 사람들은 누구인가? 그들은 회사, 젊은이들, 노인들, 남자인가 여자인가? 둘째, 팔고 싶은 판매제품을 묘사한다. 무엇을 판매할 것인가? 그것은 어떻게 생겼는가? 제품 특징은 무엇인가? 생산하는 데 얼마나 걸리는가? 제품가격은 어떠한가? 회사의 자원으로 개발과 생산이 가능한가? 수익성과 시장성이 있는가? 셋째, 판매하는 유통경로를 묘사한다. 어디에서 판매할 것인가? 직접 또는 위탁 판매인가? 제품을 표적고객들에게 알릴 필요가 있을 때 어떻게 알릴 것인가?

3) 사업 아이디어의 조건

사업 아이디어의 수용 가능성과 수익성은 아이디어의 혁신성에 달려 있다. 혁신성은 이전에는 거의 채택되지 않았던 새로운 생산 또는 유통방법을 사용하는 것을 의미한다. 예를 들면, FedEx는 24시간 내 배달과 전 세계 신속배달을 통해 우편 서비스를 혁신적으로 발전시켰다. 따라서 회사는 혁신적인 시스템을 채택하여 결국 세계 최고의 배달 서비스로 성장하게 되었다. 그러나 매우 중요한 점은 아이디어가 고객에게 약속하는 편익이다. 이러한 편익은 비용절감의 형태로 고객에게 전달될 수 있다. 고객들은 모두 적은 비용으로 높은 품질의 제품을 구입하기를 원한다. 비용절감에 중점을 둔 아이디어는 장기적으로 수익성이 높다. 이와 같이 성공적인 사업 아이디어는 고객의 문제해결, 시장의 수용성과 제품의 수익성을 충족해야 한다.

[그림 1-3] 사업 아이디어의 요소

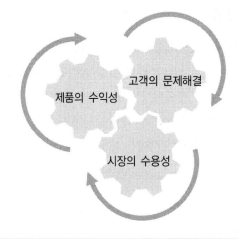

- **고객의 문제해결**: 고객의 문제를 해결하거나 고객의 욕구를 충족시킴으로써 고객에게 이익을 제공한다. 고객은 욕구를 충족하기 위해 상품이나 서비스를 구입한다. 아이디어가 고객의 욕구를 만족시킬 수 없다면 성공하지 못한다.
- **시장의 수용성**: 시장이 기꺼이 제품을 수용할 수 있어야 한다. 유망한 아이디어는 큰 시장에서 받아들일 수 있는 상품이나 서비스를 제공한다. 경쟁업체와 차별화되는 독특한 가치를 충족시킬 수 있는 적절한 준비가 있다.
- **제품의 수익성**: 제품이 수익을 창출할 수 있어야 한다. 유망한 아이디어는 얼마나 많은 돈을 벌 수 있고 어떻게 돈을 벌 수 있는지 보여준다.

SENSE ✓ 성공적인 아이디어의 기준

- 성공적인 아이디어는 자신도 구매하고 싶은 것이다.
- 성공적인 아이디어는 고객의 욕구를 충족한다.
- 성공적인 아이디어는 다른 사람들의 아이디어를 모방하되 개선한 것이다.
- 성공적인 아이디어는 다른 사람들이 복제하기가 어렵다.

4) 사업 아이디어의 원천

어떤 의미에서 기회인식 및 선택은 신제품 개발과 유사하다. 따라서 제품 또는 기회인식 및 선택 프로세스는 기회 또는 제품에 대한 아이디어로 시작된다. 기업가가 추구하고자 하는 가장 유망한 기회 또는 제품에 대한 아이디어는 내부 또는 외부의 다양한 원천에서 발견될 수 있다. 사업 아이디어와 기회의 가장 좋은 원천은 무엇인가? 어떻게 사업기회를 찾을 수 있는가? 시작할 수 있는 최고의 사업을 어떻게 알 수 있는가? 창의적이고 혁신적인 아이디어를 개발하려면 어떻게 해야 하는가? 아이디어는 모두 자신과 자신의 환경에 있다. 이러한 아이디어 중 일부는 시장 및 소비자 욕구 분석에서 나오지만 다른 아이디어는 오랜 연구 과정에서 나온다.

[그림 1-4] 아이디어의 원천

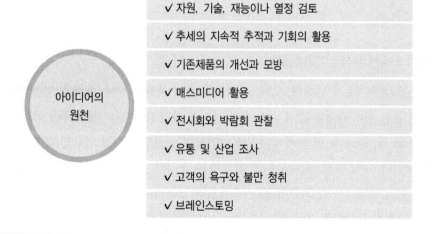

(1) 자원, 기술, 재능이나 열정 검토

아이디어를 찾으려면 우선 자신이 갖고 있는 자원을 파악한다. 자신을 돌아보고 자신의 자원, 기술, 재능이나 열정을 검토한다. 아이디어나 기회를 찾을 때 가장 먼저 자신의 내면을 들여다보는 것이다. 대부분의 사람들은 무지, 나태 및 자기 의심으로 인해 아이디어의 가장 큰 원천을 놓친다. 재능이 있거나 특정 분야에서 입증된 기술을 보유하고 있다면 그러한 재능이나 기술을 분석한다. 자신이 가장 잘할 수 있는 사업이나 사업을 시작하기 위해 다음과 같이 질문한다.

- 고객들이 기꺼이 지불할 수 있는 아이디어인가?
- 어떤 재능이나 기술이 있는가?
- 취미는 무엇인가?
- 사업 열정이 있는가?

자신의 전문기술을 다른 사업 분야에 적용한다. 새로운 상품이나 서비스를 찾는 또 다른 방법은 다른 곳에서 얻은 기술을 사용하는 것이다. 종종 배운 기술을 창의적으로 적용하여 완전히 다른 분야를 개선할 수 있다. 예를 들면, 세계적으로 가장 유명한 기타회사인 펜더의 창시자인 레오 펜더(Leo Fender: 1909-1991)는 라디오 수리공으로 일했다. 전자기술과 증폭기술을 사용하여 최초의 일렉 기타를 제작했다. 사업 아이디어를 고려할 때 모든 기술을 포함한다. 다른 분야에 혁명을 일으킬 재능이 있을 수 있다. 자원, 기술, 재능이 있더라도 이를 실현할 열정이 없다면 성공하기 힘들다.

(2) 추세의 지속적 추적과 기회의 활용

최근 사건을 계속적으로 관찰하고 사업기회를 활용할 준비를 한다. 추세를 지속적으로 추적하고 기회를 찾는 것이 사업의 준비 과정이다. 사회적 사건 및 추세는 매우 좋은 아이디어의 근원이다. 뉴스를 정기적으로 읽고 아이디어를 발견하려는 의도를 갖고 있다면 많은 사업기회가 눈에 보일 것이다. 시장 동향, 새로운 유행, 산업에 대한 정보는 사업 가능성과 잠재력을 지닌 새로운 아이디어를 파악하는 데 도움이 된다. 추세를 파악하기 위해 일반적인 키워드 또는 인터넷 검색어가 무엇인지 확인한다. 이렇게 하면 사람들이 가장 자주 검색하는 내용을 확인할 수 있다. 다음은 추세를 파악하기 위해 관찰을 통해 사람의 행동을 묘사하는 데 사용할 수 있는 질문이다.

- 사람들은 무엇을 구매하는가?
- 사람들은 무엇을 필요로 하는가?
- 사람들은 왜 구매하는가?
- 사람들은 무엇을 원하고 무엇을 살 수 없는가?
- 사람들은 무엇을 사고 무엇을 싫어하는가?
- 사람들은 무엇을 더 많이 사고 있는가?

(3) 기존제품의 개선과 모방

사업이 독창적인 아이디어만을 기반으로 해야 성공한다고 가정하는 것은 일반적인 실수일 수 있다. 실제로 그것은 정반대일 수 있다. 새로운 아이디어는 검증되지 않았기 때문에 위험하다. 다른 한편으로 주어진 환경에서 사업이 똑같이 성공적이지는 않을 수 있다. 이러한 측면에서 시장조사, 광고 및 홍보가 중요하다. 따라서 아이디어는 기존의 아이디어를 개선하되 독창적이면서 동시에 유용한 가치를 제공해야 한다. 실제로 대부분의 성공한 제품은 기존의 아이디어를 다르고 독창적이고 새롭게 개선한 것이다.

많은 신제품들은 점진적인 기능이나 성능을 개선한 제품이다. 기업들은 제품의 사용성이나 디자인, 포장을 개선하거나 새로운 제품 사용자를 찾아 포지션한다. 대부분의 제품은 자사나 경쟁자의 기존제품을 개선하거나 모방한 제품이다. 이러한 개선이나 모방은 새롭고 독특하고 가치가 있는 경우에 경쟁력이 있다. 따라서 다른 방식으로 개선하거나 모방하는 것이 중요하다.

[그림 1-5] 기존제품의 개선

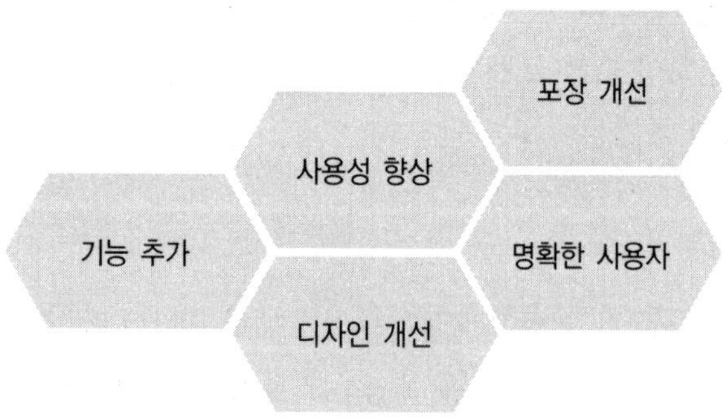

기능 추가 사용성 향상 포장 개선 디자인 개선 명확한 사용자

▌기능 추가, 변형 및 결합

창의성은 새로운 것을 창조하는 것뿐만 아니라 기존의 것을 모방하여 새로운 방법으로 새로운 기능을 추가, 변형하거나 결합하는 것이다. 기존제품에 새로운 기능을 추가하거나 제품을 다른 제품과 결합하면 새로운 가치가 창조된다. 예를 들면, 전화기에 컴퓨터를 결합한 휴대폰이 좋은 경우이다. 또한 휴대폰은 인터넷, 카메라가 결합되어 새로운 기능의 제품으로 출시된다.

기존제품에는 어느 정도의 브랜드 정체성, 고객의 취향과 일정 수준의 고객 충성도가 있다. 또한 브랜드 이미지의 힘을 높이거나 디자인 또는 포장을 향상시키는 것이다. 이와 같이 제품에 대한 가치를 추가함으로써 새로운 제품으로 인식되어 고객가치가 증가되고 매출을 높일 수 있는 방법이 된다.

▌사용성 향상

제품사용의 용이성은 고객을 편안하게 하고 사용 위험을 경감한다. 부드럽고 윤이 나는 제품 사용에 적절한 질감을 제공한다. 촉각적인 경험은 디지털 세상에서도 제품에 가치를 추가한다.

▌디자인 개선

제품 외관, 질감과 기능을 약간만 변경해도 매력을 높일 수 있다. 성공을 위해 제품의 조잡한 디자인을 손질한다. 최고의 소비자에게 색상, 미학 및 모양이 어필되는가? 브랜드 이름이 적절한가? 미니멀리즘이 제품을 간소화하여 공간을 적게 차지하고 효율성을 높일 수 있는가?

▌포장 개선

제품 외관보다 포장을 새로 고치는 것이 더 쉽다. 가격을 올리고 싶다면 포장을 변경하여 새로운 가치가 있는 것처럼 보이게 한다. 재활용 포장재를 사용하면 친환경적이고 자원을 절약하기 때문에 고객들이 구매할 때 기분이 좋아진다.

▌명확한 사용자

제품사용자가 명확한 제품은 어떻게 작동하는지에 대한 혼란이 감소된다. 둘 이상의 제품 또는 다른 세분시장에 출시하는 경우 가격을 책정하고 표적고객을 명확하게 지정하여 제품의 차이점 및 용도를 분명히 제시한다.

(4) 매스미디어 활용

매스미디어는 훌륭한 정보, 아이디어 및 기회의 원천이다. 신문, 잡지, 라디오, TV, 케이블 및 인터넷 사이트는 모두 정보를 얻을 수 있는 대중매체이다. 신문이나 잡지의 상업 광고를 신중하게 살펴보고 현재 산업의 추세나 변화를 발견한다. 또한 인쇄된 기사나 TV 또는 다큐멘터리에 있는 기사에서 소비자의 욕구나 패션의 변화를 파악할 수 있다. 예를 들어, 사람들이 건강한 식습관이나 체력에 매우 관심이 있다는 것을 읽거나 들을 수 있다.

(5) 전시회와 박람회 관찰

자신만의 좁은 생각 틀 안에서 벗어나기 위해 진지하게 새로운 사람들을 만나면 시야와 정보가 확대된다. 또 자신과 다르게 생각하는 새로운 사람과 대화한다. 업계 외부의 사람들이나 기존 고객과 대화를 나눈다. 전시회 및 박람회에는 많은 아이디어와 기회를 제공한다. 이러한 행사를 정기적으로 방문하면 새로운 제품 및 서비스를 찾을 수 있다.

다양한 분야의 사람들과 이야기한다. 새로운 소프트웨어를 생각해 내고자 한다면, 동료 컴퓨터 전문가들과 이야기하지 말고 다른 분야의 사람들, 특히 친숙하지 않은 사람들과 만나서 이야기한다. 상품이나 서비스를 직접 사용하여 삶을 개선하는 방법을 알아본다. 이것은 틀 밖에서 생각하고 다른 각도에서 사물을 보는 데 도움이 된다. 이처럼 새로운 관점은 창의력을 크게 향상시킬 수 있고 새로운 기회를 포착할 수 있다.

(6) 유통 및 산업 조사

영업 담당자, 유통업체, 제조업체 및 프랜차이즈 파트너를 만난다. 이들은 항상 아이디어의 훌륭한 원천이다. 판매점은 최신의 제품과 인기 있는 제품을 취급한다. 판매점을 탐색하면 최신의 추세와 변화를 파악힐 수 있다. 아이디이가 필요한 경우 기까운 상점, 가급적 많은 제품이 있는 백화점을 방문한다. 그런 다음 통로를 걸어보고 고객들이 많이 보거나 구매하는 제품을 관찰한다. 판매점은 고객들에게 무슨 제품을 제공하는가? 그러한 제품의 장점과 결점은 무엇인가? 보지 못하는 제품은 팔리는 제품이 시장에 현재 없는 것에 대한 아이디어를 준다.

(7) 고객의 욕구와 불만 청취

새로운 사업 아이디어의 핵심은 고객이다. 설문조사를 통해 상품 또는 서비스에 대한 합리적인 결과를 제공할 고객의 욕구를 확인하거나 분석할 수 있다. 그러한 설문조사는 공식적으로 또는 비공식적으로 사람들과 대화함으로써 실시될 수 있다. 인터뷰, 설문지나 관찰을 통해 조사한다. 시장조사는 일반적으로 아이디어를 얻은 후에 사용되지만 초기 조사를 통해 고객들이 가치 있게 여기는 것을 발견할 수 있다. 이것은 고객들의 욕구와 필요에 근거한 고객지향적 아이디어를 창안하는 데 도움이 될 수 있다.

많은 새로운 상품이나 서비스가 고객의 불만과 좌절로 생겨났다. 소비자가 상품이나 서비스에 대해 심각하게 불만을 제기할 때마다 아이디어를 얻을 수 있다. 또한 고객들이 제품사용 중에 겪는 불편이나 좌절이 있다. 특히, 혁신적인 첨단 기술제품인 경우에는 제품사용 불편이나 좌절이 심할 수 있다. 이것은 매우 가치 있는 정보이다. 아이디어는 더 나은 상품 또는 서비스를 고객에게 제공하거나 다른 회사에 판매할 수 있는 새로운 상품 또는 서비스일 수 있다. 고객들이 가장 성가시게 생각하는 부분은 제품개선의 유용한 아이디어이다.

(8) 브레인스토밍

창의력을 키운다. 이 단계에서 자신의 아이디어를 너무 비판하지 않는다. 대신 마음을 열고 자유롭게 생각해 낸다. 창의력을 자극하고 아이디어를 도출할 수 있는 몇 가지 방법이 있다. 브레인스토밍은 창의적인 문제해결 기법이며 아이디어를 생성하는 원천의 하나이다. 목적은 가능한 한 많은 아이디어를 도출하는 것이다. 대개 질문 또는 문제 설명으로 시작한다. 예를 들면, "오늘 집에서 필요한 상품과 서비스는 무엇인가?"라는 질문을 던질 수 있다. 아이디어는 하나 이상의 아이디어가 추가되어 더 좋고 더 많은 아이디어로 창출될 수 있다.

5) 사업 아이디어의 탐구 태도

기업가들은 사업을 위한 성공적인 아이디어나 영감을 어디에서 찾는가? 그들은 좋은 사업 아이디어를 어떻게 찾는가? 사업기회를 확인하기 위해 공식 및 비공식적인 다양한 원천을 사용한다. 영감은 일반적으로 특정 제품에 대한 수요, 수출 가능성과 같은 시장 환경의 추적에서 온다. 아이디어는 경쟁회사의 새로운 제품 및 기술의 발견으로부터 도출될 수 있다. 또한 생산 및 소비에 관한 조사, 시장조사, 수입대체 분석, 기술개발의 효과, 정부 규제 및 정책 등 다양한 조사 결과에서 아이디어를 창안할 수 있다.

회사를 설립할 때 대부분의 기업가는 비공식적인 지식자원에서 시작한다. 이것은 아이디어와 영감이 삶의 상황과 환경에서 취해진다는 것을 의미한다. 아이디어를 탐색하는 동안 사람은 다양한 옵션에서 시작할 수 있다. 영감이나 사업기회는 때로는 취미 또는 스포츠의 맥락에서 발생한다. 많은 헬스 기구들은 이용자들의 아이디어에서 창안되었다. 이러한 상황에서 기업가는 시장의 욕구를 충족시키는 목표보다는 취미에서 오히려 회사를 설립할 가능성이 있으므로 활동에 대한 상당한 경험과 열정이 있어야 한다. 사업을 시작하는 사람에게 이미 유사 산업에서 사업을 하고 있는 사람들이 있는 경우 유리하다.

(1) 아이디어 창출 자세

어떤 사람들에게는 아이디어로 떠오르는 것이 도로에서 신호등을 발견하는 것만큼이나 쉽지만 어떤 사람들에게는 거의 불가능하다. 새로운 아이디어 창출은 쉽지 않은 일이나 창의성을 향상하는 방법과 도구를 활용하면 그렇게 어려운 것은 아니다. 방법을 익히고 충분한 연습을 하고 문제를 인식하고 필요를 확인하기 위해 의식적으로 노력하는 사람은 새로운 아이디어를 생각해 내는 능력을 향상시킬 수 있다. 스티브 존슨(Steve Johnson)은 "좋은 아이디어가 나온 곳"의 저자로서 이 주제에 대해 수년 간 연구하고 저술했다. 그는 다음과 같은 경우에 훌륭한 아이디어를 개발할 가능성이 높다고 주장한다.

- 다른 분야에서 탐험하고 실험해 본다.
- 시간을 두고 아이디어를 천천히 개발한다.
- 이상한 연결에 대한 아이디어를 탐구하고 개방한다.
- 실수를 저지르는 것을 두려워하지 않는다.
- 오래된 제품의 새로운 용도를 찾는다.
- 이전에 출시된 플랫폼을 기반으로 구축한다.

(2) 상호 연결성

좋은 아이디어는 네트워크의 산물이다. 인간이 처음에 정착촌에 밀집되었을 때 혁신이 급증했다. 농업의 발명으로 인류는 처음으로 수천 명이 넘는 정착집단을 형성하기 시작했다. 이것은 많은 사람들과의 연결이 가능했고, 좋은 아이디어가 다른 사람들의 마음에 빠르게 뿌리를 내릴 수 있었다. 함께 살고 함께 일하면 새로운 아이디어를 생각해 내는 것이 훨씬 쉽다는 것을 깨달았다. 온라인, 도서 및 기타 의사소통에서 많은 사람들의 아이디어와 상호작용하는 경우에 쉽게 창안할 수 있으며 비결은 역시 연결성이다.

인간의 뇌에는 신경세포가 약 1,000억 개 있다. 신경세포가 함께 연결되면, 그들은 결정을 내리고, 주변을 감지하고, 몸에 명령을 내릴 수 있는 신경계를 형성한다. 생각하는 방법과 생각할 수 있는 것은 대체로 이러한 뉴런들이 서로 연결된 결과이다. 모든 느낌, 생각, 기억 및 감각은 뇌의 뉴런 사이를 지나가는 신호의 직접적인 결과이다. 인간의 두뇌에 특히 흥미로운 점은 나이와 상관없이 이러한 연결 고리를 바꾸고 새로운 연결 고리를 만드는 능력이다. 신경 과학자들은 이 속성을 가소성(plasticity)[1]이라고 지칭한다. 경험이 많을수록, 경험하는 행동이나 환경의 변화가 많을수록 뇌가 더욱 탄력적으로 변하거나 새로운 연결과 재연결이 가능해질 수 있다. 많은 연습을 하면 할수록 새로운 연결 고리를 만드는 데 더 좋은 두뇌가 된다. 두뇌를 적극적으로 사용할수록 새롭고 좋은 아이디어가 쉽게 떠오른다.

(3) 열정적 취미나 일을 사업으로 전환

자신의 취미나 일이 사업이 되는 경우가 많다. 열정적인 취미나 일을 사업으로 바꾼다. 이미 적극적으로 무언가를 하고 있는 사람들은 사업을 성공할 가능성이 매우 높다. 따라서 정기적으로 무언가를 하고 자신을 잘 알고 있다면 사업이 될 수 있는 방법에 대해 생각해야 한다. 예를 들면, 정기적으로 아이디어로 전환될 수 있는 일은 요리, 그림, 공예, 연구, 보석 가공, 수선, 소셜 미디어 교육 등이 될 수 있다. 누구나 규칙적으로 또는 비규칙적으로 일을 한다. 이 중 잘하는 것이나 취미를 사업으로 바꾸는 것에 대해 생각한다. 또한 이미 알고 있는 것으로 사업을 시작하는 것은 자신의 전문성과 경험을 활용할 수 있다. 이렇게 하면 사업처럼 느껴지지 않을 수도 있으며 프로세스를 즐길 수 있다. 일이 잘 풀리면 어떻게 느낄지 신중히 생각한다. 고객 요구 사항을 충족시키거나 판매를 시작하면 더욱 즐거울 수 있다.

많은 일을 하고 경험할수록 새로운 아이디어를 창출하거나 이질적인 아이디어들을 결합할 수 있는 재료가 늘어난다. 빌 게이츠는 새로운 아이디어를 창안하기 위해 짧은 시간에 여러 가지 주제에 관한 책을 읽는다. 폭넓게 독서하지 않고 연결을 찾으려 한다면 항상 다른 사람들과 똑같은 것을 생각하게 된다. 주로 사업과 다른 분야의 서적을 읽는 것은 새로운 아이디어를 탐구하고 주제와 새로운 상관관계를 도출하는 데 도움이 된다. 아이디어를 쉽게 만들기 위해 할 수 있는 다른 간단한 일은 단순히 많은 일을 하는 것이다. 일을 하고 평범한 활동과 다른 것을 읽으면, 더 흥미로운 소재를 찾을 수 있다.

---

1) 인간의 두뇌가 경험에 의해 변화되는 능력.

6) 사업 아이디어의 탐구 방법

사업을 시작하는 데 많은 일이 필요하다. 사업계획을 세우고, 투자자를 찾고, 융자를 받고, 직원을 모집해야 한다. 그러나 이러한 모든 것을 하기 전에 사업에 대한 아이디어를 먼저 생각해야 한다. 이것은 새로운 상품, 서비스 또는 방법일 수 있지만 고객이 비용을 기꺼이 지불할 수 있는 제품이어야 한다. 훌륭한 아이디어는 사고, 창의력 및 조사를 필요로 한다.

성공하는 기업가가 되기를 원한다면 아이디어를 생각해 낼 때 현재의 문제점이나 시장의 공백을 발견해야 한다. 첫째, 현재의 문제점을 파악한다. 종종 기업이나 발명은 누군가가 현재의 일을 하는 방식에 좌절했기 때문에 시작되었다. 어떤 사람이 무언가에 대해 좌절감을 느낀다면 다른 사람들도 똑같은 방식으로 느낄 수 있기 때문에 잠재적인 시장이 될 수 있다. 둘째, 기업가들은 시장에 있는 공백의 발견으로 인해 성공을 거두고 있다. 공백은 고객에게 미제공이나 과소 제공한 욕구이다. 이것은 문제의 발견으로 문제의 해결을 필요로 한다. 이와 같이 아이디어의 탐구 관점은 문제, 욕구, 돈, 삶, 새로움, 모방과 감정에서 시작한다.

[그림 1-6] 사업 아이디어 탐구 관점

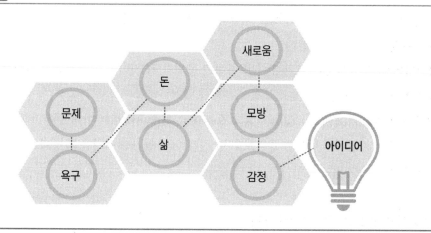

(1) 현재의 문제를 해결한다.

아이디어는 고객이 갖고 있는 문제점을 해결하는 것이다. Google 검색이나 Amazon과 같은 큰 해결안일 필요는 없지만 훨씬 더 작을 수 있다. 사용하는 데 익숙해진 제품은 실제로 고객의 문제를 해결하기 위해 발명된 것이다. 예를 들면, 눈부심을 방지하기 위한 선글라스, 누군가가 침입한 것을 알리는 방범경보기, 화재 발생을 알리는 화재경보기 등이 있다. 따라서 고객의 문제를 확인하면 해결안을 창안하기 쉽다. 자신의 좌절감이 제작에 대한 아이디어라는 것을 깨닫게 되면 실제로 재미있게 시작할 수 있다.

문제를 해결한 사례는 GoPro 카메라이다. 창업자인 Nick Woodman은 인도네시아 서핑 여행을 하고 있었다. Nick은 서핑을 즐기거나 저렴한 가격에 고품질의 장비를 얻을 수 있는 좋은 사진을 찍을 수 없었다. 다른 저렴한 카메라에서는 볼 수 없었던 탁월한 비디오 및 좋은 액션 샷을 촬영할 수 있는 광각 렌즈 HD 카메라를 창안했다. 문제를 발견하는 습관을 갖게 되면 아마 그것을 즐기기 시작할 것이다. 모든 문제는 새로운 상품, 서비스 또는 회사를 위한 기회이다. 특히 많은 사람들이 가지고 있는 문제인 경우 더욱 그렇다. 이와 같이 아이디어는 시장에서 공백과 결함의 발견에서 시작된다.

(2) 미래의 문제를 해결한다.

현재 갖고 있는 문제를 해결하는 것이 새로운 아이디어를 제시하는 유일한 방법만은 아니다. 장차 존재할 수 있는 문제를 해결하는가? Solar City와 Tesla Motors를 포함한 Elon Musk가 수행하는 벤처기업은 약간의 비웃는 소리를 낼지 모른다. 그러나 화석 연료의 부족은 가까운 장래에 문제가 될 것이며 Elon은 그러한 문제를 해결하기 위한 조치를 취하고 있다. 이것은 그가 처음으로 혁신할 수 있는 시간을 제공한다.

아이디어를 위한 시장이 아직 없다면 미래의 문제가 될 것이라고 생각하는 사람들에게 호소하여 아이디어를 창출할 수 있다. 잠재적 문제를 발견하려면 미래를 관찰한다. 성공적인 기업가는 오래된 방법이나 기술을 고집하지 않고 오히려 미래를 바라보고 미래에 어떤 것이 성공할 것인지를 탐색한다. 현재의 추세를 살펴보고 한 걸음 더 나아가면 시간을 앞당겨 잠재적으로 시장에 혁명을 일으킬 수 있는 아이디어가 떠오른다.

(3) 고객의 진화하는 욕구를 충족한다.

고객의 진화하는 욕구와 필요를 충족시킨다. 욕구를 생각하고 이러한 욕구를 충족시키기 위해 만들어진 상품과 서비스에 대해 생각한다. Maslow의 욕구단계설에서 생리적 욕구는 가장 기본적인 욕구이다. 의식주를 해결하려는 상품이나 서비스를 고려한다. 사랑과 소속 욕구 수준으로 올라가면 사용자가 친구 및 가족과의 관계를 느낄 수 있는 카톡이나 페이스북을 필요로 한다. 또한 사람들은 존중감을 높이기 위해 좋아하는 책과 음악을 통해 꿈을 이루고 자신감을 높이며 최선을 다한다. 이와 같이 고객의 욕구는 진화하기 때문에 상품이나 서비스도 진화해야 한다. 가정의 안전, 친구에게 사주는 생일 카드의 사랑과 소속, 극기 훈련이나 평화 봉사단과 같은 창의력, 도덕성 또는 자아실현 욕구에 대한 아이디어를 창출할 수 있다. 생리적 욕구는 음식, 쉼터 및 물을 필요로 한다. 정서적 욕구는 선망, 탐욕, 자부심 등을 나타낸다. 욕구는 계속적으로 진화하고, 이를 충족하기 위한 상품과 서비스도 변한다.

(4) 고객의 돈을 절약한다.

고객의 욕구를 해결하는 또 다른 아이디어는 고객에게 경제적으로 이익이 되는 아이디어이다. 창안의 좋은 방법은 고객들의 돈을 절약하는 것이다. LED 형광등은 에너지 절약형 전구이기 때문에 고객들이 돈을 절약하기 위해 구입할 수 있다. 자동차의 연비를 향상하는 설계는 자동차 사용자의 경제성을 높인다. 그리고 인터넷 쇼핑몰은 많은 돈을 절약할 수 있기 때문에 소비자들은 인터넷에서 제품구매를 선호한다. 소비자들이 돈을 저축하는 방법을 이해할 수 있다면, 좋은 사업 아이디어를 얻을 수 있다. 좋은 아이디어를 얻으려면 고객의 의견을 경청한다. 고객에게 더 나은 상품이나 서비스를 제공하기 위해 개선할 수 있는 점과 경쟁자가 자신보다 잘하고 있는 점이 무엇인지 물어본다.

(5) 고객의 삶을 편하게 한다.

고객의 삶을 향상시킬 상품이나 서비스를 탐색한다. 고객의 삶을 향상시키는 것이 무엇인지 마음에 떠오르는가? 고객의 잡일이나 일을 덜 불쾌하게 할 수 없을까? 잠에서 깨어 일어날 시간을 알려주는 타이머, 간편하게 음식을 조리할 수 있는 전자레인지와 ICT와 결합된 앱 등은 일상의 생활을 편하게 해준다. 실제로 기존 서비스를 쉽게 적용하거나 고객의 삶을 편하게 해주는 새로운 혜택을 도입할 수 있다. 인생을 더 편하게 해줄 수 있는 행동, 상품, 서비스 또는 자질구레한 것을 생각해 낼 수 없을까? 어떻게 편리하고, 스트레스가 적고, 즐겁게 사용할 수 없을까? 가장 작은 변화로도 인기 있는 것을 만들 수 없을까?

온라인 세계에서 마케터와 개발자는 소프트웨어를 게임화(gamifying)하기 위해 종종 덜 성가시게 만든다. 일상 작업을 게임처럼 느껴지도록 하면 즐겁고 효율적이다. 화장실에서 즐겁게 지내는 방법은 없을까? 화장실이 음악을 연주하고, 보온 좌석을 갖추고, 따뜻한 공기를 불어 넣고, 물 세척기로 닦는다. 이것은 불쾌한 일을 즐겁게 만드는 방법의 훌륭한 예이다. 고객들은 잡일하는 것을 싫어하는가? 어떻게 하면 더 즐겁게 만들 수 있는가? 어떤 해결안이 필요한가?

(6) 새로운 상품이나 서비스를 발명한다.

창의적인 마음을 갖고 있는가? 그렇다면 창의력을 활용하여 과거에는 결코 존재하지 않았던 상품이나 서비스를 발명할 수 있는가? 창의력을 개발하려면 문제를 넘어서는 사고방식이나 인식이 필요하다. 주위를 둘러보고 자신에게 물어야 한다. 구체적인 상황이나 사람들의 문제에 가장 적합한 해결안은 무엇인가? 그러면 사람들이 원하는 추가 서비스에 대해 물어볼 수 있다. 토마스 에디슨(Thomas Edison), 알렉산더 그레이엄(Alexander Graham), 스티브 잡스(Steve Jobs) 등 위대한 발명가나 기업가처럼 생각해야 한다. 에디슨은 "상상력, 큰 희망, 굳은 의지는 우리를 성공으로 이끌 것이다"라고 말한다.

성공한 아이디어를 개발하려면 목표시장에 집중하고 목표고객들이 관심을 가질 만한 서비스에 대한 아이디어를 분석하고 팀원들과 함께 브레인스토밍한다. 새로운 상품이나 서비스에 대한 사업 아이디어를 얻는 열쇠는 충족되지 않는 시장의 욕구를 발견하는 것이다. 예를 들면, 홍채 인식에서 가정 보안 서비스처럼 개인들의 삶을 안전하게 하기 위해 향상된 보안을 요구하는 새로운 보안 상품과 서비스가 폭발적으로 증가했다.

(7) 다른 사람들의 아이디어를 모방한다.

다른 사람들의 아이디어를 모방하는 것은 전혀 부끄러운 것이 아니다. 그러나 모방하되 다르고 더 좋게 모방해야 한다. 실제로 가장 좋은 아이디어는 다른 사람의 생각에 기초한다. 창의력은 다른 사람이 숨긴 원천을 찾아 새롭게 변형하는 능력이다. 충분한 사례를 통해 자신의 아이디어를 제안하거나 다른 아이디어를 향상시킬 수 있다. 현재 업계가 제공하는 것보다 한 발 더 나아간 아이디어를 취함으로써 시장에서 좋은 틈새시장을 개척할 수 있다. 예를 들면, 구글이 사업을 시작했을 때 다른 인터넷 검색엔진이 많이 있었다. 그러나 구글은 검색을 개선하는 매우 정확한 알고리즘[2]으로 개발했다. 즉, 구글은 성공적으로 우수한 아이디어와 인터넷 검색엔진을 갖고 있었고 또한 이를 실제로 개선했다.

(8) 기본적 감정에 호소한다.

무엇이 사람들을 화나게 하는가? 무엇이 행복하게 하는가?, 무엇이 질투하게 하는가? Andy Maslen(2015)은 「설득적 광고 문안 작성(Persuasive Copywriting: Using Psychology to Engage, Influence

---

2) 알고리즘(algorithm)은 어떤 문제를 해결하기 위한 절차, 방법, 명령어들의 집합.

and Sell Paperback)』에서 기본적 감정을 사용할 것을 제시한다. 즉, 설득적 광고 문안은 고객의 두뇌 속 깊숙한 곳으로 안내한다. 판매와 스토리텔링(storytelling)은 사람들이 이야기를 하고, 듣고, 다른 사람과 소통하고 싶은 행위를 활용하는 기법이다. 고객들이 광고 문안에 참여하면 더 쉽게 설득되고, 기업가는 아이디어를 수집할 수 있다. 심리적인 욕구를 활용하여 사람들의 행동을 수정한다. Andy는 이야기와 고객의 욕구 및 필요 간의 연관성에 초점을 맞춤으로써 고객으로부터 유용한 결과를 얻었다. 인간은 종종 7가지 기본 감정, 즉 자존심, 선망, 정욕, 탐욕,

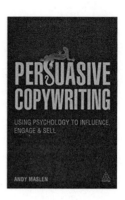

열성, 태만 및 분노 중 하나를 토대로 결정을 내린다. 기본 감정을 살펴보고 사용하는 상품과 서비스가 이러한 욕구를 어떻게 충족하고 있는지 검토한다.

SENSE 감정을 활용한 마케팅

감정적 호소는 결정이나 응답을 하려는 표적고객들을 교묘히 다루기 위하여 수시로 이용된다. 감정적인 마케팅의 장점 중 일부는 기억에 남는 마케팅 즉, 오래 기억되고 긍정적인 감정을 유발하여 제품과 호의적인 연관성을 갖게 한다.

- **고객 창출**: 고객에게 감정적으로 호소하는 것은 회사를 더 진지하게 생각하게 만들며 고객을 더욱 개인적으로 연결하여 충성도가 높은 고객 기반을 형성할 수 있다. 고객은 자사의 제품을 '다른 제품'으로 간주하지 않고 '내 제품'으로 간주한다.

- **고객과의 유대관계 형성**: 고객에게 감정을 호소할 때 회사와 고객 사이에 유대관계를 형성한다. 친숙한 주제와 단서를 사용하여 고객들이 자신의 독특한 방식으로 제품을 사용하고 있음을 암시하는 것은 유대관계에 큰 도움이 될 수 있다.

- **행복감 유발**: 사람들은 미래에 되고 싶어 하는 자신, 즉 이상적 자아에 대한 아이디어를 가지고 있다. 제품이 고객의 존중과 상징성을 제공한다면 고객은 사회적인 인정을 느낄 수 있고 행복해 할 것이다.

- **공포 호소**: 이것은 고객의 주의를 끌기에 아주 설득력 있고 효율적이다. 예를 들면, 금연이나 보험 광고이다. 단점은 너무 많은 두려움이 잠재고객을 강조점에서 회피하게 하여 광고나 제품을 알아채지 못할 수 있다.

- **유머 호소**: 이것은 긍정적인 태도를 취한다. 유머 광고를 보는 것은 단순한 광고보다 고객의 마음을 더 머물러 있게 한다. 재미있는 유머는 더 쉽게 관심을 끌기 때문에 사실적

광고와 달리 기억될 가능성이 더 높다.
- **생활 단면 소구**: 고객이 더 나은 삶을 누릴 수 있는 방법을 보여주는 광고 기법이다. 재미와 별개로 이 기법은 고객에게 호소하기 위해 모험과 흥분을 사용한다.

3. 富의 수직 상승 모델

富의 수직 상승을 실현하는 비법은 매력적이고 수익성이 있는 아이디어를 창출하고 비즈니스 모델을 구축하여 사업을 성공적으로 이끄는 것이다. 결국 부의 수직 상승은 아이디어에 길이 있다. 본서에서는 사업을 성공할 수 있는 방법을 제시한다. 사업을 시작하는 데 있어 가장 어려운 측면은 아이디어를 창출하는 것이다. 좋은 아이디어는 발명, 상품 또는 서비스, 또는 일상적인 문제에 대한 독창적인 해결안이 될 수 있다. 고객에게 더 큰 가치를 제공하는 동시에 기존제품과 차별화된 제품을 출시할 수 있다면 성공 가능성이 훨씬 더 높다. 많은 새로운 아이디어를 창안한 후에는 어떤 아이디어가 가장 유망한 것인지 판단해야 한다. 아이디어는 고객의 욕구를 충족해야 하고, 큰 불만의 공백을 해결할 수 있어야 한다. 이는 사람들이 상품이나 서비스를 구매하기 위해 동기를 부여하는 가장 빠른 방법 중 하나이다.

성공적인 비즈니스 개발의 중요한 측면은 아이디어를 평가하는 방법을 따르고, 진행 또는 중단할 것인지를 결정한다. [그림 1-7]은 비즈니스 모델 구축까지의 과정을 설명하는 부의 수직 상승 모델이다. 모델의 각 단계는 따라야 할 엄격한 구조가 있는 것은 아니지만 이러한 단계를 따르면 문제를 식별하고 해결안을 찾는데 도움이 된다. 그러나 이러한 단계를 따르지 않으면 같은 문제를 반복할 수 있다. 이것은 시간과 자원의 낭비 이외에 좌절감을 줄 수 있다. 따라서 이러한 단계를 따르면 시행착오를 줄이고 자원을 낭비하지 않고 성공 가능성을 크게 높일 수 있다.

[그림 1-7] 부의 수직 상승 모델

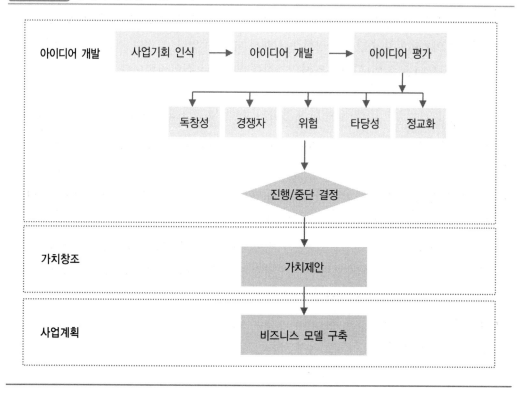

1) 사업기회 인식

사업기회를 인식하는 것이 사업의 첫 출발이다. 개발할 수 있는 사업기회는 무한히 많다. 적절한 기회를 찾고 선택하는 것이 기업가의 가장 중요한 능력이다. 이 단계를 수행하려면 두 가지 질문이 중요하다. 사업기회는 어떻게 인식될 수 있는가? 고객이 기대하는 가치인가? 미사용된 또는 과소사용된 자원은 추가적으로 가치를 창조할 수 있는 기회이다. 잠재고객은 자신의 욕구를 명확하게 표현할 수도 그렇지 않을 수도 있다. 새로운 기능과 기술뿐만 아니라 과소사용된 자원은 잠재고객을 위한 새로운 가치를 창출하고 제공할 수 있는 가능성이다. 따라서 사업기회는 고객이 기대하는 가치가 있어야 한다.

기회인식 과정에는 정보 비대칭, 자원 부족, 불확실성, 위험, 불일치, 모순, 혼란과 같은 요소들이 있다. 적시성은 기회인식에서 중요한 요소이다. 너무 일찍 또는 너무 늦게 기회를 인식하면 그것을 인식한 개인에게 기회가 없어질 수 있다. 정보는 특정 개인이 기회를 확인하는 이유와 그렇지 않은 이유를 판단하는 데 유용하지만 기회를 인식하는 방법을 설명하지는 않는다. 새로운 기업을 위한 올바른 기회를 식별하고 선정하는 것은 성공적인 기업의 가장 중요한 능력 중 하나이다. 미네소타대학교 교수인 Ardichvili는 기회인식에서 인식, 발견 및 창조라는 세 단계를 제안한다. 새로운 아이디어의 출현은 다양한 원천에서 나올 수 있다. 그것은 기존 사업의 이사회나 생산자 집단에서 나올 수 있다. 다음은 사업기회를 인식하는 주요 방법이다.

- **사업 아이디어 정의:** 아이디어와 컨셉을 정의하고 장점을 설명한다. 아이디어는 기존제품을 새로운 제품 또는 개선제품으로 대체하거나 더 저렴한 제품을 생산하거나 가치를 더할 수 있는 방법을 포함한다.
- **프로젝트위원회 구성:** 위원회는 아이디어와 컨셉을 조사하고, 컨셉이 실행 가능하면 사업을 수행하는 데 필요한 기술을 가진 개인을 선발한다.
- **비즈니스 모델 확인:** 비즈니스 모델은 기업이 상품 또는 서비스를 생산하고 고객에게 제공하는 방식을 설명한다. 원재료 조달부터 최종 제품의 판매와 그 사이의 모든 단계로 끝나는 핵심 비즈니스 요소를 확인한다.
- **대안 조사:** 아이디어의 유효성과 비즈니스 모델을 조사한다. 아이디어가 합리적인가? 실행 불가능한 요소가 있으면 이들을 제거한다.

2) 아이디어 개발

부정확하게 정의된 시장 욕구와 미사용된 자원의 조합을 보다 정확하게 정의하고 기회로부터 아이디어를 창안한다. 그런 다음 기업가는 아이디어를 상세하게 채운다. 개념이 시장의 욕구로 시작된 경우 욕구를 다루는데 필요한 자원의 유형과 양이 식별된다. 개념이 미사용된 자원으로부터 발생된다면 특정한 사용자에게 가져다주는 이익과 가치는 더욱 명확하게 된다. 사업컨셉을 비즈니스 모델로 발전시키면 의도된 가치가 명확하다.

모든 사업 아이디어는 시장과 필요에 대한 지식을 기반으로 한다. 즉, 아이디어를 고객의 문제 해결이나 욕구충족에 집중한다. 시장은 상품이나 서비스를 구매하고자 하는 사람들을 가리킨다. 즉, 고객, 시장은 장소에 따라 다르며, 지역에 사는 사람, 거주하는 방법 및 돈을 소비하는 상품이나 서비스에 따라 다르다. 해당 지역의 시장을 이해하면 이전에 간과한 많은 아이디어를 인식할 수 있다. 아이디어를 창출할 때는 모든 것을 마음껏 열어 두는 것이 가장 좋다. 가능한 한 많은 아이디어를 생각하고 가능한 모든 기회를 나열한다. 이러한 개발 활동은 가장 실현 가능성이 높고 가장 수익성이 높은 아이디어를 찾아낸다.

현지 사업을 조사하거나 기존 사업자에게 질문하는 등 아이디어를 제안하는 데는 여러 가지 방법이 있다. 얻은 정보는 다른 정보원을 보완하고 아이디어를 명확하게 설명하는 데 도움이 될 수 있다. 새로운 아이디어를 찾기 위해 다양한 방법을 사용하여 아이디어 목록에 아이디어를 적는다. 사업을 설립하는 과정을 이미 경험한 사람들로부터 많은 것을 배울 수 있다. 그들로부터 다음과 같은 정보를 얻으려고 시도한다.

- 어떤 아이디어로 사업을 시작하였는가?
- 아이디어의 원천은 무엇인가?
- 아이디어를 어떻게 개발했는가?
- 사업이 지역사회에 어떻게 이익을 주는가?
- 사업을 시작하기 위해 자금을 어떻게 조달하였는가?

자신의 관심 분야, 경험 및 네트워크 목록을 작성한다. 자신의 과거 경험에서 파생시킬 수 있는 가능한 아이디어가 있는가? 각 유형의 경험에 대해 생각해 본다. 시장에서 고객으로서의 경험은 무엇인가? 주변 사람들은 잠재고객이다. 이용할 수 없거나 정확히 필요하지 않은 상품과 서비스를 찾으려는 그들의 경험을 포착한다. 쇼핑 경험에 대해 사람들이 말하는 것을 주의 깊게 듣는다. 현지에서 구할 수 없는 것을 찾는 가족이나 친구들에게 물어본다. 다른 연령대, 사회 신분 등의 사람들과 이야기함으로써 지식을 넓힐 수 있다. 한 지역사회 단체, 대학 등을 방문하여 시장에 대한 이해를 넓힐 수 있다.

[그림 1-8] 아이디어 리스트

아이디어 리스트	
아이디어	**설명**
• 아이디어: 미등록자 확인 장치 ✓속성: 미등록자의 눈동자만 보면 작동하는 음성과 빛을 내는 센서 ▪ …… ▪ ……	• 어떤 문제를 해결하는가? • 어떤 욕구를 충족하는가? • 어떤 상품이나 서비스를 제공하는가? • 경쟁자와 어떻게 다른가? • 누구에게 판매할 것인가? • 아이디어를 실현할 자원이 있는가? • 어떻게 판매할 것인가? • 환경에 어떤 영향을 미치는가? • ~하는가? • ~하는가?

학습 　현지 조사 　환경 탐색 　경험 　브레인스토밍

3) 아이디어 평가

아이디어가 개발되면 평가 및 개선하는 과정이 이어진다. 평가 과정은 아이디어의 독창성 조사, 현재 또는 잠재적 경쟁자 조사, 아이디어의 타당성 조사, 위험과 장애 요인 확인, 정교화, 사업 아이디어의 진행 또는 중단 결정으로 구성된다. 평가는 선별하기 위한 과정으로 각각의 아이디어의 강점과 약점을 비교한다. 좋은 아이디어가 있지만 실제로 구현할 방법이 없는 경우가 있다. 이러한 경우에 계속 진행하기 전에 실제로 수행할 수 있는지 생각한다. 예를 들면, 훌륭한 레스토랑을 개점할 수 있다고 생각하지만 요리 학교에 다녔던 적이 한 번도 없었다면 이 아이디어는 비현실적일 수 있다. 따라서 현실과 너무 멀리 떨어져있는 목표와 아이디어를 제거하는 방법은 목표의 현실성을 파악하는 것이다.

(1) 독창성 조사

누군가 자신의 아이디어를 이미 생각해 냈는지 조사한다. 아이디어가 다른 사람이 생각한 것일 수도 있다. 또한 누군가가 이미 사업을 수행했는지 조사한다. 철저한 조사를 통해서 자신의 아이디어가 진정으로 독창적인지 확인하는 것이 중요하다. 확인하는 방법은 인터넷이나 특허 검색 등이 있다. 먼저 인터넷을 검색한다. 염두에 두고 있는 상품이나 서비스를 입력한다. 완전히 일치하지 않을 수 있으므로 모든 단서를 따라 누군가가 이미 같은 사업을 시작했는지 판단한다. 상표 및 특허를 검색한다. 이것은 인터넷 검색보다 훨씬 어려운 복잡한 과정이다. 이것을 제대로 탐색하려면 변리사와 상담한다.

(2) 현재 또는 잠재적 경쟁자 조사

현재 또는 잠재적 경쟁자를 조사한다. 누군가가 이미 아이디어를 생각해 낸 것을 알게 된다면 당황하지 않는다. 많은 새로운 사업은 경쟁이 치열해 더 나은 상품 또는 서비스를 제공함으로써 경쟁업체를 이겨낸다. 첫째, 경쟁자의 상품이나 서비스를 구입하여 어떻게 작동하는지 직접 파악한다. 이렇게 하면 사업을 개선할 수 있는 방법을 찾을 수 있다. 둘째, 경쟁자의 고객과 대화한다. 경쟁자의 고객에 대한 설문조사를 실시한다. 자신이 만족하고 만족하지 못하는 것을 구체적으로 질문하여 사업에 반영한다. 셋째, 경쟁자의 인지도를 살펴본다. 경쟁에 대해 토론하는 리뷰 페이지 또는 블로그가 있다. 경쟁자가 하는 일에 만족하는지 알아보기 위해 신중하게 읽는다.

(3) 위험과 장애 요인 확인

아이디어의 위험과 장애 요인을 확인한다. 모든 사업계획에는 재정적이든 인적이든 위험이 포함된다. 자금부족, 사업 파트너와의 혼란, 인적관계의 와해에 이르기까지 수많은 어려움에 직면할 수 있다. 이러한 잠재적 위험을 대비한다. 향후 발생할 수 있는 장애물을 확인한다. 잠재적 위험에 대해 생각함으로써 사업을 손상시키지 않고 성공적으로 위험을 극복할 가능성을 높일 수 있다. 많은 창업에서 발생할 수 있는 몇 가지 사업 문제가 있으므로 장애물을 피하기 위해 다음 사항을 명심한다. 신뢰하는 사람들과 협력한다. 그러나 나쁜 파트너는 사업에 혼란을 야기한다. 신뢰할 수 있는 사람과 협력하여 문제를 함께 해결한다. 진행하기 전에 충분한 자금이 있는지 확인한다. 많은 사업은 자금부족으로 실패한다. 부채 또는 파산을 피하기 위해 자금이 부족한 경우 아이디어를 진행하지 않는다.

(4) 타당성 조사

타당성 조사는 아이디어의 시장, 운영, 기술, 경영 및 재정적 측면에 대한 포괄적이고 상세한 평가이다. 원하는 문제를 해결했는가? 중요한 문제에 대한 철저한 조사가 있었는가? 타당성 조사는 아이디어가 실행 가능한지를 사전에 조사하는 것이다. 아이디어를 가족, 친구 및 동료에게 알린다. 진실을 말할 수 있는 지인들과 상담한다. 아이디어를 제시하고 어떻게 개선하는지 알려준다. 그들이 자신의 상품이나 서비스를 살 것인지 물어보고 정직한 대답을 요구한다. 이렇게 하면 신뢰할 수 있는 몇 명의 지인들로부터 아이디어를 조기에 평가할 수 있다. 그들은 아이디어를 장려하거나 건설적인 비판을 제공하거나 아이디어가 미래를 가지고 있는지를 말할 수 있다. 또한 잠재고객과 대화한다. 일단 좋은 아이디어라고 생각하는 것을 공식화하고, 가까운 친구들에게 말하고, 시장이 있는지 알아본다.

인터뷰를 직접 실시한다. 사업에 관심이 있는 사람들이 있는 지역으로 이동한다. 예를 들면, 새로운 종류의 낚시 미끼를 개발하려는 경우 낚시용품점에 가서 사람들과 이야기한다. 사업에 대해 설명하고 쇼핑객에게 그러한 사업에 관심이 있는지 물어본다. 이때 상호작용을 짧게 한다. 어떤 사람들은 관심이 있으나 어떤 사람들은 짜증을 낸다. 설문조사를 실시한다. Google 설문지와 같은 프로그램을 사용하여 설문조사를 쉽게 디자인할 수 있다. 아직 실제 사업을 하지 않았으므로 설문조사를 실시하는 데 어려움을 겪을 수 있다.

(5) 정교화

사업 아이디어의 평가 작업은 한편으로는 아이디어의 개선 및 정교화 작업이다. 아이디어의 구성 과정에서 고려하지 못했던 요소들이 발견된다면 아이디어를 더욱 정교화할 수 있다. 아이디어 평가 수행 과정은 아이디어 정교화 과정이다. 따라서 새롭고, 독특하고, 가치 있고, 유용한 아이디어가 될 수 있도록 아이디어를 개선한다. 이것은 다음 단계로 넘어 가기 전에 중요하다.

(6) 아이디어의 진행 또는 중단 결정

아이디어의 평가 결과를 토대로 아이디어를 진행할 것인가 또는 중단할 것인가를 결정한다. 이것은 전체 사업 개발 프로세스에서 가장 중요한 단계이다. 어떤 점에서 이것은 진행 또는 중단의 갈림길이다. 일단 사업 진행의 길에 들어가면 되돌릴 수 없다. 프로젝트에 대한 의문이나 제한 사항이 있을 경우 계속 진행해서는 안 된다. 그렇기 때문에 결정을 내릴 때 공개적이고 정직하며 철저한 토론이 필요하다. 어떤 사람은 앞으로 진행을, 다른 사람은 중단을 원할 수 있다. 이 것은 드문 일이 아니다. 각자는 상대방의 주장에 정직하게 대처해야 한다. 문제가 해결될 수 없다면 이 시점에서 사업을 중단할지 결정해야 한다.

44

고려해야 할 또 다른 중요한 요소가 있는데 이것은 진행하기 전에 프로젝트에 대한 몰입이다. 사업 개발 초보자는 대체로 사업을 시작하는 데 필요한 시간과 노력을 과소평가한다. 현재 프로젝트 참여자의 재정적 책임은 사업 진행에 대한 중요한 신호이다. 이 단계에는 세 가지 가능한 결정 중의 하나가 발생한다.

- **진행**: 실행 가능하고 앞으로 계속 진행할 수 있다고 결정한다.
- **검토**: 더 많은 조사를 하거나 추가 대안을 검토하기로 결정한다.
- **포기**: 실행 가능하지 않으며 이를 포기한다고 결정한다.

사업을 진행하면 환경은 항상 변하고 새로운 환경에 직면하게 된다. 기업가도 환경에 적응하려면 기꺼이 변화해야 한다. 사업을 성공적으로 완수하면 시장은 여전히 주변에서 변화할 수 있다. 경쟁력을 유지하기 위해 이러한 변화를 따른다. 실패로부터 계속 전진한다. 창업은 많이 실패한다. 창업은 끝이 아니며 더 나은 아이디어와 더 나은 재원을 필요로 한다.

4) 가치제안 창안

가치제안은 고객들이 경쟁제품 대신에 자사제품을 구매하는 이유를 표현한 기술이다. 가치제안은 회사와 고객들을 감성적으로 연결하고 고객들과 함께 사업을 하는 것이다. 이것은 회사와 경쟁자 간의 강력한 차별성을 창조한다. 우수한 가치제안은 독특성, 편익성, 지원성과 지속성을 포함한다. 매력적인 가치제안은 표적고객의 욕구를 충족하고, 경쟁자와 다른 가치를 제안하는 것이다.

5) 비즈니스 모델 창안

사업계획을 수행하려면 비즈니스 모델을 창안하는 것이 더 효율적이다. 비즈니스 모델은 고객에게 제공할 고객가치와 이를 구현하는 데 필요한 자원을 할당하여 수익을 창출하는 과정을 계획하는 청사진이다. 사업을 계속하기로 결정했다면 사업계획서를 작성해야 한다. 사업계획서는 사업을 어떻게 만드는지에 대한 개요 또는 청사진이다.

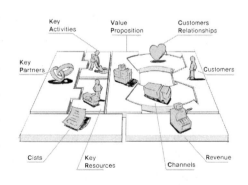

계획수립에는 상당한 시간과 노력이 필요하지만 계획실행이 훨씬 더 어렵다. 많은 사업체는 사

업계획의 부적절한 시행으로 인해 문제 또는 실패를 경험한다. 사업에는 예기치 않은 문제가 발생할 수 있다. 집중할 수 있는 아이디어에 맞춘다. 최선의 아이디어를 선택하고 사업구조를 결정한다. 사업구조는 주로 개인회사나 주식회사이다.

아이디어를 선택할 때는 진행하기 전에 사업계획이 필요하다. 사업계획은 회사가 제공하는 상품이나 서비스를 정의하고 잠재적인 비용과 수입을 계획한다. 이렇게 하면 자신의 아이디어를 집중하고 조직하는 데 도움이 되고, 사업이 얼마나 수익성이 있는지 확인할 수 있다. 사업자금을 조달한다. 자금조달 없이 사업 아이디어를 구현할 수 없다. 사업을 시작하기 위한 자금을 확보하기 위해 투자자에게 사업계획서를 제시해야 한다. 일반적으로 자금을 조달하는 방법에는 은행과 투자자가 있다. 필요한 모든 단계를 완료하고 이제 사업이 시작된다. 사업운영은 사업 시작과는 매우 다르다. 그것은 다른 경영기술을 필요로 한다. 사업을 만드는 사람들은 사업을 관리할 수 있는 최고의 사람이 아닐 수도 있다. 따라서 적절한 인재를 확보하는 것이 중요하다.

SENSE 사업을 시작할 때 고려해야 할 요소

새로운 사업을 시작하든 새로운 기회로 현재 사업을 확장하려고 하든, 사업 기회를 적절하게 평가하는 방법을 아는 것이 중요하다. 사업기회가 받아 들여야 할 가치가 있는지를 결정할 때 고려해야 할 사항이 있다.

- **시장 규모**: 시장이 얼마나 큰지 파악한다. 수요가 있는지 확인한다.
- **관계망**: 관계가 형성되어 있는가? 기회로 활용할 수 있는 업계 경험자, 기술자나 투자자가 있는가? 고객과의 관계는 어떠한가? 관계가 많을 때 기회는 더 크다.
- **현금흐름 관리 능력**: 사업을 위한 창업 자금이 있는가? 사업 자금을 조달하는 방법이 있는가? 일정 기간 후에 사업이 유지될 수 있는지 확인한다.
- **경영 기술**: 기업가나 관련된 사람들의 경영기술은 무엇인가? 어떤 기술을 가지고 있는가? 그것들은 적절하고 다양한가?
- **열정과 지속성**: 재능이 다소 부족하더라도 열정과 끈기를 가지고 이를 보상할 수 있는 경우도 있다. 열정이 있다고 믿고 있는가? 문제에 접근하는가?
- **아이디어 개선**: 성공적인 사업은 훌륭한 아이디어로 시작한다는 것은 의심의 여지가 없다. 아이디어를 수정하거나 오래된 것을 수행하는 새로운 방법을 모색하는 것이다. 더욱 새롭고, 독특하고, 가치 있고, 유용한 아이디어로 개선한다.

New Idea

제2장

창의적 사고기법

New Idea

富의 수직 상승
아이디어에 길을 묻다

1. 창의성

창의성이란 어떤 것을 새롭게 만드는 능력으로 여기에는 열정과 몰입이 필요하다. 그것은 이전에 감추어져 있었던 것을 인식으로 가져오고 새로운 것을 나타낸다. 따라서 창의성은 새로운 생각이나 개념을 찾아내거나 기존에 있던 생각이나 개념들을 새롭게 조합해 내는 정신적인 산출 능력이다. 창의성은 의식적이거나 무의식적인 통찰에 의하여 발휘된다. 창의적인 사람들은 혁신적인 사고에 기여하는 다양한 특성을 소유하고 있다.

1) 창의성의 요소

창의성은 새롭고 상상력이 풍부한 아이디어를 실현시키는 행위이다. 창의성이 있는 사람들은 새로운 방식으로 세계를 인식하고, 숨겨진 패턴을 찾고, 관련 없는 현상 사이를 연결하고, 해결안을 창안한다. 이처럼 창의성은 새롭고, 신기하고, 유용한 것을 산출하는 능력이다. Maslow는 창의성을 일상생활 전반에서 넓게 나타나며 매사를 보다 창의적으로 수행해 나가는 어디에서나 볼 수 있는 성향이라고 하였다. 창의성은 자신이 맡은 일에서 얼마만큼 창의적으로 사고하고 행동할 수 있느냐를 기준으로 삼는다. 창의성의 구성요소는 유창성, 융통성, 독창성과 정교성을 포함한다.

[그림 2-1] 창의성의 요소

- **유창성**: 많은 아이디어를 창안해 내는 능력
- **융통성**: 사물을 다른 각도에서 볼 수 있는 능력
- **독창성**: 아이디어의 양보다 질적인 측면, 소재의 독특성
- **정교성**: 아이디어를 정교하게 하거나 개선시키는 능력

2) 창의성의 특성

창의적인 사람은 상상력을 발휘하여 새로운 것을 만드는데 익숙하다. 창의성은 의식적 또는 무의식적 사고나 노력의 영향으로 일어난다. 창의성은 새로운 아이디어, 컨셉의 창출이나 기존 아이디어 간의 새로운 연상을 포함하는 정신적 과정이다. 창의성(creativity)이란 새로운 사물을 낳는 지적 특성인 동시에 새롭고, 혁신적, 독창적, 유용한 것을 만들어 내는 산출 능력이다. 따라서 창의성은 새롭고 유용한 것을 혁신적으로 창조하는 능력이다.

[그림 2-2] 창의성의 특성

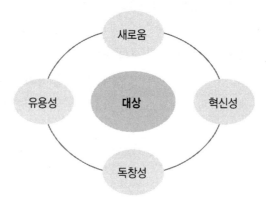

3) 창의적 활동의 요소

창의성은 강한 감정적 또는 신체적 반응을 불러일으킬 수 있다. 숨이 차거나 기쁨이나 놀라움을 유발할 수 있다. 칙센트미하이(Mihaly Csikszentmihalyi)는 창의성을 기존 영역을 수정하거나 새로운 영역으로 전환시키는 행위, 아이디어 또는 제품으로 정의한다. 창의적 활동은 창의적 개인의 두뇌에 의해 수행된다. 개인에 의해 변형되는 창의적 과정의 산물은 상품이나 서비스이다. 창의적 활동의 중요한 구성 요소는 창의적 개인, 창의적 과정과 창의적 제품이다.[3] 창의성은 독

창적이고 유용한 것으로 판단되는 인공물, 즉 문제에 대한 새로운 해결안, 생각, 제품, 예술을 유발하는 개인 또는 집단 과정이다.

[그림 2-3] 창의적 활동의 요소

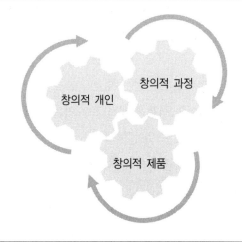

(1) 창의적 개인

창의적 개인은 일반적으로 활기차고 아이디어로 가득 차 있다. 그들은 성장하려는 욕망과 자발적인 호기심으로 가득 차다. 또한 낙관적이며, 불확실성에 대해 관대하고, 목표를 추구한다. 수년 간 많은 학자들이 아인슈타인, 다윈, 모차르트 같은 유명한 사람들의 사고방식을 탐구했다. 천재들은 문제를 해결하기 위해 재생산적으로 생각한다. 그들은 과거의 경험을 토대로 유망한 접근법을 선택하고 다른 것들을 배제한다. 문제에 직면했을 때 해결할 수 있는 다양한 방법을 모두 고려한다. 그들은 비전통적인 독특한 해결안을 생각해내는 경향이 있다. 예를 들어, 서로 다른 대상 간의 관계를 연결할 수 있다.

레오나르도 다 빈치는 소리를 파도에 연결시켰으며 음파를 발견했다. 아인슈타인은 에너지(E), 질량(M), 빛의 속도(C)의 개념을 발명하지 않았다. 그러나 그는 에너지에 대한 그의 방정식을 표현하는 새로운 방법으로 이것들을 결합시켰다. 즉, $E = MC^2$이다. 유명한 창의적인 사상가는 생산적이며 다양한 방식으로 아이디어를 시각적으로 표시할 수 있다. 전구를 발명한 에디슨은 19세기 후반에 가장 많은 발명가 중 한 명이었다. 또한 다 빈치, 갈릴레오 및 다른 사람들은 수

---

3) Barry & Kanematsu(2006).

학 및 언어적 접근 외에도 다이어그램, 지도, 그래프 및 간단한 그림을 통해 자신의 생각을 시각적으로 볼 수 있는 유연성을 확보했다.

창의적인 사람에게는 적극적인 상상력, 유연성 또는 호기심이 두드러진다. 창의력은 독창적인 아이디어와 새로운 상품을 생산할 수 있는 능력이다. 그것 또한 기존의 작업, 사물 및 아이디어를 다른 방식으로 결합하는 것을 포함한다. 창의적인 사람들을 특별하고 다른 사람들과 다른 것으로 만드는 데 능숙하다. 창의적 과정에 다음과 같은 여러 구성 요소가 포함된다.

- **상상력**: 경험하지 않은 대상을 마음속으로 그려 보는 능력
- **독창성**: 새롭고 특이한 아이디어와 제품을 제시할 수 있는 능력
- **생산성**: 다양한 아이디어를 생성할 수 있는 능력
- **문제해결**: 지식과 상상력을 적용하여 문제를 해결하는 능력
- **가치성**: 가치를 창출하는 능력

(2) 창의적 과정

창의적인 사람은 창의적 과정을 시작하여 창의적인 결과를 낳는다. 거의 모든 위대한 아이디어는 비슷한 창의적 과정을 따른다. 창의적 사고는 두뇌가 겉으로는 비관련적인 아이디어들을 연결하도록 요구한다. 제임스 웹 영(James Webb Young)은 아이디어 창출을 위한 기술(A Technique for Ideas)을 출판했다. 이 책에서 그는 창의적인 아이디어를 창출하는 방법을 제시했다. 그에 따르면 혁신적인 아이디어는 새로운 요소를 조합할 때 발생한다. 즉, 창조적인 사고는 무에서 새로운 것을 창안하는 것이 아니라 이미 존재하는 것을 취하고 이전에 행해지지 않은 방법으로 결합하는 것이다. 새로운 조합 능력은 개념 간의 관계를 볼 수 있는 능력에 달려 있다. 두 개의 기존 아이디어 사이에 새로운 연결 고리를 형성할 수 있다면 창의적인 과정이다.

[그림 2-4] 창의적 과정

준비 단계 → 부화 단계 → 개발 단계 → 평가 단계 → 실행 단계

▌준비 단계

문제를 공식화하고 새로운 해결안을 찾는 데 필요한 사실과 자료를 수집한다. 창의력은 아이디어로 시작한다고 생각할 수도 있지만 아이디어가 지적 공백 상태에서 발생하는 것이 아니라 어떠한 근거에서 발생한다. 따라서 아이디어를 구상하려면 근거에 사용할 자료나 정보가 필요하다.

▌부화 단계

부화 단계는 문제에 대한 해결안을 찾는 무의식적인 사고 과정이다. 문제에서 벗어나 백일몽, 걷기, 명상과 같은 활동을 취한다. 많은 화려한 아이디어가 곤경, 성가심, 휴식, 목욕탕이나 교통 정체에서 떠오른다. 며칠 작업을 멈추거나 다른 일을 하면 잠재의식을 발휘할 수 있다. 실제적인 상황과 멀어질수록 더 많은 아이디어가 떠오를 수 있다.

▌개발 단계

종종 플래시처럼 화려한 아이디어가 마음속에서 발상된다. 흔히 평범한 작업에서 또는 누군가가 다른 것과 관련되어 있을 때 자주 떠오른다. 아이디어가 타인에게 실용적이며 확신을 갖도록 한다. 흥미로운 아이디어를 가지고 성공의 가능성을 높이기 위해 관련성을 찾는 일을 강화한다. 잠재력을 살펴보고 단점과 약점 목록을 작성하고 좋은 점을 강조한다.

▌평가 단계

아이디어의 가치성과 정교성을 평가한다. 아이디어의 가치가 있는지 판단할 때 평가는 중요한 단계이다. 평가 단계에서 아이디어의 강점과 약점을 조사한다. 그런 다음 약점을 없애고 강점을 활용하여 개선할 수 있는 방법을 고려한다. 아무도 처음부터 완벽한 것을 얻지 못한다. 창의적인 사람들은 아이디어를 개선하는 사람이다. 많은 사람들이 처음에는 평가 단계를 싫어한다. 그러나 창의적인 사람들은 거의 언제나 열렬한 개선자이다.

▌실행 단계

해결안을 실행하는 사람은 요구되는 자원, 즉 성공적인 실행을 위해 필요한 모든 인적 · 물적 자원을 고려한다. 아이디어가 실제로 작용하고, 새로운 아이디어를 현실로 만들기 위한 계획을 적용한다. 또한 실행은 사업의 흥망을 판단하는 시금석일 뿐만 아니라 새로운 개선을 위한 과정이기도 하다. 따라서 지속적으로 피드백하고 개선하는 과정이 중요하다.

(3) 창의적 제품

창의적 개인이 창의적 과정에 의해 산출하는 창의적 제품은 새로운 책, 노래 또는 발명품처럼 이전에는 존재하지 않았던 것이다. 친구와 노는 창의적 게임이나 창의적 주부의 조리법도 포함된다. 다른 예로 셰익스피어의 희곡과 아인슈타인의 상대성 이론이 있다. 출판물, 예술 작품 및 음악 작품과 같은 제품도 창의적 제품이다. 미켈란젤로의 그림 같은 창의적인 작품은 오랜 기간 동안 인기가 있지만 어떤 것들은 사회적으로 관심을 받지 못한다.

[표 2-1] 창의성의 3P's

요소	설명
개인 (Person)	능동적 상상력, 유연성, 호기심, 독립성, 자기 차이의 수용성, 모호성에 대한 내성, 자신감, 소재에 대한 개방성, 여러 아이디어를 동시에 작업할 수 있는 능력, 문제 재구성 능력
과정 (Process)	아이디어의 유창성, 정보 인식, 문제 인식 및 구성, 아이디어의 비정상적인 조합, 광범위한 범주의 구축, 해결안 인식, 아이디어의 변형 및 재구성, 아이디어의 정교화, 확장과 자기 주도적 평가
제품 (Product)	독창성, 관련성, 유용성, 복잡성, 이해력, 즐거움, 우아성

2. 창의적 사고기법

제품개발에서 창의성은 새로운 아이디어를 창출하기 위한 다양한 범위와 문제해결 접근법으로부터 지식과 경험의 요소를 결합하는 능력을 말한다. 창의적 사고기법은 확산적 사고기법과 수렴적 사고기법을 포함한다. 확산적 사고기법은 주어진 문제에 대해 가능한 많은 해결안을 창출하는 기법이다. 이것은 유의미하고 새로운 연결을 만들고 표현하는 사고기법으로 아이디어를 생성해 내는 사고과정이다. 반면 수렴적 사고는 주어진 문제에 대한 최적의 해결안을 창출하는 사고기법으로 아이디어들을 분석하고 개선하고 선택하는 사고과정이다. 경험을 통해 창조적인

과정에서 가능한 많은 아이디어나 해결안을 생산하기 위해 다양한 생각으로 시작한 다음 가장
유망한 몇 가지 아이디어를 선택하기 위해 수렴적 사고로 전환한다.

- 확산적 사고: 가능한 많은 해결책을 창출하는 기법
- 수렴적 사고: 주어진 문제에 대한 최적의 해결책을 창출하는 사고기법

[그림 2-5] 창의적 사고기법에 의한 아이디어 선별과정

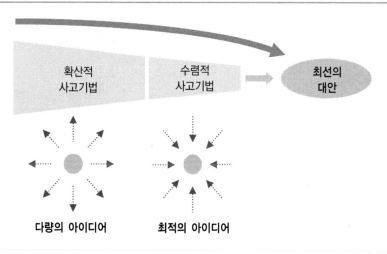

창의적 사고는 새로운 아이디어의 창출, 가능성의 탐색 및 대안 발견을 포함한다. 이것은 이전
에는 관계가 없었던 사물이나 아이디어의 관계를 재형성시키는 것이다. 따라서 과거의 경험을
이용하여 미지의 새로운 결론이나 새로운 발명을 끌어내는 사고과정이다. 이는 다양한 정보로
다양한 결과를 산출해 내는 능력으로써 확산적 사고와 수렴적 사고가 동시에 요구된다. 따라서
창의적 사고과정은 확산적 사고기법을 통하여 가능한 많은 아이디어를 창출하고, 그런 다음 수
렴적 사고기법을 통하여 최적의 아이디어를 선별하는 것이다. 창의적인 도구는 실제로 다음과
같은 문제를 처리하는 데 사용된다.

- 상품 또는 서비스 개선
- 새로운 상품 또는 서비스 개발
- 새로운 전략개발

- 혁신적 아이디어 창출
- 창조적 도약
- 일상적인 문제해결

[표 2-2] 창의적 사고기법의 종류

구분	의미	사고기법
확산적 사고	가능한 많은 아이디어 창출 다량의 아이디어 생산	• 브레인스토밍 • 브레인라이팅 • 스캠퍼 • 시네틱스 • 마인드맵 • 속성열거법 • 연꽃기법
수렴적 사고	아이디어의 분석, 정교화, 선택 소수의 최적안 선택	• P-P-C 기법 • PMI 기법 • 고든법 • 평가행렬법 • 쌍비교분석법 • 역 브레인스토밍

1) 확산적 사고기법

아이디어가 많으면 우수한 아이디어도 많다. 많은 아이디어를 창안하는 것이 우수한 아이디어를 창안하는 길이다. 확산적 사고기법은 주어진 문제에 대해 가능한 많은 해결안을 창출하는 기법이다. 이것은 유의미하고 새로운 연결을 만들고 표현하는 사고기법으로 아이디어를 생성해내는 사고과정이다. 따라서 많은 아이디어를 산출해야 최적의 아이디어를 선택할 수 있다. 다음은 확산적 사고의 규칙 중 일부이다.

- 문제를 다른 관점에서 시각화하거나 재구성한다.
- 판단을 미루거나 새로운 경험에 개방적이다.
- 양은 질을 낳으므로 많은 아이디어를 산출한다.
- 편승이 허용되며 이 방법으로 시너지 효과를 얻을 수 있다.

- 아이디어를 결합하고 수정함으로써 많은 아이디어를 만들 수 있다.
- 잠재적인 해결안을 모의 실험할 수 있는 미래의 시나리오를 만든다.
- 아이디어를 확대하고, 한계를 넘어서는 아이디어를 상상한다.
- 파괴적인 비판을 피하고, 가치를 추가하는 것을 두려워하지 않는다.

2) 수렴적 사고기법

다량의 아이디어에서 여건에 맞지 않는 것을 제거하고 우수한 소수의 아이디어를 선택한다. 수렴적 사고는 주어진 문제에 대한 최적의 해결안을 창출하는 사고기법으로 아이디어들을 분석하고, 개선하고, 선택하는 사고과정이다. 즉, 수렴적 사고는 확산적 사고기법에 의해 산출된 다량의 아이디어 중에서 소수의 최적안을 선정하는 기법이다. 수렴적 사고는 참가자가 여러 가지 가능성 중에서 하나 또는 두 가지 최상의 아이디어나 해결안을 선택하기 위해 검증, 판단 및 평가 기술을 사용한다. 대안 목록을 만들고 목록에서 가장 좋은 해결책을 선택한다. 다음은 수렴적 사고의 규칙 중 일부이다.

- 체계화되고 생성된 아이디어 집합에서 구조와 패턴을 찾는다.
- 아이디어를 질적 및 양적으로 평가한다.
- 직관 사용을 두려워하지 않는다.
- 시간을 내고 신중히 생각한다.
- 아이디어 압살자의 견해를 피하고 불가능을 시도한다.
- 문제의 최적해를 찾는 데 너무 많은 시간을 소비하지 않는다.
- 규칙에 근거한 경험적 방법과 상식을 사용한다.
- 피하지 말고 위험을 평가한다.

3. 확산적 사고기법

확산적 사고는 짧은 기간에 주제에 대해 여러 가지 아이디어를 생성하는 것이다. 여기에는 다양한 주제에 대한 통찰력을 얻기 위해 다양한 구성 요소로 주제를 분류하는 것이 포함된다. 이러한 사고는 신선한 시각과 새로운 해결안을 창출하기 위한 창조적이고 개방적인 사고이다. 이것은 아이디어를 평가하기 전에 많은 옵션을 생성하는 것을 의미한다.

[표 2-3] 확산적 사고의 종류

의미	사고기법
가능한 많은 아이디어 창출 다량의 아이디어 생산	• 브레인스토밍 • 브레인라이팅 • 스캠퍼 • 시네틱스 • 마인드맵 • 속성열거법 • 연꽃기법

1) 브레인스토밍

브레인스토밍(Brain Storming)은 400여 년 전 힌두교 교리를 가르칠 때 사용된 교수방법을 토대로 오스본(Alex F. Osborn)이 창안한 기법이다. 브레인스토밍은 뇌에 폭풍을 일으킨다는 뜻으로 어느 한 주제에 대해 다양한 아이디어를 공동으로 내놓는 집단토의 기법이다. 어떤 구체적인 문제에 대한 해결방안을 생각할 때, 비판이나 판단 없이 질을 고려하지 않고 머릿속에 떠오르는 대로 가능한 많은 아이디어를 창출하는 방법이다. 이 방법은 문제해결에 유용하다고 생각되는 정보를 권위, 책임이나 고정

관념에 빠지지 않고 자유분방하게 창안해내는 것으로 언어의 논리구조의 틀에 제약되는 좌뇌보다는 오히려 이미지, 유추, 비유 또는 패턴 형식의 인식 등을 담당하는 우뇌를 활동시키는 것이다.

브레인스토밍은 팀 내에서 가능한 한 많은 아이디어를 생성하기 위해 많은 조직에 적용되는 도구이다. 제시된 아이디어의 양은 중요하나 품질은 그다지 중요하지 않다. 모든 참가자가 서로 다른 시각에서 공헌할 수 있는 다양한 지식, 경험 및 배경이 중요하다. 이 도구는 프로젝트의 가능성이 아직 명확하게 정의되지 않은 초기 단계에서 사용된다. 또한 제품개발이나 생산방법에서 창의적인 아이디어를 제시하는 데 매우 유용한 방법이다. 이 과정은 집단의 독창성을 자극하는 빠른 방법을 제공한다. 참가자가 주의를 집중할 수 있는 명확하게 정의된 질문이나 문제가 있는 것이 중요하다. 브레인스토밍은 설명하기 어렵거나 복잡한 문제나 철저한 전문 지식이 필요한 문제에 대해서는 덜 효과적이다.

브레인스토밍은 참가자들에게 틀에 얽매이지 않는 아이디어와 창의력을 제공한다. 브레인스토밍은 비판금지, 다다익선, 자유분방, 결합과 개선 등 4가지 규칙이 있다. 아이디어 생성을 위한 진행시간이나 아이디어의 수를 미리 정할 수 있다. 아이디어를 정리한 후 하나씩 평가과정을 거쳐 좋은 아이디어를 선택한다. 소심한 참가자들이 있으면 Brain Writing으로 변경할 수 있다.

SENSE ⌄ 브레인스토밍의 진행절차

- **집단의 크기**: 5~12명(투표를 위해 홀수가 좋음)
- **집단의 구성**: 구성원의 성별, 연령이나 수준을 균등하게 구성하여 문제에 대해 폭넓은 시각을 갖고 다양한 아이디어를 산출한다.
- **사회자**: 많은 아이디어를 발표할 수 있도록 자유스럽게 진행한다.
- **기록자**: 발표 내용을 빠뜨리지 않고 핵심 단어로 기록한다.

우수한 아이디어를 대량으로 창안하려면 브레인스토밍 회기에 우수한 진행자가 필요하다. 회기 중에 아이디어는 토론이 허용되지 않으나 아이디어는 모두 즉시 기록된다. 진행자의 역할은 아이디어가 계속적으로 빠르게 생산되도록 집단을 유지하는 것이다. 브레인스토밍은 잘 관리되면 문제에 대한 근본적인 해결책을 대량으로 도출할 수 있다. 이 과정에서 아이디어에 대한 비판은 없어야 하며 창의성을 적극적으로 자극해야 한다.

SENSE ∨ 브레인스토밍의 4가지 규칙

- 비판금지
  - 산출 아이디어에 대해서 끝날 때까지 평가나 판단을 금지한다.
  - 어떤 것이든 말하며 부적절한 제안이라도 평가나 비판하지 않는다.
- 다다익선
  - 아이디어의 수준에 관계없이 가능한 많이 산출하도록 한다.
  - 아이디어의 질보다 많은 양의 아이디어를 산출한다.
- 자유분방
  - 과거의 지식, 경험, 전통 등에 관계하지 않고 자유롭게 아이디어를 산출한다.
- 결합과 개선
  - 제안된 아이디어에 다른 아이디어를 결합, 개선하여 새로운 아이디어를 창출한다.

SENSE ∨ 주제: 여름

더위, 열기, 습기, 6월, 7월, 8월, 여름휴가, 피서, 수영, 바닷가, 강가, 산, 수박, 참외, 삼계탕, 아이스크림, 맥주, 냉음료, 얼음, 모기, 장마, 태풍, 바람, 선풍기, 에어컨, 전기

[표 2-4] 아이디어 정리표

질문	아이디어1	아이디어2	아이디어3
목표를 충족하는가?			
문제를 해결하는가?			
새로운 문제를 발생하는가?			
현재 자원으로 해결할 수 있는가?			
성장할 수 있는가?			

브레인스토밍은 아이디어를 논의하고 교환하는 것이 아니라 창의적인 아이디어를 빨리 다량으로 개발하는 방법이다. 창의력은 작가와 예술가를 위한 것이 아니다. 누구나 창의력을 활용하는 법을 배울 수 있다. 창의력을 자극하는 몇 가지 방법이 있다.

- **아이디어 기억**: 펜과 종이는 창의력을 위한 쉽고 편리한 도구이다. 아이디어는 가장 열중하는 순간에 떠오를 수 있으며 즉시 기록하는 것이 좋다. 핵심 단어, 짧은 문장 또는 그림으로 기록한다.
- **새로운 도전**: 자신의 영역 밖에 있는 무언가를 하는 것은 새로운 아이디어를 자극한다. 새로운 도전은 두뇌가 긍정적인 효과를 낼 수 있는 창조적인 해결책을 자극한다.
- **지식과 기술 확대**: 창의력은 새로운 상황에서 지식과 기술을 적용한 결과이다. 새로운 기술은 훈련, 세미나 또는 워크샵에 참석하고 문학을 읽음으로써 배우게 된다. 적극적으로 몰입하고 새로운 통찰력을 열어 나중에 뇌를 자극하여 창의력의 형태로 재현한다.
- **자극**: 자극은 창의력을 촉진한다. 자극을 규칙적으로 바꿈으로써 뇌에 대한 충동을 계속 제공한다. 일일 블로그를 읽거나 재미있는 사진을 본다.

2) 브레인 라이팅

브레인 라이팅(Brain Writing)은 독일의 형태분석 기법 전문가인 홀리겔(Holliger)이 고안한 기법이다. 이 기법은 참가자들이 말을 하는 것이 아니라 아이디어를 종이에 기록하여 제출하는 방법이다. 참석자 중에 내성적인 사람이 많을 때, 아이디어를 공개적으로 발표하기 어려울 때, 참석자가 너무 많을 때, 많은 아이디어를 빠르게 생성하고자 할 때에 적절하다.

브레인 라이팅은 초기에는 6-3-5법이라고 불리었는데, 6인의 참가자가 3개씩의 아이디어를 5분마다 계속 생각해 낸다는 것이다. 따라서 이 기법은 문제의 원인분석, 해결안 도출, 실행계획 수립 및 평가기준 개발 등 문제해결 전 과정에서 광범위하게 활용될 수 있는 기법이다.

- 전체 집단을 5-6명으로 구성한다.
- 아이디어를 기록할 활동지를 모두에게 한 장씩 배부한다.
- 참가자들의 아이디어가 소진될 때까지 계속한다.
- 먼저 기록한 아이디어들을 조합이나 추가하여 새로운 것을 만들 수도 있다.
- 제시된 아이디어를 모아서 편집한다.

3) SCAMPER

문제는 해결되지 않은 상황이나 조건이며 이로 인해 원하는 목표를 달성하기 위해 해결안을 필요로 한다. 개인, 집단 또는 조직이 원하는 것과 실제로 중요한 차이가 있는지 알게 되면 문제가 감지된다. 문제를 발견하면 문제 해결안을 찾을 수 있다. 이러한 문제해결 과정은 상황을 분석하고 실행 가능한 해결안을 제시하고 시정조치를 취하는 과정이다. 모든 문제는 해결안을 요구하며 또한 수많은 문제해결 방법이 있다. 문제해결 방법 중 우수한 조직에서 많이 활용하고 적용 부분이 광범위한 문제해결 기법이 바로 SCAMPER이다. SCAMPER 기법은 밥 에벌(Bob Eberle)이 오스본의 체크리스트 기법을 보완하고 발전시킨 것이다.

SCAMPER 기법은 지시된 아이디어의 창출 질문을 사용하여 아이디어가 추가하거나 수정하는 것을 제안한다. 또한 인식, 욕구, 유창성, 유연성 및 독창성을 키우는 학습 도구이다. 이 기법은 창의력을 발휘하고 조직에서 직면할 수 있는 도전을 극복하는 데 사용할 수 있는 방법이다. Michalko(2000)는 "모든 아이디어는 다른 기존 아이디어에서 생겨났다"고 제안한다. SCAMPER는 새로운 것이 이미 모두 존재하기 때문에 이를 개선하여 새로운 용도로 개발하는 것을 가정한다. 이 기술은 문제해결 능력과 창의력을 향상시킨다.

SCAMPER는 독창적인 아이디어를 산출하는 데 사용된다. 이것을 활용하려면 먼저 해결하려는 문제가 무엇인지 명확하게 정리한다. 즉, 개선할 문제를 정리한 다음 SCAMPER 목록에 따라 질문하고 답을 찾는다. 제품의 기존 용도를 새로운 용도로 대체하거나 재료를 결합하여 새로운 모양이나 음향으로 변경하여 새로운 방법을 찾는다. 이 기법은 제품개선이나 신제품개발에 많이 활용된다. SCAMPER는 대체(Substitute), 결합·혼합(Combine), 적용(Adapt), 수정(Modify)·축소(Minify), 다른 용도 사용(Put to Other Use), 제거(Eliminate), 재배치(Rearrange) 등의 두음자를 결합한 창의적 기법이다.

[그림 2-6] SCAMPER의 구성 요소

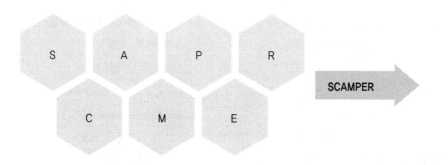

- S: Substitute(요소, 재료, 사람 대체)
- C: Combine(다른 요소 또는 서비스와 혼합, 결합)
- A: Adapt(다른 데 적용)
- M: Modify/Magnify/Minify(수정, 확대 또는 축소)
- P: Put to Other Use(다른 용도 사용)
- E: Eliminate(요소 제거, 단순화, 축소)
- R: Rearrange/Reverse(재배치, 역순)

[표 2-5] SCAMPER의 활용

단 계	질 문	예
대체	대신 사용할 수 있을까?	종이컵, 나무젓가락
	누구? 무엇? 성분? 장소?	고무장갑, 태양 전지, 물침대
결합	무엇을 결합할 수 있을까?	전화기, 카메라와 컴퓨터 결합 → 핸드폰
	혼합하면? 조합하면?	스팀청소기, 코펠
적용	조건·목적에 맞게 조절할 수 있을까?	장미 덩굴 → 철조망
	번안하면? 각색하면? 비슷한 것은?	산우엉 가시 → 벨크로(Velcro)
	적용하면?	돌고래 → 수중음파 탐지기
수정·확대·축소	색, 모양, 형태 등을 바꿀 수 없을까?	Post-it, 워크맨, 노트북
	확대? 축소? 변형? 빈도를 높이면?	마트로시카 인형
	생략? 간소화? 분리? 작게? 짧게?	소형냉장고
다른 용도 사용	다른 용도로 사용할 수 없을까?	폐타이어 → 발전소의 원료
	수정하면? 맥락을 바꾸면?	톱밥 → 버섯 재배
제거	삭제, 제거할 수 있을까?	씨 없는 수박
	없애면? 줄이면? 압축시키면?	알뜰 폰, 반값 TV
	낮추면? 가볍게 하면?	압축기
재배치·역순	순서를 바꿀 수 없을까?	장갑 → 다섯 발가락 양말
	거꾸로? 반대로? 바꾸면?	발전기, 선풍기, 양수기
	위치를 바꾸면? 원인과 결과를 바꾸면?	가속기, 감속기

(1) 대체

문제, 제품 또는 프로세스의 일부를 다른 것으로 대체한다. 대체물을 찾으면 종종 새로운 아이디어를 찾을 수 있다. 사물, 장소, 절차, 사람, 아이디어, 심지어 감정까지도 대체할 수 있다. 하나의 간단한 대체로 상품이나 서비스를 완전히 다른 무언가로 만들 수 있다. 예를 들면, 한 제품에서 한 재료를 다른 재료로 대체한 경우 완전히 새로운 부분에 신속하게 호소할 수 있다. 금속을 플라스틱으로 대체함으로써 구매자에게 가볍고, 부식하지 않고, 저렴한 품목을 제공할 수 있다. 또는 플라스틱을 금속으로 끼워 맞출 수도 있다.

64

- 부품을 교체할 수 있는가?
- 어떤 것을 대신할 수 있는가?
- 규칙을 변경할 수 있는가?
- 다른 재료를 사용할 수 있는가?
- 다른 프로세스나 절차를 사용할 수 있는가?
- 모양을 변경할 수 있는가?
- 색상, 촉감, 소리 또는 냄새를 바꿀 수 있는가?
- 이름을 변경하면 어떻게 되는가?
- 아이디어를 다른 장소에서 사용할 수 있는가?

SENSE 자극어: 대체

대체, 변경, 대리, 교환, 보충, 공백, 완화, 재포장, 예비, 보존, 전환

(2) 결합

제품, 부품이나 기능을 다른 제품과 결합하여 새로운 제품을 개발한다. 대부분의 신제품은 기능의 결합이나 개선이다. 동일한 시장에서 요구 사항을 채울 제품라인이 있다면 두 개 이상의 제품이 잘 작동할 수 있는 좋은 기회이다. 이것은 실제로 기능을 새로운 제품에 결합할 수도 있다. 문제의 두 부분 이상을 결합하여 다른 제품이나 프로세스를 만들거나 시너지를 향상시킬 수 있다. 창조적인 사고의 상당 부분은 무언가 새로운 것을 창조하기 위해 이전에는 관련이 없는 아이디어, 상품 또는 서비스를 결합하는 것이다.

- 결합할 수 있는 아이디어나 부분은 무엇인가?
- 부품을 결합하거나 재결합할 수 있는가?
- 서로 다른 개체와 결합하거나 병합할 수 있는가?
- 사용 횟수를 최대화하기 위해 무엇을 결합할 수 있는가?
- 어떤 재료를 혼합할 수 있는가?
- 다양한 기능을 결합하여 개선할 수 있는가?
- 어떤 아이디어를 통합할 수 있는가?

SENSE 자극어: 결합

결합, 융합, 혼합, 통합, 연결, 병합, 연관, 추가, 차용, 연관

(3) 적용

다른 부분에서 사용하던 것을 차용하여 그대로 또는 조절하여 적용해 본다. 다른 부분에 사용하던 것을 복사, 모방 또는 개선할 수 있는가? 하나 또는 두 개의 작은 결합으로 인해 아직 이용되지 않은 제품이 있는가? 실제 발견한 시장에 제품을 구체적으로 적용함으로써 실제로 새로운 것을 혁신하지 않고도 완전히 새로운 고객을 찾을 수 있다. 소규모 조정은 일반적으로 다른 시장에 서비스를 제공할 제품을 개발하는 비용 효율적인 방법이다. 문제를 해결하기 위해 기존 아이디어를 적용하는 방법에 대해 생각해 본다. 문제에 대한 해결책이 이미 나와 있다. 모든 새로운 아이디어나 발명품은 어느 정도 다른 부분에서 빌려온다.

- 비슷한 것이 무엇인가?
- 비슷한 상황이지만 다른 상황이 있는가?
- 어디에 적용할 수 있는가?
- 다른 아이디어를 제안하는가?
- 무엇을 복사하거나 차용할 수 있는가?
- 무엇을 모방할 수 있는가?
- 어떤 프로세스를 적용할 수 있는가?
- 내 개념을 어떤 다른 상황에 넣을 수 있는가?

SENSE 자극어: 적용

적용, 조정, 변경, 수정, 복사, 모방, 차용, 개선, 유사, 일치, 변형, 변화

(4) 수정

제품 자체나 특정 기능을 수정한다. 이 경우 특정 제품을 수정하여 근본적인 방식으로 개선한

다. 이것은 고객이 특정 특성이 다르면 상품을 더 선호한다고 들었을 때 시장에 적용하는 것이다. 시간이 지남에 따라 고객들이 제품을 이미 충분히 구입했다고 가정하면 지속적으로 제품기능이나 디자인을 개선한다. 아이디어를 확대하거나 과장하는 방법에 대해 생각한다. 아이디어의 전부 또는 일부를 확대하면 지각된 가치가 증가하여 차별성이 돋보이거나 가장 중요한 요소에 대한 새로운 통찰력을 얻을 수 있다.

- 무엇을 수정할 수 있는가?
- 무엇을 확대할 수 있는가?
- 무엇을 과장할 수 있는가?
- 무엇을 강화할 수 있는가?
- 더 크게, 더 강하게 만들 수 있는가?
- 빈도를 늘릴 수 있는가?
- 무엇을 복제할 수 있는가?
- 기능을 추가하거나 비용을 추가할 수 있는가?

SENSE ✓ 자극어: 수정
수정, 증폭, 증강, 확대, 신장, 증가, 강화, 강조, 약화, 완화, 단축, 과장

(5) 다른 용도 사용

비아그라는 본래의 개발 용도인 협심증 치료제보다 발기부전 치료제로 더 많은 인기를 얻는 제품이다. 다른 용도로 사용하여 인기를 얻는 제품이 꽤 많다. 현재 용도를 살펴보고 다른 용도로 또는 다른 형태로 제공할 수 있는지 생각해 본다. 기존 상품 중 하나를 다시 포장한 다음 완전히 새로운 고객에게 성공적으로 판매할 수 있는가? 또는 새로운 제품을 판매하기 위해 제품을 약간 조정한다. 확장 기회를 찾고 있다면 제품을 새로운 용도로 사용하는 것이 좋다. 현재의 아이디어를 다른 용도로 활용하거나 자신의 문제를 해결하기 위해 다른 곳에 재사용할 수 있는 방법을 생각한다. 아이디어는 상상한 것보다 다르게 적용될 때 가치가 더 커질 수 있다.

- 다른 용도로 사용할 수 있는가?

- 기능을 변경할 수 있는가?
- 원래 의도했던 사용자와 다른 사람이 사용할 수 있는가?
- 어린이는 어떻게 사용하는가? 성인은 어린이와 다르게 사용하는가?
- 장애를 가진 사람들은 어떻게 사용하는가?
- 현재와 다른 모양이나 형태로 사용하는 새로운 방법이 있는가?
- 다른 가능한 용도가 있는가?
- 다른 용도로 사용하는 것을 파악할 수 있는가?
- 다른 시장이나 산업에서 이 아이디어를 사용할 수 있는가?

SENSE ☑ **자극어: 다른 용도 사용**

다른 용도, 수정, 변경, 개발, 활용, 기능, 조작, 재배치, 소비, 대체, 변환

(6) 제거

중요한 부분을 만들기 위해 특정 제품에서 특정 기능이나 재료를 제거한다. 실망스러운 기능을 제거하면 시장에서 제품을 매력적으로 만들 수 있고 특정 기능이나 소재를 제거하면 생산비용을 낮출 수 있다. 아이디어의 일부를 제거하거나 최소화한 경우 발생할 수 있는 일을 생각한다. 구성 요소를 단순화, 축소 또는 제거한다. 아이디어, 대상 및 프로세스를 반복적으로 정제하면 점차적으로 가장 중요한 부분이나 기능으로 도전을 좁힐 수 있다.

- 어떻게 간단하게 할 수 있는가?
- 어떤 부분을 제거할 수 있는가?
- 불필요한 것은 무엇인가?
- 규칙을 제거할 수 있는가?
- 작게 만들면 어떻게 되는가?
- 과소평가하거나 생략할 수 있는 기능은 무엇인가?
- 다른 부분으로 나누어야 하는가?
- 작게 만들 수 있는가?

SENSE ✓　자극어: 제거

제거, 폐기, 억제, 배제, 약화, 제한, 조절, 변조, 감소, 단순, 축소

(7) 재배치 · 역순

기본적으로 일부 상품 또는 서비스에 대한 전체적인 재고이다. 예상했던 수준까지 성능이 나빠지면 성능향상을 위해 제품을 재배치한다. 재배치는 순서, 패턴 또는 배열을 변경 또는 재배열할 수 있는지 여부이다. 부품이나 기능 교환, 일정 변경, 속도 변경, 원인과 결과 교환, 관련된 프로세스나 계층 구조의 순서를 변경한다. 역순은 프로세스, 제품, 프로그램의 일부가 다른 순서로 수행되거나 역순으로 작동하는 경우이다. 문제, 제품 또는 프로세스의 일부가 역순으로 진행되거나 다른 순서로 수행할 작업을 생각한다.

- 어떤 배열이 더 좋은가?
- 구성 요소를 교환할 수 있는가?
- 다른 패턴, 배치 또는 순서를 사용할 수 있는가?
- 원인과 결과를 바꿀 수 있는가?
- 속도나 순서를 변경할 수 있는가?
- 위로 대신에? 아래 대신에?
- 거꾸로 생각하면 어떨까?
- 원래 의도했던 것과 정반대로 시도하면 어떨까?

SENSE ✓　자극어: 재배치 · 역순

재배치, 배열, 역순, 이동, 재조정, 후퇴, 교환, 전환, 전치, 반전, 철회

[표 2-6] SCAMPER 체크 리스트

항목	질문	제품개선	장점
Substitute			
Combine			
Adapt			
Magnify			
Modify			
Minify			
Put to other uses			
Eliminate			
Elaborate			
Reverse			
Rearrange			

SENSE 제품 아이디어 얻으려면 스캠퍼(SCAMPER)를 활용하라

- **대체:** 기존의 것을 다른 것으로 바꿔 보면 어떨까? 기존의 라면 면발을 구성하는 밀가루 성분을 다른 것으로 대체하면 어떨까? 면발을 쌀로 대체해 볼까? 당면으로 바꿔서 라면 칼로리를 확 낮춰 보는 건 어떨까? 이 질문 하나로 '쌀라면', '당면라면' 등과 같은 제품을 탄생시킬 수 있다.
- **결합:** A와 B를 합쳐 보면 어떨까? 라면과 떡볶이를 결합해 보면 어떨까? 라면과 짬뽕을 합쳐 보면 어떨까? 이런 질문으로 '라볶이', '짬뽕라면'과 같은 제품이 나올 수도 있다.
- **적용:** A에서 사용되던 원리를 B에도 적용해 볼 수 있을까? 타 제품에서 사용되는 원리를 적용해 볼 수 있을까? 사람들의 라면 먹는 방식을 응용해 볼 수 있을까? 실제로 일본 라면 회사 닛신(NISSIN) 사장인 안도가 서양인의 라면 먹는 방식을 적용해 혁신제품을 만들었다. 해외에 자사의 라면을 수출하려고 할 때 서양인이 라면을 아주 독특한 방식으로 먹는다는 것을 알게 됐다. 일본인은 일본식 사발에 라면을 끓여 먹는 반면에 서양인은 사발이 없어 컵에 라면을 부셔 넣고 뜨거운 물을 부어 먹는 것이다. 안도 사장이 서양인이 라면을 끓여 먹는 방식을 적용해 만든 것이 바로 우리 모두가 즐겨 먹는 '컵라면'이다.

- **확대와 축소**: A를 더 크게 키우거나 줄일 수 있는가? A사는 이 질문을 통해 '왕뚜껑'처럼 기존의 컵라면보다 사이즈가 두 배 정도 큰 제품을 출시할 수도 있다. 최근 다이어트 열풍에 맞춰 기존 컵라면의 절반 크기밖에 안 되는 60g짜리 '컵누들' 같은 제품을 개발할 수도 있다.
- **다른 용도로 사용**: A를 B 이외에 C로도 사용해 볼 수 있는가? 국내 식품업체인 오뚜기는 바로 이 질문을 던져 겉보기엔 라면같이 생겼지만 과자로 먹을 수 있는 '뿌셔뿌셔'라는 제품을 출시했다. 라면을 끼니용이 아닌 가벼운 스낵용으로 탈바꿈시킨 것이다.
- **제거**: A를 구성하는 요소의 일부분을 없애 보면 어떨까? 물 없이도 먹을 수 있는 컵라면을 만들 수 있을까? 실제로 만들어진 것이 물을 붓지 않고도 전자레인지에 데우기만 하면 면발에서 물이 새어 나와 흥건한 국물이 만들어지는 '즉석우동'이다.
- **거꾸로 하기**: A에 대한 편견을 거꾸로 뒤집어 보는 것은 어떨까? "라면 국물은 빨갛다"라는 전제를 뒤집어 "라면 국물은 빨갛지 않다"를 떠올릴 수 있다. 이 아이디어에서 출발한 것이 출시되자마자 대박 난 '꼬꼬면'이나 '나가사키면'과 같은 국물이 하얀 라면이다.

출처: 전자신문 2016.07.20

4) 시네틱스

시네틱스(Synectics)는 서로 관련 없는 요소들의 결합을 의미하는 희랍어의 synecticos에서 유래했다. 이 기법은 고든(Gordon)이 개발한 것으로 유사한 문제의 인식을 촉진한다. 이것은 문제 분석, 아이디어 생성 및 선택 단계에 대한 기술을 포함하는 포괄적인 창의적 기법이다. 이 기법은 유추를 사용하여 아이디어 산출 단계에 집중한다. 또한 복잡한 문제에 가장 잘 적용된다. 또한 상상력을 동원해서 특이하고 실질적인 문제전략을 이끌어내는 데 유용하다.

시네틱스는 여러 개의 유추(analogy)로부터 아이디어나 단서를 얻는 방법이다. 이는 낯선 것을 친숙한 것처럼이나 친숙한 것을 낯선 것처럼의 과정이다. 서로 다르고 언뜻 보기에 관련이 없는 것 같은 요소를 연결시킨다. 어떤 사물과 현상을 관찰하여 다른 사상을 추측하거나 연상하는 것이다. 친숙한 것을 이용해 새로운 것을 창안하는 것과 친숙하지 않은 것을 친숙한 것으로 보는 것이다. 고든은 비유를 활용한다. 비유는 사물, 현상, 사건 등의 유사, 비교 등의 관계를 나타내는 것으로 비유를 통해서 특정 사물과의 개념적 거리를 느끼고, 고정관념을 깨뜨리고, 새로운 대안을 창출할 수 있다.

[그림 2-7] 시네틱스의 진행절차

① **문제제시:** 팀원에게 문제를 제시한다.
② **해결목표의 설정:** 해결해야 할 문제를 목표의 형태로 구체적으로 기록한다.
③ **유추요구의 질문:** 사회자는 목표에 근거 유추한 것에 어떤 것이 있는지 질문한다.
  • **직접유추:** 창조하려는 대상과 다른 것을 선택하여 두 대상을 직접 비교 검토하는 것(우산으로 낙하산의 원리 파악)
  • **의인유추:** 자신이 해결하려는 대상이 되어 보는 것(자신이 직접 자동차가 되어 차가 겪는 어려움 생각하기)
  • **상징적 유추:** 두 대상물 간의 관계를 기술하는 과정에서 상징을 활용(마케팅은 성공의 천사이다)
  • **환상적 유추:** 환상적이고 신화적인 유추(하늘을 나는 자동차)
  • **역설적 비유:** 서로의 반대되는 두 단어로 문제의 특징을 설명(맹목적인 열린 마음, 압도적인 침묵)
④ **유추선택:** 각 도출된 안들 중 과제해결에 사용할 수 있는 것 선택
⑤ **유추검토:** 해결목표에 따라 상세한 힌트를 찾고 검토한다.
⑥ **가능성 연결:** 도출안을 현실적으로 쓸 수 있는 아이디어로 연결한다.
⑦ **해결안 작성**

SENSE 유추(analogy)

유추는 하나의 문제 혹은 상황으로부터 주어진 정보를 관련 있게 유사한 다른 문제 혹은 상황으로 전이시키는 추리법이다. 동일한 것이나 비슷한 것에 기초하여 다른 사물을 미루어 추측하는 일이다. 두 대상을 연관시키는 기초적인 단서는 바로 두 대상이 공통적으로 갖고 있는 유사성이고 관계이다. 유추를 활용하면 복잡하고 어려운 문제를 쉽게 풀 수 있다.

❚ 아래 두 그림은 태양계와 원자 시스템이다. 유사한 점이 무엇인가?

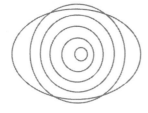 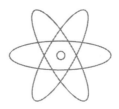

• 관계적 유사성

원자 시스템과 태양계는 각자 자신의 요소들 간 비슷한 관계를 지닌다. 그러나 이 둘의 개별 요소들이 가지는 속성은 유사하지 않다. 즉, 핵은 태양계에서 뜨거우나 원자 시스템에

서는 뜨겁지 않지만, 양자는 핵을 둘러싼 행성과 원자의 관계는 유사하다. 이것이 바로 관계적 유사성이다.

• 왜 오로지 Kekule만이 문제를 해결했을까?

독일의 화학자인 케쿨레(August Kekule)가 벤젠의 분자모형이 고리 모양임을 자신이 꾼 꿈을 통해 착안했다는 일화는 유명하다. 그는 연구에 몰두하던 중 뱀이 자기 꼬리를 무는 꿈을 꾸었고, 기존의 직선 형태의 모형에서 탈피해 고리 모양의 모형을 생각해 냈다. 그러나 이러한 꿈을 꾼 사람들은 무수히 존재하지만 왜 오로지 Kekule만이 문제를 해결했을까?

5) 마인드맵

토니 부잔(Tony Buzan)이 창안한 마인드맵(Mind Map)은 좌·우뇌의 기능을 유기적으로 연결한 사고력 중심의 두뇌개발 기법이다. Mind Map이란 생각의 지도란 뜻으로 무순서, 다차원적인 특성을 가진 사람의 생각을 읽고, 생각하고, 분석하고, 기억하는 것들에 대해 빈종이 위에 이미지, 핵심 단어, 색과 부호를 사용하여 마음의 지도를 그려나가는 기법이다. 이 기법은 복잡한 아이디어를 빠르고 쉽게 파악할 수 있고, 아이디어들 간의 관계를 확인하는 것이 편리하며, 새로운 통찰력을 얻을 수 있는 가능성을 높여 준다.

우뇌 기능인 색상을 활용하여 집중력과 기억력 등을 높이기 위해 가지별로 다른 색상을 사용한다. 같은 가지에서는 핵심 단어를 반복하여 사용하지 않도록 한다. 마인드맵의 장점은 다음과 같다. 두뇌에 숨어 있는 잠재적 가능성을 쉽게 이끌어 낼 수 있다. 신속하게 시작하고, 짧은 시간 동안 많은 아이디어를 발상해 내게 한다.

(1) 중심 이미지

먼저 나타내고자 하는 주제를 종이의 중앙에 함축적으로 나타낸다. 주제를 이미지로 표현한 것을 중심 이미지 또는 핵심 이미지라 한다. 중심 이미지는 함축적인 단어, 상징화한 그림, 기호, 삽화, 만화, 사진이나 인쇄물 등으로 나타내고, 채색을 하여 주제를 가장 효과적으로 시각화하면서 상상력을 자극할 수 있는 방법을 선택한다. [그림 2-8] 예제에서 중심 이미지는 사업 아이디어이다. 예제는 사업 아이디어의 주가지와 부가지를 찾아낸다.

[그림 2-8] 중심 이미지

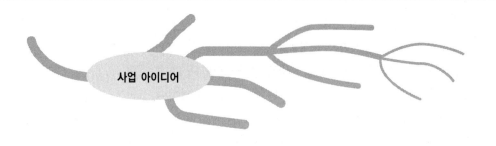

(2) 주가지

중심 이미지로부터 연결된 가지를 주가지라 한다. 중심 이미지 쪽 가지는 굵고, 그 반대 쪽 가지는 가늘어지게 곡선을 유지하도록 한다. 주가지 위에는 핵심 단어(명사, 동사, 형용사, 부사 등)를 쓴다. 그 이유는 중심 이미지가 그림이므로 주가지에서 그림이 다시 나올 때에는 생각의 폭이 넓어져 혼돈을 일으킬 수도 있기 때문이다.

[그림 2-9] 주가지

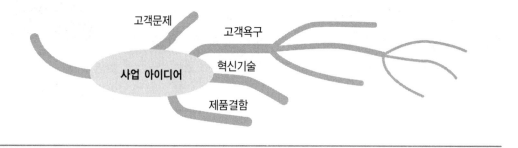

(3) 부가지

주가지로부터 연결된 가지를 부가지라 한다. 부가지는 주가지보다 작고 가늘게 나타내며, 부가지 위에는 핵심 단어, 그림, 기호, 약화 등으로 표현해도 된다. 양쪽 뇌의 기능을 사용함으로써 효과를 높이기 위함이다. 또 부가지 작성 시 주가지 별로 차례대로 작성하지 않아도 된다. 중심 이미지와 주가지가 이미 연결성을 갖고 집중해야 할 생각을 확고하게 만들어 놓고 있으므로 부가지의 경우 생각이 먼저 떠오르는 쪽을 선정하여 연결해도 생각의 혼돈은 일어나지 않는다. 부가지는 생각이 이어지는 한 가지를 계속 그려 나간다.

[그림 2-10] 부가지

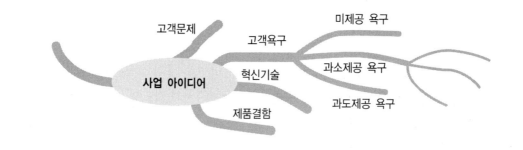

6) 속성열거법

속성열거법(Attribute Listing)은 제품공정상에서 아이디어나 서비스 개선의 기회를 찾기 위한 목적으로 네브라스카 대학의 Robert Crawford 교수가 개발한 기법이다. 대상을 속성에 의해서 세분화하고, 각 속성마다 사고의 방향을 국한시켜 새로운 아이디어, 개선안이 상기되도록 만든다. 이 기법은 문제해결안이나 서비스 개선의 아이디어를 찾기 위해서 제품공정이나 서비스상에서 과정상의 속성을 체계적으로 변화시키거나 다른 것으로 대체한다.

어떤 대상, 형태, 사물, 아이디어, 방법, 과제 등의 전체나 각 부분들에 대해 대표적인 성질이나 형태의 특성을 기술하고, 개선, 변형, 대체하는 등을 발상하는 방법이다. 즉, 사물의 중요한 속성 등을 빼내어 열거하고, 각 항목마다 바꾸는 아이디어를 생각하여 항목을 짜 맞추고 효과 있는 아이디어에 연결하는 단순한 방법이다.

- **물리적 속성**: 명사적 속성, 형용사 속성, 동사적 속성
  - 명사적 속성: 전체, 부분, 재료, 제조 방법(예: 핸들, 바퀴, 백미러)
  - 형용사 속성: 제품의 성질(예: 빠른, 얇은, 무거운, 가벼운)
  - 동사적 속성: 제품의 기능(예: 이동, 정지)
- **사회적 속성**: 규범, 금기, 책임감, 정치, 리더십, 커뮤니케이션
- **심리적 속성**: 인지, 동기부여, 인상, 상징성, 자아상
- **공정 속성**: 마케팅, 제조, 판매, 기능, 시간
- **가격 속성**: 제조단가, 도매가격, 소매가격, 소비자가격
- **생태적 속성**: 환경에 대한 긍정적, 부정적 영향

- 아이디어 발상의 대상과 주제를 결정한다.
- 대상이 가진 특성을 도출한다.
  - 물리적 특성으로 나누어 특성을 도출한다.
  - 도출된 특성은 카드나 메모지 등에 적은 후 정리한다.
  - 5~7명이 같이 하는 편이 훨씬 쉽다.
- 도출된 특성을 나누어 정리한다.
- 중복, 누락 부분을 확인한다.
- 열거한 특성을 기초로 개선 아이디어를 제시한다.
- 도출된 아이디어로부터 개선안을 생각한다.
- 개선안을 평가해 실시안을 결정한다.

7) 연꽃기법

연꽃기법(Lotus Blossom)은 연꽃 모양으로 아이디어를 발상해 나가는 사고기법으로 아이디어나 문제해결의 대안을 다양한 측면에서 얻기 위하여 활용된다. 주로 기존의 기술이나 제품을 응용하여 새로운 방법을 찾으려고 할 때나 미래 시나리오를 가상으로 만들 때 적용된다. 일본 크로바 경영 연구소의 마쓰무라 야스오(Matsumura Yasuo)가 개발했다 하여 MY법이라고도 한다. 기본적으로 연꽃에서 힌트를 얻은 아이디어이다.

연꽃의 꽃잎들은 가운데를 중심으로 밀집되어 있으면서 바깥으로 펼쳐진다. 연꽃기법은 아이디어, 문제, 이슈, 주제 등을 3칸과 3줄로 이루어진 표에 배열하는 데서부터 시작한다. 가운데 네모 칸을 둘러싸고 있는 8개의 칸은 연꽃잎이 배열된 모습과 유사하다. 해결안, 아이디어, 독창적인 용도, 주제의 확대 등 핵심 아이디어와 관련이 있는 것들이 꽃잎이 된다. 이러한 프로세스를 한 번 반복한 후에는 중앙을 둘러싼 아이디어들이 새로운 연꽃의 중심부가 될 수 있다.

SENSE ∨ 연꽃기법의 진행절차

- 먼저 가로·세로 각각 세 칸짜리 표 아홉 개로 이루어진 그림 가운데 표 중간에 중심 주제를 기록한다.
- 중앙에 쓴 중심 주제를 해결하는 방향이나 관점이 다양한 하위 주제로 중심 주제 주변 여덟 칸에 기록한다.
- 중심 주제를 작성한 가운데 표를 뺀 나머지 표 여덟 개 중간에 중심 주제를 해결하는 다양한 방안과 관점을 담은 하위 주제를 기록한다.
- 하위 주제 아이디어를 생각해 하위 주제 표 주변 여덟 개 칸에 기록한다.
- 상대방의 아이디어를 평가나 비판하지 않고, 자유로운 분위기를 조성한다.
- 개인이 아이디어를 작성하면 중심 주제를 해결하는 하위 주제에 따른 각 아이디어를 조합해 가장 좋은 새 대안을 만들기도 한다.
- 하위 주제별로 최적 아이디어에 동그라미를 쳐서 아이디어를 정리한다.

예) 스포츠 카에 관한 아이디어 찾기

① [그림 2-11]의 가운데에 스포츠 카를 기록한다.

② 좌측 상단 A 주위에 a1 … a8까지 아이디어를 산출하여 기록한다. 이 아이디어의 중심 주제가 A가 된다. 이 A를 중앙에 있는 셀의 스포츠 카 좌측 상단에 기록한다.

③ 이와 같은 방식으로 B, C, D, E, F, G, H의 중심 주제를 찾아 선정하여 중앙에 있는 스포츠 카 주위의 각 셀에 기록한다.

[그림 2-11] 연꽃기법의 다이어그램 만들기

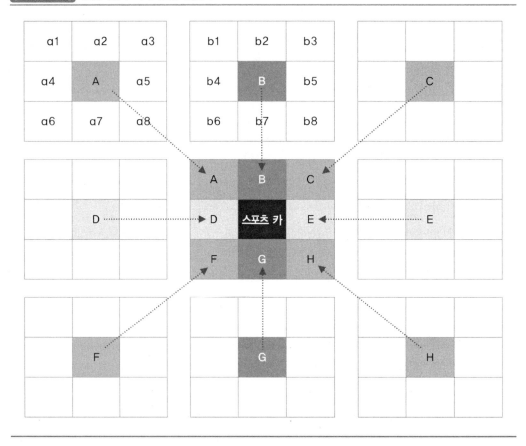

Section

4. 수렴적 사고기법

수렴(convergent)이라는 단어는 "함께 오다"를 의미한다. 수렴적 사고(convergent thinking)는 객관식 질문에 답하는 것처럼 제한된 수의 선택에만 집중할 수 있다. 수렴적 사고 과정에서, 선택은 의도적이며 의식적이다. 기준은 의도적으로 선별하고, 선택하고, 평가하고, 세련된 아이디어에 개발이 필요하다는 것을 알고 있는 동안 모든 옵션을 심사숙고하여 적용된다. 확산적 사고로 생성된 아이디어를 선별할 때 따라야 할 지침은 신중한 의사결정, 목표 확인, 아이디어 개선과 참신성 고려가 있다.

[표 2-7] 수렴적 사고의 종류

의미	사고기법
아이디어의 분석, 정교화, 선택 소수의 최적안 선택	• P-P-C 기법 • PMI 기법 • 고든법 • 평가행렬법 • 쌍비교분석법 • 역 브레인스토밍

1) P-P-C 기법

아이디어의 긍정, 가능과 의심 측면을 동시에 고려하는 선택기법이다. P-P-C 기법(Positive-Possibilities-Concerns)은 최적안의 선택기법으로 아이디어에 대해 긍정적인 면, 가능성이 있는 면, 의심스러운 면으로 구분하여 이야기해 보는 대화기법이다. 이 기법을 사용하면 너무 성급하거나 극단적으로 판단하는 것을 막을 수 있으며, 아이디어가 가지고 있는 모순점을 보완하여 문제해결을 위해 보다 완벽한 계획을 세울 수 있다.

[표 2-8] P-P-C 기법의 기록표

구분	설명
Positive	• 긍정적인 면
	• 제시된 아이디어의 **훌륭한** 면을 칭찬해 준다.
Possibilities	• 가능성이 있는 면
	• 아이디어를 구체적으로 응용할 수 있는 상황을 항목별로 작성한다.
Concerns	• 의심스러운 면
	• 없애려면 어떻게 하면 좋을 것인가?

2) PMI 기법

드 보노(Edward de Bono)가 개발한 PMI(Plus, Minus, Interesting)는 일상생활에서 쉽게 응용할 수 있는데 매우 유용하고, 확산적 사고를 연습하거나 어려운 선택을 결정하는 데 도움이 된다. 제안된 아이디어를 장점(P), 단점(M), 흥미 점(I)을 따져 본 후 그 아이디어를 평가하는 기법으로, 하나의 아이디에 대해 집중적으로 분석할 때 간단하면서도 효과적으로 활용할 수 있는 기법이다. PMI의 목적은 제안된 해결안 중 어느 것이 최선책인지를 결정하는 것이다. 창조적인 사고를 개발하기 위해서는 무엇보다 전통적인 고정관념과 논리로부터 벗어나야 한다. 불가능하다고 생각하는 기존의 관념을 바꿔, 아무리 어려운 문제라도 해결할 수 있다는 자신감으로 전환시키는 사고방식이다.

- P(Plus): 아이디어에 대한 좋은 점(왜 좋아하는가?)
- M(Minus): 아이디어에 대한 나쁜 점(왜 좋아하지 않는가?)
- I(Interesting): 아이디어에 관해 발견한 흥미(왜 흥미가 있는가?)

[표 2-9] PMI 기법의 기록표

구분	설명
Plus(장점)	제시된 아이디어의 좋은 점
Minus(단점)	제시된 아이디어의 나쁜 점
Interesting(흥미 점)	제시된 아이디어와 관련하여 흥미롭게 생각되는 점

SENSE ✓ PMI의 진행절차

- PMI의 의미를 집단 구성원들에게 설명한다.
- 각 영역별로 아이디어를 생성한다.
- P를 고려할 때에는 P에만 집중한다.
- PMI 결과를 발표한다.
- PMI 결과를 논의한다.

[표 2-10] PMI 기법의 기록 사례

아이디어	도로를 차종별로 전용차선제를 실시한다.
P(Plus)	교통사고가 줄어든다.
M(Minus)	교통흐름이 길어진다.
I(Interesting)	자동차 보험료가 인하된다.

3) 고든법

고든법(Gordon Technique)은 진정한 문제가 무엇인지를 모른다는 상태에서 출발한다. 주제와 전혀 관계없는 사실로부터 발상을 시작해서 문제해결로 몰입하는 것이다. 문제를 바로 제시하지 않고 문제와 직접적으로 관계가 없는 멀고 폭넓은 추상적인 문제를 제시하여 시작한다. 문제를 알고 있는 사람은 리더뿐이며, 리더는 크고 추상적인 문제로부터 작고 구체적인 문제로 구성원을 유도해 나간다. 이 기법은 브레인스토밍의 결점을 보완하기 위해 만든 추상적인 사고법이다. 브레인스토밍은 구체적인 주제가 제시되지만, 고든법은 단어만 제시된다.

SENSE ✓ 고든법의 진행절차

- 참가하는 사람은 해결하려고 하는 문제의 성질, 문제해결에 필요한 지식, 기술에 있어서 전문성을 가진 사람으로 구성한다.
- 리더가 문제를 이해한다.
- 리더는 팀원들이 자유롭게 발언하도록 한다.
- 리더는 해결이 가까워질 때까지 팀원들에게 문제를 알리지 않는다.
- 생각이 날 때까지 계속한다.
- 리더는 해결이 가까워지면 팀원들에게 문제를 알려 실현 가능한 아이디어를 형성한다.
- 마지막으로 문제에 대한 해결점을 찾는다.

4) 평가행렬법

평가행렬법(Evaluation Matrix)은 아이디어를 준거에 따라 체계적으로 평가할 때 사용될 수 있을 뿐 아니라 문제해결 과정의 단계에서도 사용할 수 있는 기법이다. 이 기법은 가장 흥미 있는 대안, 생성된 대안이나 행위계획을 위한 대안을 평가할 때 활용된다. 제안된 대안들을 미리 정해 놓은 어떤 준거에 따라 체계적으로 평가하고자 할 때 사용할 수 있다.

평가하려는 아이디어들을 세로축에 나열하고 평가기준을 가로축에 적어 행렬표를 만든 후 각 기준을 기초로 모든 아이디어를 평가한다. 다수의 해결대안을 평가하고 선택할 때뿐만 아니라 문제해결의 어떠한 단계에서도 사용할 수 있다. 그러나 체계적인 만큼 시간과 노력이 소요지만 아이디어의 강점과 약점을 확인할 수 있다.

SENSE   평가행렬법의 진행절차

- 행렬표를 준비한다.
- 아이디어는 왼쪽에, 준거는 윗부분에 나열한다.
- 행렬표를 완성한다.
- 평정척도에 따라 점수를 부여한다.
  - 평정척도는 3점이나 5점 척도가 있다.
  - 5점 척도: 1=매우 그렇지 않다. 2=그렇지 않다. 3=보통이다. 4=그렇다. 5=매우 그렇다.
  - 3점 척도: 1=부정적, 2=보통, 3=긍정적
- 결과를 해석한다.

행렬표의 결과는 아이디어의 강점과 약점을 확인하는 데에만 이용한다. 점수가 낮다고 나쁜 대안이 아니라 그 기준에 대하여 약하다는 것을 의미한다. 점수가 낮은 대안은 어떻게 하면 대안을 보완할 수 있을까를 생각해 본다. 어떤 기준에서는 점수가 낮은데 어떤 기준에서는 높은 점수로 평가되었다면 그 아이디어를 다듬어 발전시킬 방도를 연구하고 궁리해 봐야 한다. [표 2-11]은 각 아이디어에 대한 기준별 평가표이다.

[표 2-11] 평가행렬표

아이디어＼기준	구매의도	시용구매	선호도	가격	합계
가	5	4	4	5	18
나	4	4	4	3	15
다	5	3	5	5	18
라	3	3	2	5	13
마	3	4	3	4	14
바	3	5	5	5	18
사	5	5	5	3	18

5) 쌍비교분석법

아이디어의 중요도를 평가하여 순위를 매기는 것이 필요하다. 쌍비교분석법(Paired Comparison Analysis)은 많은 대안들이 모두 중요해서 무엇을 먼저 실천하거나 처리할지를 판단할 때 사용하는 기법이다. 즉, 우선순위를 정하여 대안을 선택하고 결정할 때 사용하는 기법이다. 모든 대안들에 대하여 한 번에 한 쌍씩 비교하여 상대적인 중요성을 결정한다. 따라서 쌍비교분석법은 노력과 시간이 많이 들지만, 아이디어들이 모두 중요해서 우선순위를 매기기 힘들 때 적절하게 사용할 수 있다.

SENSE ∨ 쌍비교분석법의 진행절차

- 가로축과 세로축에 아이디어를 기입한다.
- 세로축의 아이디어가 더 좋으면 +1, 같으면 0, 나쁘면 -1
  즉, ⓐ안이 ⓑ안보다 더 좋으면 +1, 같으면 0, 나쁘면 -1을 기록한다.
- 아이디어의 개수가 5~10개 정도인 경우 효과적이다.
- 주어진 아이디어로부터 만들 수 있는 2개의 쌍들에 대해 우열을 비교함으로써 아이디어별 점수를 계산한다.

[표 2-12] 쌍비교분석의 기록표

ⓐ ＼ ⓑ	출력	정숙성	안정성	연비	합계	순위
출력	0	-1	1	1	1	2
정숙성	-1	0	1	1	1	2
안정성	1	1	0	1	3	1
연비	-1	-1	1	0	-1	4

6) 역 브레인스토밍

역 브레인스토밍(Reverse brainstorming)은 Hotpoint 회사가 고안해 낸 것으로 대안이 가지고 있는 부정적인 측면과 모든 약점에 대한 아이디어를 생성해 내는 것이다. 브레인스토밍은 문제 해결이나 상황에 대하여 아이디어를 생성하는 것인 반면에 역 브레인스토밍은 생성해 놓은 아이디어를 실제 상황에 적용하거나 실천할 것을 예상해 보고, 아이디어의 비판점이나 문제점, 약점만을 생성하는 것이다. 아이디어가 가질 수 있는 약점들을 모두 발견해 내고 아이디어가 실천될 때 잘못될 수 있는 것을 예상한 후 최선의 해결 방법을 찾는다.

역 브레인스토밍을 할 때는 평가할 대안의 수가 10개 이내일 경우에 활용하는 것이 효과적이다. 아이디어를 만들어 낸 사람이 직접 아이디어 평가에 참여할 수 있으며, 첫 번째 아이디어에 대한 비판을 모두 하고 나면 두 번째 아이디어를 비판한다. 약점이 가장 적고 문제를 잘 해결할 수 있을 것 같은 아이디어를 선택한다. 그 다음의 단계는 실천을 위한 행동계획을 세우는 것이다.

SENSE ∨ 역 브레인스토밍의 진행절차

- 목표와 문제확인
  종이에 선정된 아이디어들의 목록과 함께 목표와 문제를 제시한다.
- 아이디어 비판
  아이디어가 적힌 종이에 그 아이디어에 대한 반론을 기록한다.

- **해결안 선정**
  비판된 아이디어를 검토하고 수정하여 가장 적절한 해결안을 찾는다.
- **실천계획 수립**
  해결안의 실천을 위한 행동계획 세우기

[표 2-13] 역브레인스토밍의 기록표

문제:			
순서	아이디어	아이디어 비판	문제해결
1			
2			
해결안:			

SENSE 매력적인 아이디어를 발견하는 방법

- 시장에 있는 공백을 찾는다.
- 경쟁이 서투른 것을 찾는다.
- 고객을 위해 문제를 해결한다.
- 아이디어를 새로운 방법으로 결합한다.
- 창의적인, 모방적인, 새로운 방식으로 생각한다.
- 다른 사람의 성공적인 아이디어를 모방한다.
- 아이디어를 추가한다.
- 상품, 서비스나 공정을 개선한다.
- 자신의 취미나 기량을 개발한다.

제3장

디자인 씽킹

New Idea

富의 수직 상승
아이디어에 길을 묻다

1. 디자인 씽킹

디자인은 고객의 요구 사항을 제품 또는 해결안으로 변환하는 과정이다. 디자이너는 어떤 대상이나 상황을 들으면 무언가를 그리듯이 빨리 만들고 또 개선한다. 디자이너는 문제 자체보다는 문제해결안에 집중하여 문제를 해결하는 해결안 중심 사고방식을 사용한다. 디자인 씽킹은 제작자나 전문가 중심이 아니라 고객이나 사용자 중심의 문제해결 방식이다. 따라서 디자인 씽킹은 문제를 해결하고, 관련된 인간의 요구를 이해하고, 인간 중심 방법으로 문제를 재구성하고, 브레인스토밍으로 많은 아이디어를 창출하는 매우 유용한 방법으로 상품 또는 서비스 개발 및 혁신 프로세스에 많이 활용된다.

1) 디자인 씽킹의 이해

디자인 씽킹(design thinking)은 디자이너의 감성과 사고방식을 통해 인간 중심 방식을 사용하여 혁신을 실현하는 사고방식이다. 예를 들면, 제품개발자는 조리기를 개발하기 위해 아이디어를 찾는다. 이때 제품개발자는 실제 소비자가 조리하는 환경을 관찰하고 공감하여 많은 아이디어를 찾아낸다. 찾아낸 아이디어 중에서 최적의 아이디어를 선택한다. 이와 같이 디자인 씽킹은 공감과 실험 같은 디자이너 도구의 요소를 활용하여 혁신적인 해결안을 얻는 방법이다. 따라서 디자인 씽킹은 공감, 정의, 아이디어, 프로토타입 및 테스트 과정을 포함한다.

혁신의 중심은 사람이다. 즉, 사람이 사람을 위해 새로운 것을 만든다. 디자인 씽킹이 복잡한 문제를 해결하고 다양한 분야에서 사용되고 있다. 이것은 시장과 경제에 가치를 더할 수 있는 혁신적인 제품을 만드는 도구이다. 시장이 빠르게 변화하고 기업은 시장에서 변화를 일으킬 수 있는 혁신적인 제품을 만들어야 한다. 이것은 다양한 혁신을 통해 가능하다.

- **존속적 혁신**: 기술적으로 성능을 향상시키는 혁신이다. 문제해결과 가치추가를 위해 기존제품을 계속해서 개선한다.
- **획기적 혁신**: 기존제품의 획기적 변화로 시장에 상당한 영향을 미친다.

- **파괴적 혁신**: 단순하고 저렴한 제품이나 서비스로 저가 시장에 먼저 공략한 후 기술개발을 거쳐 주류시장을 잠식하는 혁신이다.

2) 디자인 씽킹의 규칙

공감은 인간 중심 사고의 핵심이고 디자인 씽킹은 인간 중심 디자인이다. 인간 중심 디자인은 특정 기술 조건보다는 사람들 또는 고객과 그들의 요구에 초점을 맞추는 고객중심 주의이다. 사용자가 원하는 것을 발견하기 위해 사용자를 관찰하고, 인터뷰하고, 사용자 입장에서 직접 체험한다. 사용자와의 공감을 통해 사용자를 더 잘 이해하고 사용자의 욕구를 더 잘 발견할 수 있다. 사용자는 상품 또는 서비스가 왜 존재해야 하는지를 결정하는 사람이다. Nussbaum(2009)은 디자인 씽킹 프로세스를 관찰, 브레인스토밍, 신속한 프로토타입, 테스트 및 구현으로 요약했다. 이 프로그램에 사용된 디자인 씽킹의 핵심은 다음과 같다.

- **사용자 이해**: 현장조사는 소비자와 함께 현장에서 공감대를 형성하는 접근법이다. 관찰은 고객의 행동을 보고 들으면서 이해하는 방법이다.
- **사용자 참여**: 컨셉에 대한 사용자 평가를 찾기 위해 초기에 사용자를 참여시킨다. 사용자와의 협업을 통해 부가가치를 추구한다.
- **신속한 프로토타입 제작**: 시각화 학습을 가속화한다. 스케치, 모형, 스토리 보드와 같은 프로토타입을 만들어 아이디어를 시각화한다.

디자인 씽킹은 사고의 원칙, 방법 및 과정과 같은 다양한 속성에 대한 광범위한 연구이다. 메이넬(Christoph Meinel)과 루퍼(Larry Leifer)에 따르면 디자인 씽킹의 원리는 네 가지 규칙이 있다. 즉, 인간 규칙, 모호성의 규칙, 재설계 규칙과 유형성의 규칙이다. 이 네 가지 규칙은 디자인 씽킹 프로세스의 기초를 형성한다. 디자인 사고가는 이러한 규칙에 따라 자신의 아이디어를 형성하고 제안하는 것이 필요하다.

[그림 3-1] 디자인 씽킹의 원리

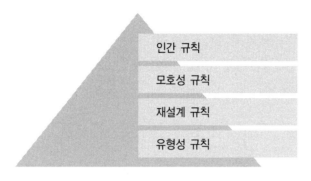

- **인간 규칙:** 인간의 욕구를 충족시키고 인간적 요소를 고려하는 방식으로 기술적 문제를 해결한다. 디자인 활동은 인간 중심이고 사회적이다.
- **모호성 규칙:** 제약 조건이 지나치고 실패에 대한 두려움이 있으면 기회가 발견되지 않는다. 혁신은 지식이나 능력의 한계에서 실험을 요구한다.
- **재설계 규칙:** 디자인은 기본적으로 재설계의 예이다. 과거에 인간의 욕구가 어떻게 처리되었는지를 이해하는 것이 필수적이다.
- **유형성 규칙:** 아이디어의 유형화는 의사소통을 촉진한다.

3) 디자인 씽킹의 활용

디자인 씽킹의 최종 목표는 소비자들이 원하고, 유용하고, 쉽고 편리하게 작동할 수 있는 상품, 서비스 또는 경험을 만드는 데 있다. 소비자들을 관찰하고 공감하면 그들의 욕구와 그들을 파악할 수 있고 그들이 공감하는 가치를 창출할 수 있다. 제품이 인간적 가치가 있다면 고객에게 바람직한 것이다. 따라서 해결안은 고객에게 바람직해야 한다. 디자인은 사용자 중심으로 사람들로부터 시작된다. 사용자를 이해하면 제품과의 상호작용이 효과적이다. 문제의 근원, 상호작용의 맥락, 실제적인 공백이 어디에 있는지를 이해할 필요가 있다. 소비자들이 언제, 어디서, 어떻게, 왜 제품을 사용하는지 살펴본다.

기술적 타당성은 필요한 기술이 제안된 아이디어를 구현할 수 있는 정도이다. 이것은 프로젝트가 확인된 후에 수행된다. 품질과 지속적인 개선은 실행 가능성과 기술적 타당성에 크게 좌우된다. 개선 계획과 디자인 씽킹을 통합하면 구현을 위해 제안된 해결안에 인간적 요소를 맞출 수 있다. 이러한 디자인 씽킹 요소가 함께 고려될 때 고객의 욕구를 충족할 수 있다. 또한 제품은 경제적으로 타당해야 고객에게 제공할 수 있다. 따라서 해결안이 바람직하고 경제적으로 실행 가능하며 기술적으로 실현 가능할 때 혁신이 발생한다.

[그림 3-2] 디자인 씽킹의 차원

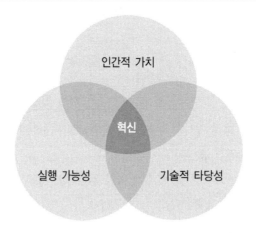

디자인 씽킹을 양자 물리학자들이 상상 속에서 무엇인가를 만들어내는 것으로 비유된다. 이 기법은 관찰과 공감을 통해 특정한 문제를 인간 중심으로 해석하여 잠재적 욕구를 발견하고 최적의 해결안을 창조하는 혁신 방법이다. 사람들이 디자인 씽킹에 대해 듣는 첫 번째 질문 중 하나는 "디자인 씽킹으로 해결할 수 있는 문제는 무엇인가?"이다. 디자인 씽킹은 다양한 문제를 해결하는 데 적합하며 다음과 같은 상황에서 혁신을 이끌어내는 데 가장 적합하다.

- 가치 재정의
- 인간 중심 혁신
- 사회 변화 또는 시장 변화 대응
- 기업 문화 관련 문제해결
- 신기술 관련 문제해결
- 비즈니스 모델 재발견
- 복잡한 사회 문제해결
- 자료로 해결할 수 없는 문제해결

2. 디자인 씽킹의 프로세스

디자인 씽킹은 특정한 문제를 해결할 때 지식이나 경험에 의존하지 않고, 고객 관찰과 공감을 통해 고객을 이해하며, 고객과 협력을 통해 다양한 대안을 찾는 방법이다. 제품 기획, 마케팅, 관련 서비스 등 전 과정에 걸쳐 디자이너들의 감수성과 사고방식이 적용된다. 이것은 잠재적 사용자들과의 공감에서 시작된다. 그들의 욕구와 선호를 듣고, 느끼고, 이해한 것을 구체화하는 혁신이 디자인 씽킹이다. 디자인 씽킹은 IDEO와 Stanford Design School의 설립자인 David Kelley가 제안한 5단계 과정이다. 대규모의 공동 작업 및 빈번한 반복을 수반하며, 공감, 정의, 아이디어, 프로토타입 및 테스트를 포함한다. 이러한 프로세스를 반복함으로써 문제를 해결할 수 있는 새로운 방법을 찾을 수 있다. 디자인 씽킹은 확실한 해결 방법이 없는 것처럼 보이는 불명확한 문제해결에 매우 적합하다.

- 공감: 사용자들이 누구이며 무엇이 중요한지에 대한 정보를 수집한다. 관찰, 인터뷰나 경험을 통해 사용자의 입장에서 공감하고 영감을 얻는다.
- 정의: 해결해야 할 문제를 정의한다. 사용자 정보를 통찰력으로 전환한다. 수집된 정보를 바탕으로 해결되어야 하는 문제를 표현한다.
- 아이디어: 통찰력을 기반으로 혁신적인 아이디어를 창출한다. 단순한 해결안을 뛰어 넘어 혁신적인 해결안을 창안한다.
- 프로토타입: 아이디어를 시각화한다. 이것은 문제해결에 많은 시간과 자원을 투자하지 않고 사용자와 함께 해결안을 작동할 수 있다.
- 테스트: 피드백을 받고 반복한다. 사용자에게 프로토타입을 사용할 기회를 제공하며 해결책을 정교화하고 개선한다.

[그림 3-3] Stanford 디자인 씽킹 프로세스

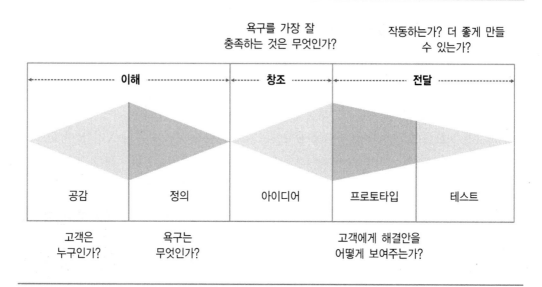

1) 공감

공감(empathy)은 다른 사람들의 감정을 이해하고 공유하는 능력으로 더 나은 고객경험을 제공한다. 고객을 이해한다면 그들이 원하는 것을 정확하게 제공할 수 있다. 고객에 대한 공감과 통찰력에서 최상의 해결안이 나온다. 디자이너는 사용자의 기능적 요구 사항과 감정적 요소, 즉 욕구, 열망, 관심을 인식한다. 고객의 세계로 몰입하는 것은 명시된 욕구를 이해하고 숨겨진 문제와 불분명한 관심 사항을 밝혀 줄 수 있다. 공감은 사용자의 고통점(pain points)을 관찰함으로써 사용자를 이해하는 단계이다. 고객의 마음을 이해하는 것이 중요하고, 공감을 통해 문제를 해결하면 고객이 감동할 수 있다.

해결하려는 문제는 특정한 사용자의 문제이다. 사용자의 가치를 학습하여 사용자를 공감한다. 공감은 고객의 실제적인 욕구를 발견하는 과정이다. 공감하는 방법은 관찰, 인터뷰와 몰입이 있다. 관찰은 사용자의 생활환경에서 그들의 행동을 직접 관찰하는 것이다. 인터뷰는 고객이 갖고 있는 문제나 욕구를 고객에게 직접 묻는 쌍방향 참여이다. 몰입은 고객이 경험하는 것을 고객의 입장에서 경험하는 것이다. 이 단계에서 관찰자가 발견하지 못한 아이디어와 가치에 관한 정보가 명확해지며 예기치 못한 통찰력이 발견된다. 통찰력은 눈치 채지 못했던 현저한 사실, 표면적으로 이해할 수 없는 마음의 잠재적인 움직임이다. 이 단계를 통해 호기심에 동감하면서 사용자를 관찰하고 상호작용함으로써 흥미로운 상황과 주제를 찾을 수 있다. 다음은 사용자와 공감하기 위한 질문이다.

- 사용자는 누구인가?
- 사용자는 무엇을 중요하게 생각하는가?
- 사용자는 어떤 고통점을 갖고 있는가?
- 사용자가 무엇을 요구하는가?
- 사용자가 요구하는 것을 이해하는가?

(1) 관찰

최신 추세와 고객의 욕구를 포착하는 것은 지속적인 과제이다. 고객의 욕구, 경험 및 기대는 계속적으로 변한다. 제품사용이나 구매방법을 관찰하거나 전시회에 참석하면 고객의 욕구나 추세를 파악할 수 있다. 자연스런 환경에서 고객을 관찰하는 것은 그들이 사용하는 제품뿐만 아니라 해당 제품에 대한 그들의 감정과 중요성을 볼 수 있는 방식이다. 예를 들면, 고객이 욕실과 주방에서 제품을 어떻게 사용하는지를 관찰한다. 사용자가 제품과 상호작용하는 방식과 사용방식을 확인할 수 있다. 관찰은 고려하지 않았던 제품에 대한 용도나 사용법을 알 수 있다. 제품을 어떻게 사용하고 어디에 저장하는지 알면 제품개선 기회에 영감을 줄 수 있다.

고객의 경험을 나타내는 행동 및 단서를 포착한다. 고객이 제품을 어떻게 사용하는지를 관찰하는 것은 그들이 생각하고 느끼는 단서를 발견하는 방법이다. 또한 고객이 제품을 어떻게 구매하는지를 관찰한다. 고객의 접근방식, 구매방법에 세심한 주의를 기울인다. 온라인 매장이든 오프라인 매장이든 상관없이 고객의 행동을 관찰한다. 점포에서 단순히 구매하는가? 구매하기 전에 질문을 먼저 하는가? 추가 제품정보를 찾고, 온라인으로 가격을 비교하거나, 구매를 위해 매장 담당자를 찾고 있는가? 온라인 상태인 경우 고객이 클릭하는 위치, 페이지에 머무르는 기간 및 가장 관심 있는 페이지의 부분을 정확하게 파악할 수 있다. 고객의 구매 프로세스에 대한 통찰력을 얻을 수 있다.

행사장이나 전시회에 참석한다. 이는 특히 B2B 고객을 이해하는 데 도움이 된다. 자신의 위치를 파악하고 고객과 상호작용하는 방법을 관찰하면 미래에 대한 자신의 지각과 방향이 밝혀진다. 경쟁업체의 부스 전시는 제품, 광고에서부터 직원 참여에 이르기까지 모든 것을 살펴볼 수 있다. 관심이 있는 사람들과의 상호작용도 관찰할 수 있다. 또한 직원들이 고객과 어떻게 상호작용하고 회사 이야기를 어떻게 전달하는지, 고객들이 무엇에 관심이 있는지를 관찰할 수 있다.

(2) 인터뷰

인터뷰는 사용자와 직접 상호작용하는 것으로 사용자의 신념과 가치에 대한 깊은 통찰력을 제공한다. 인터뷰는 문제를 이해하고 사업 아이디어를 발견하거나 검증하기 위한 핵심기술 중 하나이다. 그것은 사용자 또는 고객뿐만 아니라 직원, 이해관계자 또는 주제와 관련된 사람과 함께 수행될 수 있다. 고객 및 이해관계자와의 인터뷰는 공감을 불러일으키고 이점과 고통점에 대한 통찰력을 얻을 수 있는 좋은 방법이다. 인터뷰 대상자의 필요 사항, 동기 및 아이디어에 대한 통찰력을 얻는 것 외에도 의미 있는 사업을 창출할 수 있는 공감대 형성에 도움이 된다. 그러나 낯선 사람을 인터뷰하는 것은 쉬운 일이 아니다.

인지적 편견 없이 고객을 인터뷰하는 것이 중요하다. 가정을 하지 말고, 유도 질문을 하지 않는다. 직접 얼굴을 마주 보고 고객과 진정한 대화를 나는 것은 좋은 방법이다. 인터뷰 질문을 개별 고객에게 맞춘다. 인터뷰 주제를 적극적으로 이끌기 보다는 고객이 이야기를 자발적으로 할 수 있게 하는 것이 좋다. 예를 들어, 인터뷰 주제에 대해 소개한 다음 고객의 감정과 이해를 얻음으로써 구체적인 부분으로 이동한다. 훌륭한 인터뷰가 되려면 사전에 철저하게 준비한다.

SENSE ✓ 효과적인 인터뷰 방법

- 쉬운 용어로 질문한다.
- 애매모호한 질문을 피한다.
- 유도하는 질문을 삼간다.
- 대안을 묵시적이 아닌 명시적으로 표현한다.
- 응답자가 답변하기 쉬운 내용을 질문한다.
- 한 번에 두 개 이상의 질문을 하지 않는다.

고객들이 원하는 것을 거의 알지 못할 수 있다. 이러한 장벽을 극복하기 위해 공감 인터뷰는 고객들이 왜 특정한 방식으로 행동하는지를 알 수 있기 때문에 고객들의 행동에 대한 정서 및 잠재의식적 측면에 중점을 둔다. 고객들이 마음에서 말하고 그들에게 정말로 중요하게 생각하는 것이 무엇인지 인터뷰에서 찾아내는 것이 아이디어를 찾는 방법이다. 고객들이 긴장을 완화하고 이야기를 자연스럽게 시작하도록 장려한다. 그러면 고객들이 실제로 생각하고 느끼는 것을 이끌어 낼 수 있다. 추출한 정보는 고객이 무엇을, 왜, 어떻게, 어디서 구매하는지, 어떻게 경험하

는지를 보여준다. 해결안을 제공할 수 있는지에 대해 보다 깊이 있게 이해할 수 있다.

경쟁자의 고객 인터뷰는 목표고객 또는 회사에 대한 외부 관점을 제공한다. 경쟁사의 인지된 강점과 약점을 안다는 것은 시장에서 차별화하는 데 매우 중요하다. 일단 그들의 포지셔닝(positioning)[4]에 대한 아이디어를 얻으면 다른 회사의 포지셔닝과 비교할 수 있다. 그들이 혁신, 신제품 개발에 얼마나 많은 시간과 돈을 투자하는지 이해하면 그들이 어디로 현재 가고 있는지 파악할 수 있다.

(3) 몰입

몰입(immersion)은 사용자들의 세계를 이해하기 위해 그들의 삶, 상황, 활동 및 환경을 직접 체험하는 것이다. 사용자의 경험에 푹 빠져본다. 특정 환경에 자신을 몰입하여 직접 사용자가 되어 경험한다. 조사의 목적은 집중하고 있는 제품에서 무엇이 이상적으로 변화해야 하는지를 나타내는 무형의 필요와 감정을 밝히는 것이다. 목표는 고객들의 욕구를 밝히는 동안 실제로 어떤 사람들인지를 파악하는 것이다. 뿐만 아니라 사용자의 감정적인 반응, 신체 언어 및 그들을 둘러싼 환경을 체험한다.

사용자의 입장에서 감성적 자세를 취할 때 개인적 관찰로부터 창출되는 기회를 확인하고 수집할 수 있다. 이것은 소비자의 눈으로 사업을 이해하는 데 도움이 된다. 따라서 몰입은 프로젝트의 범위와 경계를 정의하고 사용자의 프로파일과 해결해야 할 기타 주요 행위자를 식별하는 것을 목표로 한다. 일반적으로 팀이 주제를 알지 못할 때 몰입은 문제에 대한 지식을 돕고, 프로젝트와 관련된 관계자들을 모으는 것을 목표로 하고, 문제의 초기 이해를 통해 새로운 시각을 제공한다. 사용자, 주요 인물의 프로필 식별 등을 포함한다. 문제를 이해한 후 관련된 사용자와 프로필을 파악하는 것이다. 또한 행동을 식별하고 패턴과 요구 사항을 파악한다. 일반적으로 네 가지 유형의 정보를 수집한다.

- 무엇을 말하는가?
- 어떻게 행동하는가?
- 어떻게 생각하는가?
- 어떻게 느끼는가?

---

4) 소비자의 마음속에 자사제품을 경쟁제품보다 가장 유리하게 위치하는 과정.

(4) 공감지도

공감지도(empathy map)는 사용자의 마음속에 들어가는 가장 좋은 도구 중 하나로 고객의 생각과 느낌, 경험, 말한 것, 이득과 고충들을 시각화한 것이다. 공감지도를 통해 통찰력을 얻고 마케팅 전략을 만들 수 있다. 공감지도는 서로 다른 측면을 탐구하여 고객들에 대한 깊은 이해를 돕는다. 비즈니스 모델을 구축할 때 가장 먼저 시작할 곳은 고객 기반이다. 성공적인 사업은 궁극적으로 고객들의 욕구와 문제를 해결하기 위해 제품이나 서비스를 설계하고, 처음부터 이러한 고객의 욕구와 문제를 파악하는 것이 중요하다. 이것은 공감지도를 사용하여 수행할 수 있다.

① 공감지도의 유용성

공감지도는 사용자의 머릿속에 실제로 들어가서 조사하는 도구이다. 이것은 사용자의 사고와 감정, 고통점과 이득뿐만 아니라 보고 듣는 그들의 감각으로 준비된다. 모든 사업은 광범위한 사용자 조사를 수행할 수 있는 예산이나 능력을 갖추고 있는 것은 아니다. 이 경우 고객 공감지도 작성은 회사가 구현할 수 있는 합리적이고 신속한 도구이며, 실제로 고객을 움직이게 만드는 요인을 잘 보여준다. 다음은 이러한 고객 공감지도의 유용성이다.

- 사용자의 관점에서 생각할 수 있는 능력을 향상시킨다.
- 마케팅 활동의 설계, 전략 및 구현에서 의사결정을 향상시킨다.
- 사용자에 집중할 수 있는 기억하기 쉬운 시각적 자료이다.
- 사용자 기반의 세분시장을 조사하는 데 사용할 수 있다.

공감지도는 디자인 프로세스 초기에 가장 유용하다. 초기 사용자가 결정되면 이들을 조사한 이후에 공감지도를 작성한다. 제품전략은 문제를 해결하는 것에 관한 것이고, 공감지도는 해결해야 할 문제와 방법을 밝힌다. 또한 공감지도는 재설계를 위한 훌륭한 도구가 된다. 그러나 공감지도는 실제 자료에서 추출할 경우 더 잘 작동하므로 사용자 인터뷰와 같은 사용자 조사를 거친 후에 만들어야 한다. 기존의 지식과 이해관계자의 피드백을 바탕으로 공감지도를 구축할 수 있다. 공감지도는 사용자에 관한 중요한 통찰력을 제공한다.

② 공감지도의 형태

공감지도는 특정 유형의 사용자에 대해 알고 있는 것을 표현하는 데 사용되는 시각화 자료이다. 이것은 사용자의 욕구에 대한 이해를 공유하고, 의사결정을 돕기 위해 사용자에 대한 지식을 구체화한다. 페르소나(persona)는 사용자의 욕구, 목표, 생각, 감정, 의견, 기대 및 고통점을 설명하는 주인공이다. 페르소나는 제품의 표적사용자에 대한 허구이지만 현실적인 설명으로 마치 실제 사람처럼 묘사되어야 한다. 페르소나는 표적소비자의 특성을 나타내는 가상 아바타를 구축하여 사용자 행동을 보다 잘 이해할 수 있는 도구이다.

사용자와 소통하면서 공감을 형성한 후에 사용자 정보를 수집한다. 정보수집 방법은 관찰, 인터뷰나 몰입이 있다. 전통적인 공감지도는 캔버스의 중간에 있는 사용자 또는 페르소나를 중심으로 사용자의 생각과 느낌, 듣는 것, 보는 것, 불편한 것과 얻는 것을 기록한다. 즉, 네 가지 사분면을 그려 사용자의 생각과 느낌, 듣는 것, 보는 것, 말과 행동을 기록하고, 그리고 사분면 아래두 열에 불편한 것(고통점)과 얻는 것(이득)을 넣는다. 좋은 고객 공감지도 작성 방법은 캔버스에 다른 색의 스티커 메모를 사용하여 각 영역을 채우는 것이다.

[그림 3-4] 공감지도 캔버스

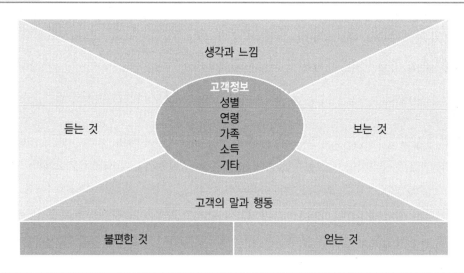

| 생각과 느낌 |
| 고객정보 성별 연령 가족 소득 기타 |
| 듣는 것 / 보는 것 |
| 고객의 말과 행동 |
| 불편한 것 / 얻는 것 |

┃ 보는 것

사용자들이 보는 것은 환경, 친구, 시장이 제공하는 제품이나 서비스이다. 디자이너는 사용자 입장에서 제품이나 서비스를 관찰한다. 사용자가 보는 것은 그들이 제품을 구매할 때나 사용할 때 보게 되는 모든 것을 의미한다. 이상적인 사용자들이 볼 수 있는 모든 것, 즉 사용자 환경과 상호작용하는 모든 것을 공감지도 캔버스에 넣는다.

- 사용자가 무엇을 보는가?
- 주변 환경에서 무엇을 볼 수 있는가?
- 사용자의 환경을 구성하는 다른 사용자는 누구인가?
- 사용자는 어떤 종류의 제품을 보는가?
- 사용자에게 어떤 종류의 문제와 과제가 있는가?

▌ 듣는 것

사용자들에게 주로 제품구매나 사용에 영향을 주는 사람들은 동료, 친구 및 가족일 수 있다. 사용자들에게 영향을 미치는 모든 사람들이나 대상들을 기록한다. 사용자들은 가족이 제품을 구입하는 것을 듣는가? 그들은 구매결정을 내리기 위해 가족이나 동료들에게 의지하는가? 또한 사용자들이 제품에 대한 정보를 얻는 데 사용하는 채널이 포함된다.

- 사용자는 어떤 종류의 아이디어, 정보 및 의견을 공유하고 있는가?
- 사용자는 무엇을 듣는가?
- 사용자가 가장 많은 영향을 받는 사람들은 누구인가?
- 사용자에게 영향을 미치는 매체 및 전술은 무엇인가?

▌ 생각과 느낌

사용자의 생각과 느낌을 포함한다. 즉, 사용자들이 제품과 관련하여 생각하거나 느끼는 것을 파악한다. 생각의 긍정적이고 부정적인 측면을 고려한다. 사용자들이 생각하고 느끼는 것을 기록한다. 그들의 감정 상태를 분석하고 문서화한다. 사용자가 제품이나 서비스에 어떻게 반응하는지 파악하는 것이 중요하다. 회사가 사용자를 확보하고 유지하려면 만족한 사용자들이 누구인지, 제품에 관심이 있는 사람이 누구인지, 제품에 무관심하거나 크게 불만을 가진 사람들을 인지해야 한다. 이러한 것들은 브랜드 이미지에 큰 영향을 줄 수 있다.

- 사용자에게 중요한 것은 무엇인가?
- 핵심적이고 아직 설명되지 않은 것은 무엇인가?
- 무엇이 사용자의 감정적 반응을 일으키는가?
- 사용자의 기대와 목표는 무엇인가?
- 사용자는 무엇을 우려하는가?

▌말과 행동

사용자가 인터뷰 또는 다른 조사에서 실제로 말하는 내용이 포함된다. 이것은 조사에서 사용자가 말한 대화를 직접적으로 인용한다. 사용자들이 무엇을 말하려고 하는가? 사용자가 다른 사람들에게 말하는 것을 문서화한다. 사용자의 전형적인 행동을 기록한다. 사용자가 제3자로부터 영향을 받아 행동할 수 있다. 여기에는 친구, 가족, 온라인 리뷰 또는 다른 정보 원천이 포함될 수 있다. 사용자들이 말하는 것을 알기 위해 귀를 기울여야 하고 개선 영역을 찾아야 한다.

- 사용자는 어떻게 행동하는가?
- 사용자의 우선순위는 무엇인가?
- 사용자의 표현과 실제 행동 간에는 어떠한 차이가 있는가?
- 영향력 행사자와 의견 선도자로서 행동하는가?
- 사용자가 다른 사람들에게 영향을 미칠 수 있는가?

▌불편한 것

사용자가 제품사용에서 불편을 느낄 수 있다. 사용자 고통점(pain points)은 사용자가 겪는 불편한 점이다. 즉, 사용자가 이탈할 수 있을 만큼 불편하게 생각하는 장애물이다. 사용자의 고통점에는 좌절감, 두려움 및 장애가 있다. 또한 사용자들이 매일 직면하는 문제와 과제가 있다. 이것들은 사용자에게 부정적 감정을 일으키는 미충족 욕구(unmet needs)와 기대를 의미한다.

- 좌절을 일으키는 주된 원인은 무엇인가?
- 열망과 기대에 도달하는 방법은 무엇인가?
- 목표를 달성하기 위해 사용하는 방법은 무엇인가?

▌얻는 것

사용자가 얻는 것은 사용자의 이득(gains)이다. 즉, 사용자가 원하는 것이다. 사용자가 원하는 것을 파악한다. 사용자의 이득은 그들의 목표와 목적을 반영한다. 사용자의 이득은 무엇인가? 어떤 목표와 꿈을 가지고 있는가? 또한 고객 이득은 고객의 삶의 질을 향상시키는 요소이다. 표현된 욕구에 기인한 것은 아니지만 존재한다면 고객의 삶을 더 쉽고 편리하게 만든다.

101

- 사용자들의 목표와 욕구는 무엇인가?
- 사용자들이 이득은 얻는 방법은 무엇인가?
- 이득을 측정하는 기준은 무엇인가?

③ 공감지도의 활용

고객이 누구인지 식별하는 것은 아이디어 창안에 중요하다. 성공적인 설계 및 마케팅 전략을 위해서는 전체 고객 여정에서 고객과 공감할 필요가 있다. 고객의 선호, 사고 및 행동을 이해하면 고객 수명주기를 안내할 수 있는 직관적이고 단순한 경험을 개발할 수 있다. 이것은 고객 공감지도 작성으로 가능하다. 제품이나 서비스는 고객의 욕구와 일치해야 성공할 수 있다.

고객의 머릿속에 들어가 고객이 실제로 원하는 것을 발견한다. 즉, 고객의 명시적 욕구와 잠재적 욕구를 발견한다. 즉, 명시적 욕구(말과 행동)와 잠재적 욕구(생각과 느낌)를 구분할 수 있다. 명시적 욕구는 고객들이 표현할 수 있는 욕구이지만, 잠재적 욕구는 고객들이 표현하기 어려운 욕구이다. 이것은 욕구를 인식하지 못하거나 욕구를 인식하더라도 표현 방법이 부족하기 때문이다. 이러한 욕구를 발견하면 성공적인 사업 아이디어가 된다.

공감지도는 표적고객의 관심 분야, 기술 또는 라이프 스타일을 보고, 느끼고 생각하는 것으로 나아가 표적고객이 어떤 사람인지에 대해 더 깊이 이해할 수 있게 해준다. 공감지도는 비즈니스 모델을 설계하는 경우 큰 이점이 있다. 공감지도를 사용하면 이상적인 고객이 누구인지, 표적고객의 욕구가 무엇인지, 문제점이 무엇인지, 그들이 갖고 있는 문제에 대한 해결책을 발견할 수 있다. 공감지도의 장점은 실제 자료를 많이 사용하지 않아도 된다. 참여자들과 함께 표적고객의 욕구가 무엇인지, 그들이 생각하고 느끼는 것, 그들이 갖고 있는 기대에 대해 의견을 파악할 수 있다. 또한 충분한 정보를 바탕으로 의사결정을 내리기 위해 많은 통계 자료를 사용할 필요가 없다. 다음은 공감지도를 활용한 비즈니스 모델의 전체 프로세스를 준비하는 절차이다.

- 고객을 인터뷰한다.
- 공감지도에서 시각화한다.
- 주요 고객정보를 가치제안 캔버스로 옮긴다.
- 가치제안 캔버스에서 비즈니스 모델 캔버스로 옮긴다.
- 비즈니스 모델 캔버스를 계획한다.

이러한 공감지도는 개발자, 엔지니어와 작성자가 실제로 제품을 사용할 사람들에게 공감하는 신제품을 만들 때 효과적이다. 비즈니스 모델 개발, 제품개발, 제품확장에서 고객정보가 필요하다. 혁신적이고 완전히 새로운 비즈니스 모델을 찾는 경우 제품 및 서비스의 극단적 사용자(extreme users)[5]에 대한 조사에 효과적이다. 그들이 사용하는 제품이나 서비스를 관찰하면 완전히 새로운 시장의 가능성을 열어준다. 그들은 자사의 제품을 많이 구매하거나 맞춤형 품목을 사용할 수 있다. 예를 들면, 땀이 많이 나는 발이나 발 길이가 다른 사람보다 상대적으로 큰 고객의 고통을 해결하기 위해 맞춤형 신발을 제작할 수 있다.

2) 정의

정의(define)는 공감을 통해서 얻은 사용자와 환경에 대한 이해를 바탕으로 사용자가 원하는 실제적인 문제를 정의하는 과정이다. 정의는 사용자가 해결하고자 하는 문제점을 명시적으로 나타낸다. 실제적 정의는 공감으로 얻은 새로운 통찰력을 토대로 과제를 구성한다. 모든 조사를 결합하고 사용자의 문제가 있는 곳을 관찰한다. 사용자의 욕구와 통찰력에 근거하는 독특한 접근 방식 및 독창적인 해결안을 창안하기 위해 문제를 정의한다.

통찰력은 사용자에게 달려있지만 디자인 목표는 이 단계에서 문제를 해결하는 실무자가 정의해야 하며 독창성이 있어야 한다. 때로는 자신의 아이디어와 좁은 관점에 집착하는 편견이 될 수 있지만 팀 공동 작업을 통해 다른 사람들과 협력하여 아이디어로 전환하는 것이 바람직하다. 이 단계에서 창안할 수 있는 발견 유형은 사용자의 문제해결 방법에 접근하여 문제의식을 연마하는 방법이다. 다음은 사용자의 문제를 정확하게 정의하기 위한 질문이다.

- 사용자의 욕구는 무엇인가?
- 사용자가 생각하는 해결안은 무엇인가?
- 사용자가 해결안이 필요하다고 생각하는 이유는 무엇인가?
- 사용자가 용어 정의에 동의하는가?
- 문제의 정의에 결함이 있는가?
- 사용자의 기대를 관리할 수 있는가?

---

[5] 일반 고객세분화에 적합하지 않은 제품 사용자.

디자인 개요는 고객의 요구 사항을 표현한 것이다. 이것은 고객 관점에서 문제정의는 표적고객, 불편한 상황과 이유를 설명한다. 고객의 입장에서 문제를 바라보고, 고객이 불편을 겪는 상황을 찾고 원하는 상태를 파악한다. 고객이 바라는 수준으로 문제를 해결하여 감동을 느낄 수 있도록 한 문장으로 정리한다. 이것이 바로 고객 관점의 문제정의이다. 이것은 구두 또는 서면, 단순 또는 복잡할 수 있다. 디자이너는 이를 통해 기대를 공유할 수 있다. 이때 사용자의 경험을 사실대로 받아들인다.

고객의 문제와 맥락을 학습하고 문제를 정의하고 문제를 진술한다. 이 진술은 고객이 직면한 문제를 해결하는 데 필요한 방향을 제시한다. 공감 단계에서 얻은 모든 요점과 답을 다룰 필요가 있다. 이것이 통합 과정이 묘사되는 단계이다. 모든 대답을 모아서 일관된 단일 진술로 변환해야 한다. 다음은 디자인 사상가(design thinker)가 답을 얻기 위한 지침이다.

- 장점 확대: 고객 요구의 긍정적인 면을 확대하는 방법을 생각한다.
- 단점 제거: 관찰된 나쁜 요소를 제거한다.
- 반대 개념 탐구: 문제를 기회로 전환하는 방법을 찾는다.
- 가정 질문: 당면한 가정에 의문을 제기한다.
- 미활용 자원 식별: 고객이 언급하지 않은 자원의 활용 방안을 찾는다.
- 유사성 연결: 당면한 문제와 관련이 있는 이미지 간의 연결을 찾는다.
- 문제 분해: 작업을 더 쉽게 하기 위해 문제를 분해한다.

3) 아이디어

아이디어 단계(ideate)는 정의된 문제에 대한 생각을 구체화하는 단계이다. 디자인 개요에 대한 다양한 잠재적인 해결안을 창안한다. 다양한 사람들과 협업을 통해 가능한 많은 혁신적인 아이디어를 창안한다. 아이디어 창안 방법은 확산적 사고와 수렴적 사고이다. 확산적 사고는 다양한 아이디어의 창조를 촉진하기 위해 질보다는 양을 강조한다. 수렴적 사고에서는 문제해결에 있어 적합성과 독창성과 같은 축을 기반으로 창안된 아이디어를 통합하고 평가하고 결정한다. 따라서 수렴적 사고에서 개발자는 공통점과 차이점을 찾아 아이디어를 범주화하고 평가하여 범위를 좁힌다. 다음은 아이디어를 창출하기 위한 질문이다.

- 정의된 내용을 충분히 이해하는가?

- 충분한 조사정보가 있는가?
- 아이디어 창안에 어떤 방법을 사용할 것인가?

아이디어 단계는 다양한 아이디어 창조 기술을 통해 아이디어와 해결안을 생성하는 과정이다. 창의력과 혁신을 사용하여 해결안을 개발한다. 문제를 해결하는 일반적인 방법을 넘어서 더 우수하고 정교하며 사용자의 제품사용 경험에 영향을 미치는 문제에 대한 해결책을 제시한다. 아이디어는 프로토타입을 혁신적으로 만드는 데 필요한 재료를 모두 제공한다. 아이디어란 선천적이든 후천적으로 학습할 필요가 있는 특정 특징을 의도적으로 창조하는 것을 의미한다. 개성과 사고방식에 관계없이 사람들이 패턴과 친근감을 고수하는 함정에 빠져든다면 아이디어를 창조하기 어렵다. 전문가와 초보자 모두 끊임없이 자기 인식을 해야 하며 의도하지 않은 아이디어를 유발할 수 있는 열린 마음과 비옥한 주변 환경을 조성해야 한다. 다음은 성공적인 사상을 위해 필요한 특성이다.

- **적응**: 정보가 생성될 때 정보를 인식하고, 이해하고, 생각을 확장한다.
- **연결**: 새로운 가능성을 창출하기 위해 비관련 개념, 속성을 연결한다.
- **파괴**: 일상적으로 유지된 신념, 가정 또는 규범을 파괴한다.
- **전환**: 곤경을 기회로 전환한다.
- **꿈과 상상력**: 추상적 욕구를 그림이나 이야기로 바꾸어 현실의 새로운 모습을 시각화한다.
- **실험**: 가능성을 탐구하고 위험을 감수하고 아이디어를 시험한다.
- **패턴 인식**: 공통된 의미, 보는 방식과 행동을 찾는다. 특성 또는 공유된 가치를 인식하고, 해결안을 구축하기 위해 이러한 공통점을 활용한다.
- **호기심**: 불편하고 어리석거나 미친 질문을 기꺼이 한다. 새롭고 다른 것을 이해하고 배우기 위해 탐험하고 경험한다.

수집된 조사와 정의 단계에서 설정된 제약 조건을 사용한다. 아이디어 단계가 진행됨에 따라 정의 단계에서 오해 또는 단점이 있는지, 충분한 수준의 조사가 수행되었는지는 명확해질 것이다. 고객과의 의문점을 명확히 하고 정의 단계에서 잘못 정의된 측면을 해결하기 위해 전반에 걸쳐 피드백을 얻을 수 있다. 해결안을 선택하기 전에 가장 유망한 부분을 추가로 조사할 수도 있다. 혁신 아이디어 발굴을 위한 아이디어 방법은 제2장 창의적 사고기법을 참고하기 바란다.

4) 프로토타입

　다른 사람들에게 아이디어를 시각적으로 제시하기 위해 신속하고 저렴하게 프로토타입을 제작한다. 프로토타입(prototype)은 시제품 또는 원형 제품이다. 이것은 창안된 아이디어를 구체화하여 아이디어에 대한 공통된 인식을 창출한다. 기능과 작동을 확인하고 변경하기 위해 간단한 재료를 사용한다. 이렇게 하면 비용도 적게 든다. 이 단계에서는 아이디어를 구성하고 최종 해결안에 도달할 수 있는 가능성을 확인한다. 프로토타입 제작의 목적은 경험의 창조와 피드백이다. 프로타입 단계는 최종 사용자에게 그림을 그려주는 단계이다. 유형적인 형태를 부여함으로써 개념의 모호함에서 비롯된 개별적인 감각적 차이가 제거되고 구체적인 표현이 가능하다. 따라서 개발팀 내에서 불일치가 발생하는 것을 방지하고 학습과 발견에서 아이디어를 신속하게 갱신할 수 있다.

　고객으로부터 아이디어에 대한 비판, 제안 및 평가를 받는 유형화 단계이다. 프로토타입은 사용자를 비롯한 다른 사람들이 경험을 쌓고 피드백을 줄 때 가장 효과적이다. 개발자는 아이디어를 재검토하고 즉시 피드백을 얻을 수 있다. 사용자가 어떻게 행동하고 생각하고 느끼는지를 이해하고 파악할 수 있다. 프로토타입을 사용하여 아이디어의 기술적 타당성을 검증하고, 실제로 아이디어가 작동하는지 확인할 수 있다. 다음은 프로토타입을 만들기 위한 질문이다.

- 아이디어를 어떻게 유형화할 수 있는가?
- 이 해결안은 프로토타입이 필요한가?
- 프로토타입은 어떤 요소를 테스트하는가?
- 프로토타입의 기능은 무엇인가?

SENSE ✓ **프로토타입 제작의 기본 지침**

- 프로토타입 제작을 미루지 않는다.
- 프로토타입 제작에 너무 많은 시간을 낭비하지 않는다.
- 프로토타입은 최종 사용자를 염두에 두고 제작한다.
- 프로토타입은 사용자를 위한 경험을 만들어야 한다.
- 사용자가 만족스럽지 않을 경우 프로토타입은 가치가 없다.

5) 테스트

테스트는 프로토타입을 고객에게 제시하고 고객으로부터 평가와 피드백을 받는 단계이다. 이 단계는 개발자가 최종 사용자의 아이디어에 대한 피드백 없이 자신의 아이디어와 디자인 또는 목표가 적절한지 여부를 알 수 없기 때문에 중요하다. 아이디어에 유효하지 않은 것이 무엇인지에 관한 사용자의 피드백을 얻을 수 있고, 아이디어를 수정할 수 있다. 테스트를 통해 사용자 피드백을 바탕으로 디자인 씽킹을 다시 수행함으로써 아이디어를 재구성할 수 있다.

테스트는 제안된 설계 해결안을 선택하는 지점이다. 의사결정 기준은 목적에 대한 적합성이다. 요구와 목표를 충족하는가? 효과적으로 고객과 의사소통하는가? 그러나 모든 요구 사항을 충족하는 것이 바람직하지 않을 수 있다. 예를 들면, 시장세분화는 서로 다른 부문에 대해 서로 다른 마케팅 및 해결안을 요구한다. 비용 및 시간 요소는 선택 단계와 관련이 있지만 단계가 진전됨에 따라 변경될 수 있다. 예산에 적합한 해결안을 수용하지 못할 수도 있다. 예산 및 시간 제약 조건은 정의 단계에서 확인되어야 하고 설계 과정 전반에서 고려되어야 한다. 디자이너와 고객이 선호하는 것이 다를 수 있다. 다음은 테스트를 위한 질문이다.

- 디자인이 정의된 요구 사항을 충족하는가?
- 사용자가 디자인을 공감하는가?
- 시간과 예산에 맞춰 디자인을 제작할 수 있는가?
- 고려해야 할 다른 요소가 또 있는가?
- 의뢰인이 설계를 승인하는가?

테스트 단계를 실행 단계라고도 한다. 이것은 최종 해결안이 전체 규모로 테스트되는 단계이다. 사용자의 피드백에 따라 가장 좋은 아이디어가 실행된다. 실행 단계에서 디자인 사상가는 협업적이고 민첩해야 한다. 테스트는 실제로 작동하는 것과 그렇지 않은 것을 이해하는 데 도움이 된다. 테스트를 마친 후에는 전체 디자인 씽킹 과정을 반복할 수도 있다. 또한 최종 사용자가 해결안을 승인하면 디자인 씽킹 프로세스는 중단된다. 그러나 최종 사용자가 결과에 만족하지 않으면 디자인 사상가는 마지막 테스트 단계의 통찰력을 통합하여 새로운 문제를 정의해야 하며 최종 사용자와 함께 더 나은 방법으로 다시 공감해야 한다.

3. 디자인 씽킹의 성공 사례

세계 최고의 회사들이 디자인 씽킹을 제품개발에 어떻게 활용하여 성공했는지 살펴본다. 성공 사례는 강력한 사고를 제공한다. 성공한 기업들은 모두 산업 분야의 선도업체이며, 제품을 제공하기 전에 고객을 정말로 알아야 한다는 것을 강조하는 회사들이다. 업계에서 경쟁이 치열하기 때문에 고객의 욕구와 관점에서 생각해야 한다. 이것은 디자인 씽킹 과정을 통해서 가능하다. 성공한 회사가 제품을 제작하고 재설계함으로써 경쟁업체에 비해 경쟁우위를 확보한 방법이 무엇인지를 관찰한다. 디자인 씽킹은 소매, 여행, 제조, 기술, 의료, 금융 등 모든 산업에서 중요한 역할을 한다. 많은 기업들이 혁신을 강화하고 제품개발에 드는 돈과 노력을 절약하기 때문에 디자인 씽킹을 활용하고 있다.

1) Oral-B 어린이용 칫솔

Oral-B는 IDEO에게 어린이들을 위한 새로운 칫솔을 디자인하도록 요청했다. IDEO 팀이 처음으로 말한 것은 아이들이 이를 닦는 것을 관찰해야 한다는 것이다. 벌써 상상할 수 있듯이 Oral-B 경영진은 사용자 관찰이 이상한 요청이라고 생각했다. 부모들은 아이들이 집에 들어오면 욕실에 들어가기를 원하며 이를 닦는 것을 지켜보고 싶은가? 부모들은 아이들이 어떻게 이

를 닦는지 이미 알고 있다. 그런데도 정말 이러한 관찰이 필요한가? 이러한 질문이 이상하게 들리지만 정확히 팀원들은 관찰했다. 그들은 아이들이 실제로 어떻게 이를 닦는지를 관찰할 필요가 있었고, 아무런 가정도 하지 않았다.

팀원들은 관찰 기간 동안 아이들이 칫솔을 드는 방식이 성인과 완전히 다르다는 것을 알게 되었다. 어른들은 손재주가 있기 때문에 손가락을 사용하여 칫솔을 아주 미세한 움직임으로 조작하는 경향이 있다. 그러나 아이들은 단지 주먹으로 칫솔을 움켜잡았다. 아이들은 성인용 칫솔을 잡기가 대단히 어려웠다. 칫솔이 매우 가늘었기 때문에 아이들의 손에서 칫솔이 빠져서 사용하기가 어려웠다. 이렇게 문제를 정의하고 아이디어를 창안하여 프로토타입을 제작하여 테스트하

였다. 이 간단한 관찰로 시작된 결과는 완전히 새로운 스타일의 칫솔이 되었다. 그리고 이것은 아이들 칫솔 공간을 완전히 혁신시켰다. 오늘날 슈퍼마켓이나 가게에 가면 아이들의 칫솔에 뚱뚱하고 뾰족한 손잡이가 있음을 알 수 있다. 이것이 사용자 행동을 관찰하고 이를 설계 프로세스에 통합한 결과이다.

2) Apple의 사용자 공감

Apple 제품의 "i"는 사용자와 진심으로 공감하며 독특한 유대관계를 형성하려는 의미이다. 세계에서 가장 좋아하는 기술 브랜드 중 하나로 여겨지는 애플은 모든 제품에서 혁신을 주도하고 있다. 이것이 브랜드 충성도가 높은 이유이다. 그러나 애플 역사상 어두운 시기가 있었다. Steve Jobs가 1985년 이사직을 맡았을 때 시작되었다. 그리고 이것으로 거대한 회사의 내리막길이 시작되었다. 1985~1997년 동안 스티브 잡스가 없었을 때

애플은 위기에 빠졌다. IBM과 마이크로 소프트와 같은 IT 거물들이 시장에 뛰어 들었고 애플 제품은 자신의 제품이 더 이상 시장에서 유일하지 않았기 때문에 서서히 가치가 상실되고 있었다. 결과적으로 애플의 제품은 대부분 비참하게 실패했고 OS 라이센스 판매에 대한 혼란도 있었다.

애플은 실적의 부진으로 경영진이 변경되었다. 결국 이러한 경영 악화로 1997년 스티브 잡스는 애플로 돌아왔고 새로운 성공 시대가 시작되었다. 그는 회사의 부흥은 제품개발에 있다고 보고 디자인 씽킹의 개념을 적용하여 일련의 혁신을 시작했다. 결국 애플은 사용자들과의 공감대를 형성하고 사용자에게 친숙한 제품을 개발했으며 사용자가 원하는 것을 정확히 제공했

다. 애플은 철저한 제품 테스트를 거쳐 완벽한 제품을 시장에 출시했다. 그는 디자인 씽킹과 혁신 사이의 관계를 이해하고 시장 타당성, 기술 가능성과 사용자의 욕구 개념을 적용했다.

- 시장 타당성: 제품의 강점, 약점, 기회 및 위협을 이해하고 특정 제품에 대한 시장이 있는지 분석하기 위해 SWOT를 분석한다.
- 기술 가능성: 항상 시장을 가질 수 있는 새로운 제품을 개발하고 혁신하는 데 필요한 기술 및 도구를 구축했다.

- **사용자의 욕구**: 사용자가 필요로 하는 것을 생각하고 이해하면 실패하지 않는다. 애플은 소비자의 욕구를 제품에 적용하는 데 주력했다.

3) P&G의 오일 오브 올레이

1990년대에는 노화방지 스킨케어 브랜드인 P&G의 오일 오브 올레이(Oil of Olay)가 적자가 발생하여 시장을 장악하는 데 많은 어려움을 겪고 있었다. 회사는 혁신적인 방법을 채택하는 것이 위기를 극복하는 데 도움이 될 수 있다고 이해했다. 그래서 회사는 새로운 브랜드 출시, 다른 스킨케어 선도업체 인수 또는 올레이 브랜드 재투자의 3가지 방법을 생각했다. 결국 소매점에서 소비자를 면밀히 관찰한 연구와 조사를 통해 회사는 주요 소비자가 50세 이상의 여성임을 알게 되었다. 30대와 40대 여성들도 똑같이 주름살을 앓고 있는 것으로 나타났다. 주름 외에도 검버섯, 색조 문제 등 여성들이 우울해 하는 피부 질환들을 모두 찾아내 개선방안을 연구했다. 이 과정에서 노화를 방지해 주는 물질도 여럿 발견했다. 여성들의 아름다움에 대한 관심을 무시함으로써 그들은 스킨케어 브랜드에 의존해야 하는 잠재적인 소비자 기반을 놓치고 있었다.

P&G는 이러한 소비자를 염두에 두고 많은 새로운 피부 문제를 다루는 다양한 방법을 시도하고 테스트함으로써 Olay를 다시 출시했다. 마케팅에도 변화가 필요했다. 이전까지는 약국이나 할인점 등 대형 유통채널을 선호했다. 하지만 몇몇 제품은 유명 백화점으로 진출했다. 대중적이면서도 명품이라는 이미지를 만들어 낼 필요가 있었기 때문이다. 실제로 광고는 유명 명품 잡지를 이용했다. 영국 출신의 원조 슈퍼모델 트위기가 마치 젊음을 되찾은 듯한 광고 사진으로 놀라움을 주고 있다. 트위기가 화장품 브랜드 올레이의 노화방지 크림 모델로 발탁됐다. 트위기의 올레이 광고 사진은 화장 전의 공개된 모습과 비교했을 때 거의 다른 사람 같았다. 이러한 결과로 Olay는 1999년에 성공적으로 출시되었으며 현재까지 노화방지 피부제품의 선도 브랜드이다. 재출시된 올레이는 10년 간 매출과 순익 면에서 꾸준히 매년 두 자릿수대의 성장세를 보였다. 8억 달러도 안 되던 연 매출은 어느새 25억 달러로 올라갔다. 디자인 씽킹을 통해 P&G는 엄청난 이익을 실현하였을 뿐만 아니라 고객 충성도를 획득했다.

4) Airbnb의 여행 예약 개념

에어비앤비(Airbnb)는 관광 부문에서 여행 예약 개념을 혁신했다. 그러나 2009년에 회사는 파산 직전으로 몰렸고 고객들은 객실과 주택을 예약하지 않았다. 광고 캠페인은 실패했고 창업자는 비참하게 돈을 잃고 있었다. 문제는 광고 캠페인 자체에서 발생했다. 게시한 40개의 광고에서 객실은 거의 비슷하게 보였다. 또한 사진은 품질이 낮았고, 집안의 모든 객실을 포함하지 않았다. 따라서 사람들은 자신이 지불한 것을 이해할 수 없었고 이로 인해 예약이 중단되었다.

디자인 씽킹은 에어비앤비가 확장성 또는 기술 업그레이드와 관련이 없는 뇌파 해결안을 제시하는 데 도움이 되었다. 회사 설립자는 개인적으로 뉴욕을 방문하여 고객과 상호작용하면서 객실 및 주택 사진을 클릭하고 광고에 향상된 그림을 표시했다. 그들이 컴퓨터 앞에 앉아 코드를 사용했다면 올바른 해결책을 제시하지 않았을 것이고, 회사는 결과적으로 조기에 파산했을 것이다. 디자인 씽킹 전략을 통해 주당 매출액은 200달러에서 400달러로 두 배가 되었다. 현재 에어비앤비는 세계 최대 여행 회사 중 하나이며 2020년까지 30억 달러의 이익을 예상한다.

5) Burberry의 디지털 인구

런던에 위치한 버버리(Burberry)는 패션, 액세서리, 향수, 화장품 및 선글라스를 생산하는 세계적인 고급 패션 브랜드이다. 2006년 Burberry가 연간 2% 성장함에 따라 패션, 액세서리 및 향수의 매출은 미미했다. 수익을 창출하기 위해 새로운 CEO인 Angela는 회사가 필요로 하거나 필요로 하는 순간에 디지털 인구와 연결해야 한다는 것을 이해했다. 디자인 씽킹은 최종 사용자를 염두에 두고 설계하는 것이 중요하다는 것을 의미한다. 또한 공감은 새로운 잠재력을 열어준다.

Angela와 팀은 미래의 고급 고객을 향해 나아가면서 버버리의 핵심 유산을 혁신하기로 결정했다. 회사는 젊은 고객층의 가치와 관련이 있는 마케팅 전략, 즉 시원하고 혁신적인 마케팅 전략을 수립하고 젊은 사람들이 충성도 높은 고객이 되도록 설득하기로 계획했다. 버버리는 젊은 인구층과 관련된 맞춤 마케팅 캠페인을 만들었다. 예를 들어, 회사는 2011년까지 1백만 명의 팔

로어를 확보한 Facebook을 통해 소셜 미디어를 구축하는 데 투자했으며, 이것은 당시 명품 브랜드의 경우 최대 규모였다.

버버리는 이러한 결과로 2017년 말까지 매출은 27억 파운드까지 증가했으며 가장 혁신적인 브랜드 중 하나로 변모했다. 기업의 최종 사용자와 공감대를 형성함으로써 얻게 된 통찰력은 조직을 들어 올릴 수 있었다. 버버리는 디자인 씽킹이라는 용어를 사용하지는 않지만, 가장 중요한 과정과 원칙인 인간 중심의 접근 방식을 사용했다.

SENSE ▽ 실패한 세일즈맨 질레트, 일회용 면도기 발명

일회용 면도기는 질레트(King Camp Gillette)에 의해 발명되었다. 지금도 그가 세운 회사가 면도기 업계를 장악하고 있다. 질레트 면도기 사용 수치는 남자의 3분의 1에 해당된다고 한다. 이러한 회사를 창업한 그는 하루 종일 발품을 팔아야 간신히 입에 풀칠을 할 수 있는 고단한 세일즈맨이었다. 그가 다른 사람들과 다른 점은 불편함은 반드시 해결될 수 있다는 생각을 품고, 문제점을 해결하기 위해 환경과 타협하지 않고 치열한 노력을 경주해 마침내 일회용 면도기를 발명했다는 것이다.

질레트는 1855년 위스콘신 주의 폰드락(Fond du Lac)이란 작은 마을에서 태어났다. 그는 17살이 되면서 공부를 중단하고 돈을 벌기 시작했다. 40살이 되던 1895년 고향인 폰두락으로 돌아가 Crown Cork & Seal Co.의 세일즈맨으로 일하기 시작했다. 사장은 코크 병마개를 발명한 사람으로서 "발명으로 돈을 벌고 싶으면 사용하고 금방 내버릴 수 있는 것을 발명해야 하고, 오래 사용하는 것으로는 돈을 벌지 못해"라고 말했다.

이 말을 들은 후 얼마 되지 않아 매사추세츠 주로 출장을 떠났다. 과다한 업무를 보고 모텔에 들면서 종업원에게 다음날 아침 일찍 깨워달라고 부탁했다. 중요한 거래처와 약속이 잡혀 있었기 때문이었다. 방을 잡자마자 잠에 골아 떨어졌는데 종업원이 문을 노크하며 깨우는 것이었다. "손님, 어서 일어나세요" 그는 벌떡 일어나 시계를 바라보았다. 약속 시간이 코앞으로 다가와 있었다. 그는 세면대로 달려가 면도하기 시작했다. 그러나 너무나 조급한 상태였던지라 손이 떨리는 바람에 그만 살점을 베고 말았다. "뭐 이따위 면도기가 다 있어! 만물의 영장이라는 인간이 아직도 이따위 면도기를 쓰고 있다니…"

그는 그렇게 투덜거리다가 면도하는 손길을 멈추고 말았다. "그래! 서둘러도 베지 않는 면도기를 개발하면 성공할 수 있을 거야. 그리고 한번 쓰고 버릴 수 있으면 더욱 좋고, 이 면도기는 사용할 때마다 위험하기도 하고 무겁기도 해" 면도날을 사용하다가 무뎌지면 부담 없이 내버릴 수 있는 면도날을 개발하면 성공할 것이라는 생각에 사로 잡혔다. 그는 MIT공대를 찾아가 세계적인 공학교수들에게 수염을 깎을 수 있을 정도로 날카롭고 둔해지면 버릴 수 있을 정도로 경제적인 스틸 판을 만들 수 있는지를 물었다. 하지만 교수들은 한결같이 절대 불가능하다는 답만 늘어놓았다. 결국 그는 혼자서 연구에 몰두했고 실패는 계속되었다. 남들이 연구 중단을 권유했지만 포기하지 않았다. 자신은 비록 대학교육을 받지 못했고, 금속에 대한 지식은 전혀 없었지만 인간이 생각하는 것은 반드시 현실화될 수 있다고 믿었다. 그는 어느 날 우연히 이발소에 들렀다가 이발사가 빗으로 머리카락을 누른 후 빗을 뚫고 나온 머리카락을 자른다는 사실을 발견하였다. 면도기도 그런 식으로 개발하면 절대로 살을 베지 않을 것 같았다.

새로운 아이디어로 무장하고 연구하다가 니커슨(William Emery Nickerson)이라는 발명가이자 개발자를 만나게 되었다. 그와 공동으로 연구하기 시작했다. 그들은 5년이란 세월과 엄청난 개발비를 쏟아 부은 끝에 결국 자신들이 원하는 면도날을 만들어낼 수 있었다. 그리고 그러한 면도날을 대량 제작할 수 있는 기계 제조회사도 찾아낼 수 있었다. 그들은 1901년 특허를 획득한 후 아메리칸 세이프티 레이저 컴퍼니(American Safety Razor Company)를 설립하였고, 1903년 이중 날, 손잡이, 움직일 수 있는 헤드가 달린 면도기를 생산하여 판매하기 시작했다. 그가 48살 때였다. 그렇다고 해서 그

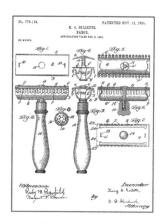

일회용 면도기 설계도

가 그때부터 탄탄대로의 길로 들어선 것은 아니었다. 대량생산을 할 정도로 인기를 끈 것이 아니었기 때문에 판매가가 생산가에 미치지 못했던 것이다. 그런 상태가 지속되면서 적자가 누적되었다. 나중에는 더 이상 회사를 꾸려 나갈 수 없을 정도였다. 첫해에 팔린 질레트 면도기의 숫자는 51개, 면도날은 168개에 불과했다.

곤경에 처하면 이를 타개하려는 기회도 온다. 그때 질레트의 머리를 스치는 생각이 있었다. 보다 많은 단골 고객을 확보하기 위해 우선 무료로 면도날을 나눠주어 사용케 하자는 것이었다. 질레트 면도날의 편리함을 알게 되는 사람들은 자연스럽게 고객이 되어줄 것이라는 가정에서 벌인 모험이었다. 이 아이디어는 대성공을 거두었다. 1년 만에 면도기는 9만 개, 면도날은 1,240만개가 팔렸다. 1904년 이중 면도날에 대한 특허를 획득하고, 사명을 질

레트 안전 레이져(Gillette Safety Razor Company)로 개명했고, 1910년에 면도업계를 완전 평정한 그는 후세들에게 다음과 같은 교훈을 남겨주었다.

- 청년 같이 새파란 아이디어는 종종 잘못된 것이란 오해를 받는다.
- 두 눈을 부릅뜨고 기회를 찾아내라.
- 기가 막힌 아이디어는 일상적인 문제들에서 나온다.
- 자신의 아이디어를 포기하지 말라.
- 시장을 확보하기 위해선 과감히 돈을 투자하라.

출처: 브레이크뉴스 2017.06.29

New Idea

제4장

트리즈 기법

New Idea

富의 수직 상승
아이디어에 길을 묻다

1. 트리즈 기법

러시아의 과학자인 겐리히 알츠슐러(Genrich Altshuller) 박사는 "세상을 바꾼 창의적인 아이디어들에는 일정한 형태가 있다"는 가설을 세우고, 특허를 분석하여 가장 많이 활용된 아이디어 유형을 추출한 발명원리와 문제해결 이론을 창안하였다. 창의적인 아이디어에는 일정한 패턴이 있다는 트리즈(TRIZ)는 모순을 발견하고 모순을 해결하면 발명이 된다는 창의적 문제해결 이론이다. 트리즈는 문제 형성, 시스템 분석, 실패 분석 및 시스템 진화의 패턴에 사용하기 위한 도구와 방법을 제공한다. 트리즈는 문제의 성공적인 해결을 결정하는 패턴을 발견하기 위해 수백만 건의 특허를 선별하고 체계화하는 것에 기반을 두고 있다.

1) 트리즈의 특징

TRIZ(트리즈)는 러시아어 Teoriya Resheniya Izobretatelskikh Zadatch 의 약자로 영어로는 Theory of Inventive Problem Solving(창의적 문제해결 이론)이다. 14세에 수중잠수장치를 개발한 겐리히 알츠슐러(Genrich Altshuller)는 1940년대 당시 군 관련 기술 문제를 해결하던 중에 전 세계 특허 중에서 창의적인 특허 4만 건을 추출 · 분석한 결과, 모든 발명과정에는 공통의 법칙과 경향성이 있는 것을 발견하였다. 창의적으로 문제를 해결할 수 있는 체계적인 문제해결책을 찾아내고 이를 트리즈(TRIZ)라 하였다.

문제에는 모순이 존재하고 이 모순을 해결하면 발명이 된다. 모순은 어느 쪽도 선택할 수 없는 대립되는 성질이다. 39개 모순해결 매트릭스와 40개 트리즈의 발명원리가 있다. 물리적 모순은 시간, 공간, 조건, 전체와 부분 등 분리원리로 해결책을 찾는다. 이와 같이 트리즈 기법은 39개 기술변수를 활용해 그 모순을 정의하고, 모순 테이블을 만들어 이들이 충돌할 때 40개 발명원리를 적용하여 문제를 해결하는 창의적 사고기법이다. 세상의 위대한 발명들은 대체로 물리적 모순이나 기술적 모순을 해결한 것이다.

[그림 4-1] TRIZ의 구조

모순		해결원리
물리적 모순	┈┈┈┈➤	분리원리
기술적 모순	┈┈┈┈➤	40개 발명원리

2) 트리즈의 역할

재발명하는 데 시간을 소비할 필요가 없다. 알츠슐러가 이미 언급했듯이 90% 이상의 문제가 이미 해결되었으므로 시간을 낭비할 이유가 없다. 그는 창의적인 문제와 해결 방법을 모색하기 위해 20만 건 이상의 특허를 심사했다. 이 중 4만 건만이 독창적인 해결안을 보유하고 있고 나머지는 간단한 개선 사항이었다. 창의적 문제해결에 어떤 공통된 원리들이 있지 않을까라는 의문을 갖고 찾아낸 원리가 모순의 극복이었다. 트리즈는 3과 4수준의 4만 특허를 분석한 결과 창의적인 문제해결의 공통점은 모순을 극복한 것이었다. 따라서 특허를 잘 활용하면 연구 시간을 60%, 연구비용을 40% 줄일 수 있다.

- 문제와 해결책은 산업과 과학에 걸쳐 반복된다. 각 문제의 모순을 분류하면 문제에 대한 창의적인 해결책을 예측할 수 있다.
- 기술 진화의 패턴은 산업과 과학에 걸쳐 반복된다.
- 창조적인 혁신은 개발된 분야 밖의 과학적 효과를 사용한다.

[그림 4-2] 발명의 5가지 수준

1수준: 전통적인 해결책(32%)
2수준: 기존 체계의 개선(45%)
3수준: 현재 시스템의 획기적인 개선(18%)
4수준: 새로운 발명(4%)
5수준: 획기적인 신개념의 선구자적 발명(1%)

많은 기업들이 실용적이고 일상적인 문제를 해결하고 기술의 미래를 위한 전략을 개발하기 위해 트리즈를 여러 단계에서 사용하고 있다. 트리즈는 기술 기반 조직의 경쟁우위를 강화하므로 세계를 주도하는 많은 조직이 트리즈 방법을 연구하고 사용하고 있다. 트리즈는 원래 기계적 문제해결을 위해 만들어졌지만 전자, 생물학, 경영, 지속 가능한 개발 및 환경 문제를 비롯한 많은 다른 분야에 적용되고 있다. 요즘 기업은 새로운 제품, 기술 및 서비스를 개발하거나 기존 기술을 개선하는 데 모든 노력을 집중해야 한다.

3) 모순도출

모순(contradiction)은 서로 양립하거나 공존할 수 없는 것들의 대립 현상으로 최소한 두 가지 이상의 요소가 갈등을 일으키는 상황이다. 따라서 모순은 어느 하나를 좋게 하면 어느 하나가 나빠지는 관계를 말한다. 모순이 반대 세력으로 성장하고, 또한 이것이 본래의 것과 격렬하게 부딪혀 나감으로써 새로운 것으로 발전되어 간다.

- 모순: 최소한 두 가지 이상의 요소가 갈등을 일으키는 상황

찾아낸 문제 속에서 모순관계를 파악한다. 물리적 모순과 기술적 모순을 분리하고, 발생할 수 있는 모순을 찾고, 선택된 기술적 모순의 특성을 극단적인 상황으로 격상시킨다. 더 많은 모순을 발견하기 위해 기술적 모순을 확대하는 것이다. 문제해결을 위해 하나의 기술적 특성을 개선하면 다른 기술적 특성에 악영향을 미쳐 또 다른 문제를 야기하는지를 파악한다. 모순을 발견하여 해결하면 바로 발명이 된다. 기술적 모순을 물리적 모순으로 전환하고 해결한다.

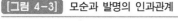
[그림 4-3] 모순과 발명의 인과관계

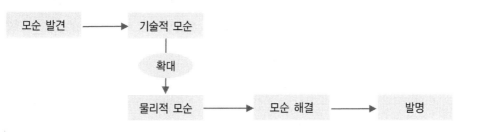

(1) 물리적 모순

물리적 모순(physical contradiction)은 하나의 기술적 변수(parameter)가 서로 양립할 수 없는 다른 값을 동시에 갖는 경우이다. 물리적 모순은 동시 존재함으로써 생기는 모순이다. 즉, 존재해야 하고 동시에 존재하지 않아야 한다(To be and not to be). 물리적 모순은 분리원리로 해결책을 제시한다. 시스템 내의 한 특성이나 특성의 값에 상호 배타적인 요구가 있는 상황이다. 예를 들면, 면도기의 날은 면도 성능을 높이기 위해서는 날카로워야 하고, 피부가 손상되는 것을 방지하기 위해서는 무뎌야 한다.

- 물리적 모순: 하나의 변수 안에 동시 존재함으로써 생기는 모순

[그림 4-4] 모순의 구조

물리적 모순	기술적 모순
• 하나의 변수가 다른 값을 동시에 가짐 • 예: 비행기의 바퀴 　이착륙 시에는 반드시 존재해야 하고, 　비행 중에는 존재하지 말아야 함	• 서로 다른 두 개가 모순을 일으킴 • 예: 하드디스크의 기록 용량과 정확도 　용량을 늘리면 기록의 정확도 감소, 　기록의 정확도를 올리면 용량 감소
⬇	⬇
• 분리원리: 양립불가능 해결 　(시간, 공간, 조건, 전체와 부분)	• 39개 기술변수 • 40개 발명원리

물리적 모순은 한 사물이 정반대의 요구 사항을 갖는 동시에 존재하기 어려운 상황이다. 문제의 시스템이 한 측면에서 한 방향으로 요구되고 동일한 시스템이 같은 측면에서 반대 방향으로 요구된다면 물리적 모순이 발생한다. 이 시점에서 이 상황은 불가능하다. 다음은 물리적 모순의 예이다.

- 소프트웨어는 기능이 많아야 하나 쉽게 사용하려면 간단해야 한다.
- 우산은 비를 맞지 않으려면 커야하나 길에서 잘 걸으려면 작아야 한다.
- 커피는 뜨거워야 향기가 있지만 즐겁게 마시려면 차가워야 한다.
- 아이디어는 독창적이어야 하지만 독창성은 창안하기 어렵다.

- 자동차 에어백은 사고를 방지하려면 빠르게 열려야 하지만 신체에 상해가 없으려면 부드럽게 열려야 한다.
- 브레이크는 사고를 피하기 위해 갑자기 제동되어야 하지만 제어를 확실히 하기 위해 점진적이어야 한다.

SENSE ∨ 물리적 모순

▌자전거 체인은 단단해야 하지만 동시에 유연해야 한다.	▌비행기의 착륙 바퀴는 있어야 하지만 동시에 없어야 한다.
• 회전력을 바퀴에 전달하기 위하여 체인은 단단해야 하고 • 그리고 둥근 체인 휠에 감기기 위하여 유연해야 한다. • 전체와 부분에 의한 분리	• 지표 접촉 시에 마찰력을 줄이기 위해 착륙 시에는 바퀴는 있어야 하고 • 그리고 비행 중에는 공기 저항을 줄이기 위하여 바퀴는 없어야 한다. • 시간에 의한 분리

(2) 분리원리

분리는 모순을 제거하고 요구가 충족될 수 있게 한다. 설계자는 분리 방법을 사용하여 설계 문제에 대한 초기 해결안을 얻을 수 있다. 바람직한 변화를 나타내는 변수와 악화를 나타내는 변수가 동시에 존재한다. 동시에 서로 다른 속성이 존재한다. 이러한 상황이 물리적 모순이다. 이러한 물리적 모순은 분리원리로 모순을 해결할 수 있다. 분리원리(separation principle)는 시간 분리, 공간 분리, 조건 분리 및 부분과 전체 분리가 있다.

- 시간 분리: 한 속성이 존재하거나 존재하지 않게 시간적으로 분리한다.
- 공간 분리: 한 속성이 한쪽에는 존재하고, 다른 쪽에는 존재하지 않는다.

- **조건 분리**: 한 속성이 어떤 조건에서는 높고, 다른 조건에서는 낮다.
- **부분과 전체 분리**: 한 속성은 전체에서 존재하지만 부분에서 존재하지 않는다.

▎시간 분리

모순된 요구가 다른 시간에 요구되는 경우 시간 안에 분리 방법을 사용하여 분리한다. 예를 들어, 바늘귀는 실이 쉽게 들어가도록 커야 하지만 옷의 손상을 막기 위해서는 작아야 한다. 즉, 바늘귀는 실을 꿸 때에는 커야 하고 바느질하는 동안은 작아야 한다. 디자인 사고의 키워드는 "언제(when)"이다. 언제 +A를 원하는가? 그리고 언제 −A(A의 모순된 상황)를 원하는가? 모순된 요구는 다른 시간에 대한 것이기 때문에 물리적 모순은 시간 분리를 사용하여 분리될 수 있다. 시간 분리의 해결은 5가지 발명원리가 추천된다.

- 원리 9: 사전 반대조치
- 원리 10: 사전 조치
- 원리 11: 사전 예방조치
- 원리 15: 역동성
- 원리 34: 폐기 및 재생

❖ **조건 분리의 방법**
- 공간 분리 적용 불가: 모순된 요구 사항의 위치는 같다.
- 시간 분리 적용 가능: 바느질을 하기 전에 "구멍이 커야 한다"가 필요하다. 바느질하는 동안 "구멍이 작아야 한다"가 필요하다.

▎공간 분리

기술 시스템 내의 다른 위치에서 두 가지 모순된 요구가 필요한 경우 모순된 요구 사항을 분리한다. 디자인 사고의 키워드는 "where"이다. 시스템이 A를 어디에서 원하는가? 그리고 시스템이 −A(A의 모순된 상황)를 어디에서 원하는가? 대답이 다를 수 있다면 반대의 요구를 공간으로 분리할 수 있다. 예를 들어, 하이브리드 카는 엔진과 모터를 분리 사용한다. 공간 분리를 사용하여 물리적 모순을 해결하기 위해 추천된 6개의 트리즈 발명원리가 있다.

- 원리 1: 분리
- 원리 2: 추출
- 원리 3: 국부적 품질
- 원리 4: 비대칭
- 원리 7: 포개기
- 원리 17: 차원변화

▌조건 분리

조건의 다른 구성 요소에 대해 모순된 요구가 필요한 경우 조건 분리 방법을 사용하여 분리한다. 많은 분리 장치는 점도, 입자 크기 또는 온도의 차이에 반응하는 방식으로 설계된다. 예를 들어, 좋은 기능을 가진 창을 디자인하는 방법이 있다. 모순은 공기가 들어올 수 있도록 창을 열어야 하지만 태양 광선이 들어오지 못하도록 창을 닫아야 한다. 창은 조건이다. 태양과 공기는 조건 구성 요소에 속한다. 조건 분리의 방법은 다음과 같이 제시될 수 있다.

- 원리 3: 국부적 품질
- 원리 17: 차원변화
- 원리 19: 주기적 작용
- 원리 31: 다공성 물질
- 원리 32: 색상 변화
- 원리 40: 복합재료

❖ **조건 분리의 방법**
- 공간 분리 적용 불가: 동일한 창에 대해 모순된 요구 사항이 필요하다.
- 시간 분리 적용 불가: 공기 허용과 햇빛 허용 불가가 동시에 일어난다.
- 조건 분리 적용 가능: "창은 열려 있어야 한다"는 공기가 필요하다. "창은 닫아야 한다"는 햇빛이 필요하다. 햇빛과 공기는 조건의 두 가지 구성 요소이다.

▌부분과 전체 분리

모순된 요구 사항 중 하나가 부분 또는 전체 수준에서 필요하면 부분과 전체를 분리하는 방법을 사용하여 분리한다. 모순된 요구 사항을 전체의 수준에서 부분으로 분리한다. 일반적인 자전거 체인은 이것의 훌륭한 예이다. 자전거 체인은 부분 수준에서는 매우 단단하고 전체 수준에서는 매우 유연해야 한다. 예를 들어, "체인은 강철처럼 강하고 휠에 감기기 위해 유연해야 한다"를 충족할 수 있는 자전거 체인을 생산한다. 부분과 전체 분리 방법을 사용하여 물리적 모순을 해결하기 위해 추천되는 4개의 발명원리가 있다.

- 원리 1: 분리
- 원리 5: 통합
- 원리 33: 동질성

디자이너는 강한 자전거 체인의 문제를 해결하기 위해 발명원리 1을 적용할 수 있다. 최종 설계 해결안은 "체인" 개념을 기반으로 한다. 체인의 구성 요소는 주철로 만들어졌으며 단단하지만 전체 체인은 유연하며 보관 목적으로 접힐 수 있다. 발명원리 1은 다음을 의미한다.

- 전체를 독립된 부분으로 분리한다.
- 물체를 쉽게 분해할 수 있게 한다.
- 부분화 또는 세분화 정도를 높인다.

(3) 기술적 모순

기술적 모순(technical contradiction)은 서로 다른 두 개의 기술적 변수(parameter)들이 서로 충돌하는 것이다. 즉, 시스템의 한 특성을 개선하면 다른 특성이 악화되는 상황이다. 예를 들면, 자동차의 가속성능을 향상하면 연비가 나빠지는 현상이다. 이러한 모순을 해결하는 것이 발명이다. 기술적 모순은 40개 발명원리를 해결책으로 제시한다. 기술적 모순에서 서로 상반되는 기술적 변수들에 해당할 수 있는 것들을 39개 기술변수로 표준화된다. 물리적 모순은 사물의 본질이지만, 기술적 모순은 처리의 결과이다. 따라서 기술적 모순을 더욱 강화하여 물리적 모순으로 전환하여 문제를 해결한다.

- 기술적 모순: 시스템의 한 특성을 개선하면 다른 특성이 악화되는 상황

▌기록의 정확성과 용량 간의 모순

- 컴퓨터 HDD의 저장기록의 정확성을 증가시키면 용량이 감소하고
- 컴퓨터 HDD의 용량을 증가시키면 기록의 정확도가 감소한다.

▌석유회사의 생산량과 품질 간의 모순

- 석유정제 시설에서 석유의 생산량을 늘리면 석유의 품질이 저하되고
- 석유정제 시설에서 석유의 품질을 높이면 석유의 생산량이 감소한다.

기술적 모순은 고전적인 기술의 절충점으로 기술적 특성이 서로 충돌하는 것이다. 이것은 시스템에 있는 어떤 것이 방해하기 때문에 원하는 상태에 도달할 수 없다. 즉, 어떤 것이 개선되면 다른 것이 악화된다. 다음은 기술적 모순 사례이다.

- 제품이 견고할수록 무게가 무거워진다.
- 자동차의 출력이 강할수록 연료가 더 많이 소비된다.
- 서비스가 개별 고객에게 맞춤화되지만 서비스 제공 시스템은 복잡해진다.
- 승객을 보호하기 위해 자동차 에어백을 빨리 열어야하지만 속도를 높이면 어린이 등 연약한 사람들이 부상을 입거나 사망할 수 있다.

2. 기술변수와 발명원리

기술 및 물리적 모순은 트리즈의 초석이다. 기술적 모순의 공식화는 문제의 근원을 더 잘 이해하고 문제에 대한 정확한 해결책을 더 빨리 발견하는 데 도움이 된다. 모순 분석은 새로운 관점에서 문제를 찾는 강력한 도구이다. 트리즈에서 문제는 기술적 모순 또는 물리적 모순으로 표현될 수 있다. 트리즈가 본질적으로 하는 일은 적당한 절충안을 찾기보다는 기술 시스템 및 프로세스에서 기술적 및 물리적 모순을 확인하고 과장하고 제거하는 것이다.

기술적 모순은 설계 프로세스에 가장 자주 관여하는 39개 특성을 식별하는 모순 행렬표를 사용하여 해결한다. 물리적 모순은 분리원리에 의해 해결한다. 모순 분석은 40개 발명원리를 적용하는 기본 단계이다. 기술적인 문제를 표현하기 위해 현재 시스템의 어느 부분을 향상시킬 것인지, 그리고 개선과 모순되는 시스템의 어떤 부분을 악화시킬지에 대해 명시해야 한다. 이러한 측면을 설명하기 위해 트리즈는 39개 기술변수를 사용한다. 기술적 모순은 트리즈 개념의 핵심이다. 기술적 모순은 기술적 시스템의 모순되는 두 가지 특성을 나타낸다. 기계의 한 부분이나 특성을 향상시키면 다른 특성이 자동으로 악화된다. 예를 들면, 자동차의 엔진 출력을 증가하면 연료 소비가 증가한다. 기술적 모순을 식별하고 제거하는 경우에만 문제가 해결된다.

40개 발명원리는 기술적 모순을 해결하는 데 사용된다. 문제해결 전략은 4개 유형으로 분류된다. 제거, 이동, 해결 및 회피이다. 제거는 문제 자체를 삭제하는 것을 의미하므로 해결할 필요가 없다. 이동은 문제를 어려운 것에서 쉬운 것으로 또는 주어진 것에서 다시 만드는 것이다. 해결은 주어진 문제를 해결하는 것이다. 회피란 주어진 문제에서 도망가는 것을 의미한다. 어떤 전략이 항상 옳다는 규칙은 없다. 전략은 모두 문제의 유형과 상황에 달려 있다.

1) 기술변수

문제해결은 종종 모순되는 요구 사항을 이해하고 해결하는 것과 관련이 있다. 기술적 모순은 한 부분의 개선은 다른 부분의 악화로 이어진다. 또는 물리적 모순은 반대 상태에서 동일한 시간이 필요하지만 다른 시간이나 장소에서 원할 수 있다. 예를 들면, 우산은 휴대하기 위해서는 작아야 하고 동시에 비를 맞기 위해서는 커야 한다. 요구 사항의 모순을 이해하면 트리즈 프로세스와 이를 해결하기 위한 도구를 사용할 수 있다. 모순은 해결책의 단순한 충돌이다. 반대의 해결책을 원하거나 새로운 해결책, 즉 시스템의 한 기능에 대한 개선된 변경 사항을 도입함으로써 시스템의 또 다른 기능이 더욱 악화된다. 모순은 반대의 특징이나 기능으로 달성되는 것이다. 다음은 39개 기술변수에 대한 설명이다.

(1) 움직이는 물체의 무게(weight of moving object)

움직이는 물체에 의해 가해지는 질량 또는 중력이다. 이동성은 물체와 관련된 둘 이상의 부품 간에 상대적인 동작이거나 이동성이 있는 모든 상황을 포함한다. 이동성은 선형 또는 회전, 매우 짧거나 상당한 거리일 수 있다.

(2) 고정된 물체의 무게(weight of nonmoving object)

고정된 물체에 의해 가해지는 질량 또는 중력이다. 정지 상태는 물체와 관련된 두 개 이상의 부품 간에 관련된 움직임의 형태가 없는 상황을 포함한다.

(3) 움직이는 물체의 길이(length of moving object)

선형 치수는 길이로 간주된다. 이동성 또는 이동하는 물체와 관련된 선형 또는 각도 치수이다. 이동성은 문제와 관련된 둘 이상의 부품 간에 관련된 움직임이나 이동성이 있는 모든 상황을 포함한다. 이동성은 선형 또는 회전, 매우 짧거나 상당한 거리일 수 있다.

(4) 고정된 물체의 길이(length of nonmoving object)

고정된 물체와 관련된 선형 또는 각도 차원이다. 정지 상태는 물체와 관련된 두 개 이상의 부품 간에 관련된 움직임의 형태가 없는 상황을 포함한다.

(5) 움직이는 물체의 면적(area of moving object)

표면 또는 표면적과 관련된 차원이다. 내부 또는 외부일 수 있다. 또한 접촉 면적과 실제 표면적을 포함할 수 있다. 이동성은 물체와 관련된 둘 이상의 부품 간에 관련된 움직임이나 이동성이 있는 상황을 포함한다. 관련된 이동은 매우 짧거나 상당한 거리일 수 있다.

(6) 고정된 물체의 면적(area of nonmoving object)

표면 또는 표면적과 관련된 차원이다. 내부 또는 외부일 수 있다. 또한 접촉 면적과 실제 표면적을 포함할 수 있다. 정지 상태는 물체와 관련된 두 개 이상의 부품 간에 관련된 움직임의 형태가 없는 상황을 포함한다.

(7) 움직이는 물체의 부피(volume of moving object)

물체가 점유하고 있는 공간의 부피 치수 또는 주위의 공간과 관련된 것이다. 이동성은 물체와 관련된 둘 이상의 부품 간에 관련된 움직임이나 이동성이 있는 모든 상황을 포함한다. 관련된 이동은 매우 짧거나 상당한 거리일 수 있다.

(8) 고정된 물체의 부피(volume of nonmoving object)

물체나 그 주위의 공간이 차지하는 공간의 부피 치수와 관련된 것이다. 정지 상태는 물체와 관련된 두 개 이상의 부품 간에 관련된 움직임의 형태가 없는 상황을 포함한다.

(9) 속도(speed)

물체 또는 어떤 프로세스나 동작의 속도이다. 속도는 상대적이거나 절대적일 수 있으며 선형 또는 회전이다.

(10) 힘(force)

물체 조건을 변경하기 위해 의도된 상호작용이다. 선형 또는 회전일 수 있다.

(11) 장력, 압력 및 응력[6](tension, pressure and stress)

단위 영역에서 행사되는 장력이다. 압력은 힘이 물체에 주는 영향이다. 압력은 인장 또는 압축, 정적 또는 동적일 수 있다. 매개변수는 변형을 포함한다.

(12) 모양(shape)

물체의 모양이나 형태는 심미적인 이유가 아닌 인체 공학 및 기능에 필요한 구성 요소 또는 시스템의 내적 또는 외적 형태이다.

---

6) 외력(外力)이 재료에 작용할 때 그 내부에 생기는 저항력.

(13) 물체의 안정성(stability of object)

시스템의 무결성이다. 즉, 시스템의 구성 요소의 관계이다. 매개변수는 구성 요소 또는 원자 수준에서 적용될 수 있다. 분해 및 결합하는 동질화는 안정성에 관한 문제로 해석되어야 한다.

(14) 강도(strength)

물체가 힘에 반응하여 변화하는 것에 저항할 수 있는 범위이다. 탄성 한계, 플라스틱 한계 또는 극한 강도를 의미할 수 있다. 즉, 인장 또는 압축이다.

(15) 움직이는 물체의 내구력(durability of moving object)

물체 또는 시스템이 작동하는 데 걸리는 시간이다. 작동은 몇 밀리 초, 몇 분 또는 그 이상에 걸쳐 발생할 수 있다. 움직이는 것은 물체와 관련된 두 개 이상의 부품 사이에 어느 정도의 관련된 움직임이 있는 상황을 포함한다. 관련된 운동은 아주 짧거나 상당한 거리일 수 있다.

(16) 고정된 물체의 내구력(durability of nonmoving object)

물체 또는 시스템이 작동하는 데 걸리는 시간이다. 이 작업은 몇몇 밀리 초, 몇 분 또는 그 이상에 걸쳐 발생할 수 있다. 정지 상태는 물체와 관련된 두 개 이상의 부품 간에 관련된 움직임의 형태가 없는 상황을 포함한다.

(17) 온도(temperature)

물체 또는 시스템의 열(熱) 상태를 측정 또는 확인한다. 열용량, 전도성, 복사 및 대류와 같은 기타 열 매개변수가 포함된다.

(18) 밝기(brightness)

단위 면적당 입사 광속(light flux), 색상, 밝기, 조명 품질 등과 같은 시스템의 특성이다. 이 매개변수는 물체의 밝기와 조명 모두에 적용된다.

(19) 움직이는 물체가 소모한 에너지(energy spent by moving object)

작동하는 데 필요한 물체의 용량이다. 이 매개변수는 실제 에너지 양에 초점을 맞춘다. 움직이

(20) 고정된 물체가 소모한 에너지(energy spent by nonmoving object)

작동하는 데 필요한 물체의 용량이다. 에너지는 움직이지 않는 물체가 어떤 기능을 수행할 수 있는 척도이다. 이 매개변수는 실제 에너지 양에 초점을 맞춘다. 정지 상태는 물체와 관련된 두 개 이상의 부품 간에 관련된 움직임의 형태가 없는 상황을 포함한다.

(21) 동력(power)

작동하는 데 필요한 에너지의 비율이다. 에너지 사용 비율 또는 에너지 출력 비율이다. 즉, 에너지의 효율성이다.

(22) 에너지의 낭비(waste of energy)

유용한 기능이 수행되는데 기여하지 않는 에너지 낭비이다. 즉, 에너지의 비효율성이다. 부분 또는 완전, 영구적 또는 일시적일 수 있다.

(23) 물질의 낭비(waste of substance)

시스템 또는 주변 요소의 손실 또는 낭비이다. 시스템 또는 주변 요소는 물질, 재료, 하위 시스템, 제품, 현장 등이 포함된다. 부분적이거나 완전하거나 영구적이거나 일시적일 수 있다.

(24) 정보의 손실(loss of information)

자료 손실 또는 시스템 낭비이다. 또한 자료에 접근할 수 없다는 것은 시각, 청각, 촉각, 후각, 미각과 같은 오감과 관련된 데이터를 포함한다. 부분 또는 완전, 영구적 또는 일시적일 수 있다. 시스템 자원의 양, 수량 또는 수를 의미할 수도 있다. 정보량에 대한 초점은 둘 이상의 물체 또는 시스템 간에 전달될 수 있는 정보 양식을 포함하는 가장 일반적인 형태이다.

(25) 시간의 낭비(waste of time)

비효율적인 시간이다. 즉, 대기 시간, 유휴 시간 등이 포함된다. 부분적이거나 전부, 항상 또는 일부가 될 수 있다.

(26) 물질의 양(amount of substance)

시스템의 재료, 물질, 부품, 작동 영역 또는 하위 시스템의 수나 양이다. 물질은 일반적인 형태로 사용되어 물리적 또는 일시적일 수 있다.

(27) 신뢰성(reliability)

의도된 기능을 예측 가능한 방법 및 조건으로 작동할 수 있는 시스템의 능력이다. 장기간에 걸쳐 물체 또는 시스템의 성능 저하 또는 성능 저하와 관련된 내구성 및 문제점도 포함된다.

(28) 측정의 정확성(accuracy of measurement)

정확도이다. 시스템 속성의 실제 값에 대한 측정값의 근접성이다. 반대로 측정 오류를 나타낸다.

(29) 제조의 정확성(accuracy of manufacturing)

시스템 또는 물체의 실제 특성이 지정된 특성 또는 필수적인 특성과 일치하는 정도이다.

(30) 물체에 작용하는 유해한 요인(harmful actors acting on object)

이 매개변수는 시스템 내 또는 주변에 해로운 영향을 미치는 비효율적인 요소이다. 동작 또는 현상에 대해 해로운 영향을 주는 형태이다.

(31) 유해한 부작용(harmful side effects)

이 매개변수는 시스템 주위에 해로운 영향을 주는 비효율성의 형태이다. 시스템이나 물체에 의해 방출되는 환경오염의 형태를 의미한다. 이 측면은 시스템 내에 포함된 원래의 물질 중 하나가 아닌 화학물질 등의 생산에 관한 것이다.

(32) 제조용이성(manufacturability)

제조 및 조립과 관련된 문제이다. 즉, 용이한 제조를 의미한다.

(33) 사용편의성(convenience of use)

사용자가 시스템이나 물체를 조작 또는 제어하는 방법을 배울 수 있는 범위이다. 즉, 물체를 쉽게 사용할 수 있는 정도이다.

(34) 수리가능성(repairability)

시스템의 결함을 복구하는 시간과 같은 품질 특성이다. 수리하기 위해 필요한 공구나 장비와 관련된 문제이다.

(35) 적응성(adaptability)

시스템이나 물체가 외부 변화에 반응할 수 있는 범위이다. 여러 가지 방식으로 또는 다양한 상황에서 사용될 수 있는 시스템과 관련된다. 즉, 작동 또는 사용의 유연성이나 주문 가능성이다.

(36) 장치의 복잡성(complexity of device)

시스템의 경계 내부와 외부를 연결하는 요소 및 요소 상호관계의 다양성과 수이다. 복잡성을 증가시키는 시스템인 경우 사용자가 요소일 수 있다. 기능 수, 인터페이스 및 연결 수, 구성 요소 수 등과 같은 문제가 포함된다.

(37) 조절의 복잡성(complexity of control)

물체 또는 시스템에서 측정하는 난이도이다. 복잡하고 비용이 많이 드는 시간 소모적 노동력이 필요한 검사 또는 분석 작업이다. 검사 용이성도 포함된다.

(38) 자동화의 정도(level of automation)

휴먼 인터페이스(human interface) 또는 인간 개입 없이 기능을 수행할 수 있는 시스템 또는 물체의 기능이다. 자동화 수준 또는 범위를 나타낸다.

(39) 생산성(productivity)

단위 시간당 시스템이 작동하는 유용한 기능 또는 작업의 수이다. 즉, 단위 시간당 또는 작업당 시간, 비용, 출력, 유용한 산출량이다.

[표 4-1] 39개 기술변수

1. 움직이는 물체의 무게(weight of moving object)

2. 고정된 물체의 무게(weight of nonmoving object)

3. 움직이는 물체의 길이(length of moving object)

4. 고정된 물체의 길이(length of nonmoving object)

5. 움직이는 물체의 면적(area of moving object)

6. 고정된 물체의 면적(area of nonmoving object)

7. 움직이는 물체의 부피(volume of moving object)

8. 고정된 물체의 부피(volume of nonmoving object)

9. 속도(speed)

10. 힘(force)

11. 장력, 압력 및 응력(tension, pressure and stress)

12. 모양(shape)

13. 물체의 안정성(stability of object)

14. 강도(strength)

15. 움직이는 물체의 내구력(durability of moving object)

16. 고정된 물체의 내구력(durability of nonmoving object)

17. 온도(temperature)

18. 밝기(brightness)

19. 움직이는 물체가 소모한 에너지(energy spent by moving object)

20. 고정된 물체가 소모한 에너지(energy spent by nonmoving object)

21. 동력(power)

22. 에너지의 낭비(waste of energy)

23. 물질의 낭비(waste of substance)

24. 정보의 손실(loss of information)

25. 시간의 낭비(waste of time)

26. 물질의 양(amount of substance)

27. 신뢰성(reliability)

28. 측정의 정확성(accuracy of measurement)

29. 제조의 정확성(accuracy of manufacturing)

30. 물체에 작용하는 유해한 요인(harmful actors acting on object)

| 31. 유해한 부작용(harmful side effects) |
| 32. 제조용이성(manufacturability) |
| 33. 사용편의성(convenience of use) |
| 34. 수리가능성(repairability) |
| 35. 적응성(adaptability) |
| 36. 장치의 복잡성(complexity of device) |
| 37. 조절의 복잡성(complexity of control) |
| 38. 자동화의 정도(level of automation) |
| 39. 생산성(productivity) |

2) 발명원리

발명원리는 문제에 대한 해결책을 찾는데 유용하다. 40개 발명원리(40 inventive principles)는 러시아의 과학자인 겐리히 알츠슐러가 특허의 원리를 정리한 발명원리이다. 그는 2만 건의 특허를 심층적으로 연구하여 중요한 규칙을 발견하였다. 그는 새로운 혁신은 이 원리들에 의해서만 이루어질 것이라고 결론지었다. 이러한 원리는 트리즈의 핵심 구성 요소이다. 이러한 발명원리들은 계속해서 진화하고 있다. 사례를 찾아내고 한 가지 또는 다른 원칙을 실제 삶의 문제 해결에 사용한다. Domb & Tate와 Mann & Catháin 그리고 Hipple, Caplan & Tischart 등이 개발한 발명원리의 사례를 설명에 일부 참고하였다.

[표 4-2] 발명원리 적용의 예

개선변수 \ 악화변수		1 움직이는 물체의 무게	2 고정된 물체의 무게	4 고정된 물체의 길이	6 고정된 물체의 면적	10 힘	11 압력	12 모양
1	움직이는 물체의 무게	+				8, 10, 18, 37	10, 36. 37, 40	10, 14, 35, 40
3	움직이는 물체의 길이	8, 15, 29, 34				17, 10, 4	1, 8, 35	1, 8, 10, 29
4	고정된 물체의 길이		35, 28, 40, 29	+	17, 7, 10, 40	28, 10	1, 14, 35	13, 14, 15, 7

Inventive Principles 원리 1. 분리(segmentation)

> 분리란 전체를 작은 부분으로 분할하는 것이다. 모듈식 디자인은 부품을 서로 다른 방식으로 연결 또는 수리하거나 운반할 때와 같이 제조, 조립 및 분리가 쉽다. 부분을 다르게 처리하거나 서로 다른 재질로 만들어서 모양을 다르게 할 수 있다. 예를 들면, 직사 형태가 아닌 안개 형태로 물을 뿌리는 소방 호스는 건물을 훨씬 덜 훼손한다.

(a) 물체를 독립적인 부분으로 나눈다.

- 대형 컴퓨터를 개인용 컴퓨터로 대체한다.
- 다층 주택 · 다층 아파트
- 호텔 디자인에서 객실과 대중 시설 분리
- 한 회로에서 오류가 발생했을 때 백업을 제공하는 이중 회로 배선
- 대형 트럭을 트럭과 트레일러로 대체한다.
- 대규모 프로젝트의 경우 작업 분류 체계를 사용한다.
- 여러 판매경로(간이매점, 모바일, 매장 전면)로 나눈다.
- 조직을 여러 이익센터로 나눈다.
- 고객별로 시장을 분할한다.
- 강점, 약점, 기회 및 위협 분석 사용
- 고객에게 다양한 제품 특성 정의

(b) 물체를 분해하기 쉽게 한다.

- 자동차 안전벨트의 잠금장치(fastener)
- 지퍼(zipper)
- 똑딱 단추
- 모듈 제조공정
- 가구 모듈
- 복합 운송 시스템
- 칸막이 벽
- 조립식 건축

- 타사 서비스 사용
- 계약직 근로자 채용

(c) 부분화 또는 세분화 정도를 높인다.
- 내연기관
- 멀티존 유닛 방식(multi-zone unit system)[7]
- 베니션 블라인드(venetian blinds)[8]
- 3D 프린터에서 사용되는 광경화성 수지 적층 조형
- 건물 외벽에 바르는 자갈 섞은 시멘트
- 다중 창
- 4도어 냉장고
- 하부 조직에 일부 권한위임
- 직원 제안 프로그램
- 재택근무

Inventive Principles 원리 2. 추출(extraction)

> 어떤 물체에서 기능, 성분, 특징이나 요소를 추출한다. 이것은 통증이 있는 치아를 제거하거나 시스템의 중요 부분을 추출하는 것과 같이 무언가를 추출하거나 분리하는 것을 의미한다. 전체에서 다른 부분이나 다른 가치를 찾는다. 가치가 낮은 항목을 제거하거나 가치가 높은 항목을 추출하여 다른 상황에 사용될 수 있다. 방해되는 부분을 물체로부터 분리하거나 물체의 필요한 부분만을 추출한다.

(a) 전체에서 부분을 추출하거나 분리한다.
- 외부에 설치한 에어컨의 실외기
- 뜨거운 빛을 분리하기 위해 광섬유 또는 광 파이프 사용

---

7) 1대의 공기 조화기로 취출구를 구획마다 분할하고 공기 조화기 내에서 구획마다 온도를 조절한 뒤에 도관 송풍을 하는 방법.
8) 좁은 판을 일정 간격으로 엮어 햇빛을 가리는 물건.

- 여성 또는 남성 전용 대기실
- 금연 구역
- 공공장소 및 아동 전용 공간
- 작업장에 조용한 회의 장소 배치
- 침실 · 다용도실 · 거실 · 차고 분리 배치
- 인도 · 차도 분리

(b) 개체의 필요한 부분 또는 속성만 추출한다.

- 유익한 성분이나 유해한 성분 추출
- 홍삼 액기스
- 보급형 제품
- 막대기, 짚, 헌 모자 등으로 만든 허수아비
- 개 짖는 소리가 나는 경보기
- 인도와 차도 분리
- 비행기 이코노미 클래스

Inventive Principles 💡 **원리 3. 국지적 품질(local quality)**

품질이나 속성을 전체가 동일한 것이 아니라 부분별로 다르게 한다. 국지적 품질의 원칙은 물체의 구조나 외부 환경을 균일한 상태에서 비균일한 상태로 변화시키는 것이다. 예를 들면, 한쪽 면에 장도리가 있는 해머와 같은 특정 부분의 기능을 변경하는 것을 의미한다. 부품의 배치나 사용이 변경될 수 있다. 이유는 과거에 묻혀 있거나 작동 중에 제공되는 가치보다 제조 편의성이 더 많을 수 있다.

(a) 물체의 구조를 일정한 것에서 비균일하게 변경한다.

- 미끄럼과 마모를 방지하기 위해 바닥면에만 고무 코팅한 면장갑
- 안정적 적재를 용이하게 하는 음료 캔
- 재료 표면 코팅 처리
- 부식 방지 표면 경화

- 저방사 단열재(low-emissivity insulation)
- 석조 아치
- 고객의 특성에 따라 다르게 제품속성이나 서비스 제공
- 최고 가치의 고객에게 가장 많은 특별 혜택

(b) 행동 또는 외부 환경을 일정한 것으로부터 비균일하게 변경한다.
- 열전달 특성을 변경하기 위해 물체 주위에 난류[9] 도입
- 섬광촬영장치(stroboscope)[10]
- 실외 시스템을 설계할 때 기상 조건의 극단 고려
- 일정한 온도, 밀도 또는 압력 대신 변화도 사용
- 고객의 요구에 맞게 업무 조정

(c) 물체의 각 부분이 작동에 가장 적합한 조건으로 기능하도록 한다.
- 냉장고의 냉동실 칸
- 엔진 연소 시스템의 서로 다른 구역
- 백미러의 야간 조정
- 고온, 저온 고체 식품 및 액체용 특수 칸이 있는 도시락 상자

(d) 물체의 각 부분이 다르고 유용한 기능을 수행한다.
- 스위스 군용 칼
- 깡통따개 및 병따개
- 압정의 날카로운 다리 끝과 둔한 머리
- 지우개가 달린 연필
- 장도리가 달린 망치
- 다기능 연장
- 판매, 제조 및 서비스 분리

---

9) 유체의 각 부분이 시간적, 공간적으로 불규칙한 운동을 하면서 흘러가는 것.
10) 물체의 고속 회전이나 진동 상태를 관찰이나 촬영하는 장치.

Inventive Principles 원리 4. 비대칭(asymmetry)

> 대칭적 물체는 제작하기는 쉽지만 가장 유용한 설계는 아니다. 심미적인 사람들은 대칭에 끌리는 경우가 종종 있지만 제품이나 프로세스에서 비대칭성이 더 매력적인 경우가 있다. 비대칭을 사용하면 차별성을 제공할 수 있다. 물체의 서로 다른 차원마다 그리고 둘 이상의 매개변수에 대해 비대칭적인 것들을 만든다. 패션 디자이너는 다양한 스타일을 만들기 위해 비대칭성을 사용한다. 다양한 모양은 하나의 모양이 한 기능을 하고, 다른 모양이 다른 기능을 수행할 수 있는 기회를 제공한다.

(a) 대칭에서 비대칭으로 물체의 속성이나 모양을 변경한다.

- 비대칭형 깔대기는 대칭형 깔대기보다 유속이 더 빠르다.
- 대칭 용기와 비대칭 용기 혼합(레미콘 트럭, 케이크 혼합기)
- 타원형 및 복합형
- 코팅 유리 또는 종이
- 전기 플러그
- 용기 주둥이
- 열쇠
- 고전 계획과는 반대로 현대 계획
- 고수익 영역에 높은 급여 지불

(b) 외부 비대칭(예: 인체 공학적 특징)에 맞게 물체의 모양을 변경한다.

- 인간 모양의 좌석
- 왼손잡이 및 오른 손잡이 사용자를 위한 디자인
- 물체의 손가락 및 손잡이 기능
- 안경
- 도로에서의 캠버(camber)[11] 보정 시스템
- 프로펠러에서 발생하는 비대칭 흐름을 보상하는 날개 디자인
- 출력을 높이는 터보기계(turbomachinery)[12] 설계

---

11) 물이 바깥쪽으로 흐르도록 도로 등의 중앙 부분을 약간 볼록하게 한 것.

(c) 물체가 비대칭이면 비대칭 정도를 변경한다.

- 복합 · 다중 경사 루핑
- 접이식 문
- 항공기 날개의 양륙 특성을 변경하기 위한 가변 제어 표면 사용
- 정밀 조립을 위해 복잡한 형상과 핀 구성을 갖춘 특수 연결 장치
- 여러 가지 측정 눈금이 있는 자
- 360° 피드백(고객, 공급업체, 동료)
- 직원과 감독자 간의 적절한 토론
- 경영진과 운영 부서 간의 원활한 연봉

Inventive Principles 💡 원리 5. 통합(consolidation)

> 통합 또는 결합은 각 물체의 장점을 활용하기 위해 동시에 또는 동일 장소에서 일어나는 일들을 결합하는 것이다. 이는 병렬로 작업하거나 이전에 더 많은 작업이 있었던 단일 장치를 만드는 것을 의미한다. 예를 들면, 회전식 건조기로도 작동하는 세탁기는 결합 원리를 사용한다. 결합은 단순화할 수 있는 기회를 제공한다.

(a) 병렬 작업을 수행하기 위하여 동일하거나 유사한 물체를 서로 결합하거나 동일하거나 유사한 부품을 결합한다.

- 프린터 스캔 복합기
- 다색 잉크 카트리지
- 자동 소총, 기관총
- 다중 면도기
- 이중 초점 렌즈
- 이중 · 삼중 유리
- 스테이플러
- 쌍동선(catamaran),[13] 3동선(trimaran)

---

12) 공기를 압축시켜 출력을 높여 주는 장치.
13) 하나의 선체가 아니라 다수의 선체로 상부구조물을 지지하는 선박.

- 재무 및 관리회계 통합
- 판매 및 서비스 조직 통합
- 대규모 병렬 컴퓨팅
- 개인용 컴퓨터 네트워크
- 병렬 프로세서 컴퓨터
- 회로 기판

(b) 운영을 연속적 또는 병렬적으로 만든다.

- 설계와 동시에 프로토타입 제작
- 여러 개의 혈액 변수를 동시에 분석하는 의료진단 기기
- 연속 흐름 조립라인
- 컴바인 수확기
- 잔디 깎는 기계
- 믹서 꼭지
- 사전 제작
- 푸리에 분석(Fourier analysis): 많은 사인 곡선 통합

Inventive Principles 💡 **원리 6. 다용도(universality)**

한 물체에 서로 다른 기능이나 속성을 결합하여 다양한 기능을 수행한다. 다용도 또는 범용성은 스위스 아미 나이프(다양한 종류의 날들이 여러 개 달려 접게 되어 있는 작은 칼) 또는 침대 겸용 소파와 같이 여러 가지 기능을 수행할 수 있는 곳에서 사용된다. 다른 물체가 동일한 기능을 수행하도록 하여 물체를 제거할 수 있는 경우 유용하다.

(a) 물체나 구조가 여러 기능을 수행한다. 다른 부품의 필요성을 제거한다.

- 전화기, 컴퓨터, 카메라가 결합된 스마트폰
- 맥가이버 칼
- 주유소, 패스트푸드 및 편의점 서비스 병합
- 어린이 안전 시트가 유모차로 전환

- 홈 엔터테인먼트 센터
- 스크루 드라이버, 샌더, 광택기 등의 역할을 하는 무선 드릴
- 자동 온도 조절식 라디에이터 밸브, 샤워 믹서 등
- 초인종 및 화재경보기의 결합

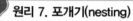 **Inventive Principles** 원리 7. 포개기(nesting)

포개기 또는 중첩은 러시아 마트로시카 인형처럼 한 가지를 다른 것으로 채우거나 물체를 어떤 식으로든 함께 묶는 것을 의미한다. 다른 물체 내에 포함된 물체는 보호되어 전체 장치를 더 작게 만든다. 망원경은 초점을 맞추기 위해 중첩을 사용하고 작고 휴대 가능한 장치로 접을 수 있다.

(a) 하나의 물체를 다른 물체 안에 배치한다.

- 코펠
- 착탈식 항공기 이착륙 장치
- 공동 벽 절연체
- 콘서트 홀의 방음 장치
- 매니큐어 제거제 뚜껑 안쪽에 붙어있는 페인트 브러시
- 코트 안감
- 러시아 인형
- 계량용 컵
- 벽이나 마루 밑에 있는 금고
- 쇼핑몰의 부스

(b) 여러 물체를 다른 물체 안에 배치한다.

- 중첩 테이블
- 망원경
- 계량 컵 또는 스푼
- 백화점 · 종합병원 · 지주회사

- 올림픽 경기
- 관객석의 수축식 좌석
- 부식 방지 코팅
- 서비스 통합
- 프랜차이즈

(c) 다른 부분의 구멍을 통해 한 부분을 통과시킨다.

- 미닫이문
- 늘였다 줄였다 하는 안테나
- 진공청소기의 개폐식 전원 코드
- 자동차 시트 벨트
- 줄자
- 줌 렌즈
- 동체 내부의 개폐식 항공기 랜딩 기어

Inventive Principles 원리 8. 균형추(counterweight)

> 시스템이 한 방향으로 바람직하지 않은 힘을 가할 때, 균형추는 반대 방향으로 행동하여 균형을 맞추거나 상황을 개선하기 위해 변화를 준다. 예를 들면, 자기부상 열차는 중력의 반대 방향으로 자기력을 이용해 차량을 선로 위에 부상시켜 움직이는 열차이다. 차량의 구동력 조절장치는 완충장치를 변경하여 굴림 경향을 균형 있게 조정한다.

(a) 물체의 무게를 상쇄하기 위해 물체를 들어 올리는 다른 물체와 합친다.

- 헬륨 풍선을 사용하는 광고
- 물고기 내부의 수영 부레
- 방진 바닥(floating floor)
- 크레인, 호이스트
- 적자 부문에 우수한 인력 배치
- 경제적 침체기에 번영(예: 파산 서비스, 할인소매)하는 제품을 제공한다.
- 어려운 시기에 직원들에게 영감을 제공한다.

(b) 물체의 무게를 보충하기 위해 환경과 상호작용하도록 한다.

- 소용돌이 발생기는 항공기 날개의 양력 향상

- 수면 위를 떠서 나는 배

- 회전 시스템에서 원심력 사용(예: 진동자 속도 조절기)

- 자기 부상 열차는 마찰을 줄이기 위해 자기 반발력 사용

- 온수 가열 시스템의 순환 펌프 위치

- 유명 인사의 추천을 얻어 제품을 판매한다.

Inventive Principles 💡 **원리 9. 사전 반대조치(prior counteraction)**

유해한 영향을 통제하기 위해서 사전에 예방조치를 취한다. 예를 들면, 선수가 경기하기 전에 몸을 푼다. 바람직하지 않은 상황이 일어날 것을 알게 되면, 일어날 때를 대비하여 뭔가를 할 수 있다. 해로운 상황이 일어나는 것을 방지하거나 일어날 때 발생할 수 있는 충격을 줄이기 위해 할 수 있다. 이를 수행하는 방법에는 반대조치를 보강하고 설정하여 문제를 항상 관리할 수 있다.

(a) 유해하고 유용한 결과가 있는 행동을 수행할 필요가 있는 경우 이 행동을 유해한 영향을 통제하기 위한 반대조치 행동으로 대체한다.

- 유해성이 노출되기 전에 물체를 차폐(예: X선)

- 신호 왜곡의 영향을 예측하여 전송 전에 보상

- 극단적인 pH로 인한 피해를 막기 위한 용액 완충

- 전동 공구에서 먼지 제거

- 재활용 재료 사용

- 재생 가능 에너지 사용

- 예측하지 못한 곤란한 상황을 대비한 비상계획

- 자동차 보험이나 인플루엔자 예방 주사

(b) 추후 바람직하지 않은 압력에 반대되는 물체에 미리 압력을 만든다.

- 사전 압착 볼트

- 목재의 부패 방지를 위해 투과성 페인트 사용

- 도금
- 급여삭감 전 대체보상 자원 제공
- 가격인상 발표 전에 고객에 대한 서비스 수준 향상
- 이익이 감소되기 전에 직원들에게 비용절감 방법 교육

Inventive Principles 원리 10. 사전 조치(prior action)

사전 조치는 언젠가 무엇이 이루어질 때 사전 행동을 준비하거나 취해서 사건이 일어났을 때 부정적인 사건을 방지하거나 완화하는 것을 의미한다. 예를 들어, 멧돼지가 밭에 들어오지 못하도록 밭 주위에 철조망을 치운다. 무엇이 필요한 때에 이루어지기 위해 장치 또는 제조 프로세스를 설계한다.

(a) 필요한 변경을 미리 수행한다.

- 외과 수술에 필요한 모든 기구 소독
- 접착제가 미리 붙은 우표
- 미리 제작된 창틀, 욕실 및 기타 구조물
- 미리 조립된 건물
- IT 인프라
- 땜납으로 미리 채워진 구리관 연결부
- 심야전력
- 공급망 관리
- 프로젝트를 미리 계획한다.
- 사전에 일일 운영계획을 세운다.
- 사전 시설계획을 세운다.

(b) 물건을 미리 준비하여 가장 편리한 장소에서 지체하지 않고 배달한다.

- 생산라인
- 중앙 진공 청소
- 화재 스프링클러 시스템

- 미리 압축된 밀봉 봉투
- 린 제조
- 제조 조립 단계에서 부품을 준비한다.
- 행사 전에 회의 자료 배포

Inventive Principles 원리 11. 사전 예방조치(cushion in advance)

사전에 안전 조치를 취하는 것은 부족한 기능을 보완하거나 미리 예방하여 위험을 줄이는 수단이다. 일어나지도 않은 일을 사전에 예상하여 실패하거나 잘못될 일에 대비하는 것이다. 예를 들면, 자동차 에어백, 보험, 예방 주사, 교육, 경찰, 군대 등이 있다. 또한 실수로 프로세스를 교정하는 것에서부터 컴퓨터용 무정전 전원공급 장치를 만드는 것에 이르기까지 사전 예방조치는 다양하다.

(a) 물체의 낮은 신뢰성을 보상하기 위해 사전에 비상수단을 준비한다.

- 다중 채널 제어 시스템
- 자동차의 에어백, 스페어타이어
- 비상 조명 회로
- 컴퓨터 프로그램에 의해 수행되는 자동 저장 작업
- 고속도로에서의 충돌 장벽
- 대기 전력 발전기 전원 백업
- 비상계단
- 피뢰침
- 안전 요원
- 비상계획 수립(경제, 자원, 인원 등)
- 중요한 정보를 원격지에 별도 보관한다.
- 바이러스가 시스템에 영향을 미치기 전에 방화벽을 설치한다.
- 계약에 일정 지체 벌금을 포함한다.

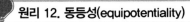

원리 12. 동등성(equipotentiality)

물체의 속성, 기능, 수준이나 위치를 동일하게 한다. 많은 작업은 물체를 올리거나 내리는 것이다. 즉, 물체의 밑에 있는 부품에 접근하는 것과 관련이 있다. 동등성은 이러한 무거운 작업을 피할 수 있는 방법을 찾는 것을 의미한다. 예를 들어, 서랍장은 단일 상자의 문제에 대한 간단한 해결책이다. 하단의 물체를 꺼내려면 상층의 물체를 모두 꺼내야 하는 불편을 제거한 것이다.

(a) 잠재적인 분야에서 위치 변경을 제한한다.

- 운하 갑문 장치
- 스프링 장착형 부품 인도 시스템
- 차를 들어 올릴 필요가 없는 정비소의 바닥에 있는 검사 구덩이
- 하행 케이블카가 상행 차량의 무게 균형
- 휠체어용 경사대
- 계층적 시설(중역 욕실, 매니저 주차장, 중역 식당) 제거
- 간결한 조직 편성(최대 2~3 조직 수준)

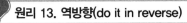

원리 13. 역방향(do it in reverse)

역방향이란 정상적으로 보이는 것과 정반대의 행동을 의미한다. 내리는 대신 들어 올릴 수 있고, 역순으로 일을 하고, 거꾸로 하고, 회전하거나 움직이고, 다른 행동을 반대로 뒤집을 수 있다. 이것은 역발상이다. 문제를 해결하기 위해 그 동안 해왔던 방식과 반대 또는 다르게 해보는 것이다.

(a) 문제를 해결하는 데 사용된 행동을 반대로 한다.

- 냉각 대신 가열
- 고착 부위를 풀려면 외부를 가열하는 대신 내부를 냉각시킨다.
- 진공 주조
- 로타리 엔진(피스톤이 회전하는 내연기관)

- 내부가 아닌 외부의 압력을 변화시켜 압력 용기 시험
- 압축 공기로 채워서 액체 용기에 밀봉 시험
- 셀프 서비스 상점
- 기운 창 또는 회전창은 내부에서 청소할 수 있다.
- 제품을 주문받은 후 제품을 제작한다.
- 경기 침체기에 계약 대신 생산능력과 서비스를 확장한다.

(b) 이동 부분을 고정시키고 고정 부분을 이동할 수 있게 한다.

- 다람쥐 쳇바퀴
- 에스컬레이터
- 공구 대신 물체 회전
- 풍동(빠르고 센 기류를 일으키는 장치)
- 서있는 사람과 이동하는 보도
- 리닝머신(걷기 또는 달리기)
- 고객 위치에서 제품이나 서비스 제공

(c) 물체 또는 프로세스를 반대로 한다.

- 아래에서 물을 뒤집어 주입하여 병을 청소한다.
- 조립품을 뒤집어 고정 장치(특히 나사)를 삽입한다.
- 보행자 거리
- 작업의 가장 중요한 부분에 인력을 종사시킨다.
- 제품수명주기의 끝에서 최고 수준의 서비스를 제공한다.
- 영화 상연 후에 예고편을 보여준다.
- 예측을 하려고 하는 대신 환경 변화에 동적으로 대응하는 조직을 개발한다.
- 고객에게 특정 행동(할인 등)을 제공한다.
- 고객정보를 기반으로 제품을 만든다.

Inventive Principles 원리 14. 곡선화(spheroidality)

물체의 형태를 직선 대신 곡선, 직선 운동 대신 회전 운동을 사용한다. 사람들은 평평한 표면을 선호하는 경향이 있으나 종종 싫증난다. 예를 들면, 회전의자나 유선형이 있다. 다

양한 형태의 곡선을 고려한다. 볼 베어링을 사용하여 마찰을 줄이거나 금속을 부드럽게 구부리거나 힘을 유지하거나 직각이 아닌 부드러운 곡선으로 변화를 준다.

(a) 직선형 부품, 표면 또는 형태를 사용하는 대신 곡선을 사용한다. 평평한 표면에서 구형 표면, 입방체 모양의 부품에서 공 모양의 구조물로 이동한다.

- 제품을 인간 형태로 설계한다.
- 건축물의 강도를 위해 아치와 돔을 사용한다.
- 구부러진 진입로는 미학을 향상시킨다.
- 곡선 바닥 모서리로 인해 욕실, 탈의실 바닥을 더 쉽게 청소할 수 있다.
- 둥근 모서리가 전기 소켓 및 스위치의 모양을 부드럽게 한다.
- 강도를 높이기 위해 구부러진 옹벽을 사용한다.
- 중량 대비 강도를 높이기 위해 모노 코크(monocoque)[14] 구조 사용

(b) 롤러, 볼, 나선, 돔을 사용한다.

- 부드러운 잉크 분포를 위해 볼 포인트 및 롤러 포인트 펜 사용
- 원통형 바퀴 대신 구형 바퀴를 사용하여 가구 이동
- 나선식 펌프(Archimedes screw)[15]
- 돔 지붕
- 전문화 경력 대신 다기능 경력을 관리한다.

(c) 선형에서 회전 운동으로 이동하고 원심력을 사용한다.

- 유압 시스템의 회전 작동기
- 왕복 운동에서 회전 펌프로 전환
- 균일한 벽두께 구조를 위한 원심 주조
- 페인트를 칠한 후 부품을 회전 처리하여 여분의 페인트를 제거한다.
- 원심 분리기를 사용하여 밀도 속성이 다른 화학 물질을 분리한다.
- 좌우 밀기 스위치 대신 회전 스위치(예: 조명 조광기 스위치)

---

14) 자동차의 차체와 차대를 일체화한 구조.
15) 아르키메데스가 고안한 양수 장치.

- 회전식 세탁기로 옷을 회전시키면서 물을 제거한다.
- 마우스를 사용하여 컴퓨터 화면에서 커서의 직선 운동을 만든다.
- 부하를 공유하고 많은 사람들에게 폭 넓은 경험을 제공한다.
- 순환 조직 구조 및 물리적 배치를 통해 모든 부서를 상호연관시킨다.

Inventive Principles 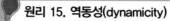 **원리 15. 역동성(dynamicity)**

역동성은 고정된 물체를 움직이게 하는 것을 의미한다. 이것은 움직이는 특성을 활용하는 것이며 자유도의 증가이다. 시스템이 모두 단단히 함께 연결된 부품으로 구성된 경우 시스템에 적용되는 모든 힘은 모든 부품에서 동등하게 느껴진다. 환경이 바뀌면 변화에 잘 대처할 수 없다. 외부의 변화와 방해에 대처할 수 있는 시스템을 만든다.

(a) 물체, 외부 환경, 프로세스의 특성이 최적으로 변경하거나 최적의 작동 조건을 설계한다.
- 사용자에게 적용하기 위해 시트 내부에 젤 충전재 사용
- 조정 가능한 스티어링 핸들(steering handle)
- 형상 기억 합금 · 중합체(polymer)
- 트랙 및 운전 기술에 맞게 조정 가능한 레이싱 카 서스펜션
- 브레이크 패드 마모를 고려하여 조정 가능한 자동차 수동 브레이크
- 뺏다 넣었다 할 수 있는 커튼 레일(telescopic curtain rail)
- 온도조절기
- 맞춤형 제품 및 서비스
- 지속적인 프로세스 개선

(b) 물체를 서로에 대해 상대적으로 움직일 수 있는 부분으로 나눈다.
- 두 갈래의 자전거 안장
- 트레일러 트럭
- 접이식 의자 · 휴대폰 · 노트북
- 접을 수 있는 배 · 기구 · 침대
- 발전용 증기터빈 효율 향상을 위한 brush seal
- 매트릭스 조직 구조

(c) 움직이지 않는 것을 움직이는 것으로 바꾼다.

- 굴절되는 빨대
- 플렉시블 조인트(flexible joint)
- 접을 수 있는 호스
- 접이식 지붕 구조물
- 다목적 홀
- 계단 대신 에스컬레이터 사용
- 문제를 찾는다. 문제를 찾을 때까지 기다리지 않는다.
- 직원의 역할과 책임을 변경하여 일상적인 조직의 요구 사항에 대응한다.

(d) 자유 운동의 정도를 높인다.

- 칫솔의 각 부분에 서로 다른 강도의 칫솔모를 사용한다. 잇몸 손상을 방지하기 위해 모서리는 쉽게 구부러지고 중간은 단단하다.
- 동작 가능성을 높이기 위해 로봇 팔에 관절 추가
- 이동하는 내부 벽 시스템
- 착탈식 구조물
- 원격 진료 시설

Inventive Principles 원리 16. 과부족 조치(partial or excessive action)

> 과부족 조치는 물체의 동작을 더 늘리거나 더 줄이는 것을 의미한다. 즉, 부족한 부분은 보충하고 남는 부분은 제거한다. 때때로 완벽은 고려하기가 불가능하거나 너무 비용이 많이 든다. 항상 고려할 수 있는 것은 100% 미만 또는 심지어 100% 이상이다. 동물들은 체지방으로 향후에 필요한 음식 공급을 저장하거나 동면 또는 수면과 같이 신진대사 속도를 늦춤으로써 다양한 영양 공급에 대처한다.

(a) 현재의 방법으로 목표의 100%를 달성하기 어렵다면 같은 방법의 '약간 적게' 또는 '약간 많게'를 사용하여 문제를 해결하는 것이 훨씬 쉽다.

- 사이드 미러를 세게 밀면 뒤로 젖혀져 부러지지 않는다.

- 동일한 색상의 페인트를 여분 있게 사서 칠한 다음 초과분을 버린다.
- 수축 포장은 진공 압력의 변동을 수용하도록 포장의 소성 변형을 사용한다.
- 석고로 구멍을 가득 채운 다음 부드럽게 하기 위해 문지른다.
- 초과 근무의 일부를 금전으로 지불하고 나머지는 시간으로 보상한다.
- 창업자가 대기업 회장을 꿈꾼다.
- 신시장에서 신제품 또는 서비스 출시 행사
- 최소 요구 사항을 충족한다. 필요하지 않은 시간을 낭비하지 않는다.

Inventive Principles 원리 17. 차원변화(another dimension)

다른 측면에서 기존에 없던 새로운 것을 제시하고 이용한다. 직선과 관련된 문제가 발생하면 2차원 또는 3차원을 사용한다. 위쪽으로, 옆으로 또는 모서리 주변으로 이동한다. 물체를 회전하거나 관측점을 변경하거나 물체 수를 변경하여 치수를 이동할 수 있다. 물체를 단층 대신 다층으로 배열하거나 덤프트럭처럼 기울인다.

(a) 2차원 또는 3차원 공간에서 물체를 이동한다.

- 코일 전화선
- 브러시에 굽은 강한 털
- 골이 있는 피자 상자(평평한 것과 반대)
- 나선형 계단은 바닥 면적이 적다.
- 삼각형을 사용하여 구조의 강도·안정성 향상
- 피라미드 구조(비수직 벽 구조)
- 표면 위가 아닌 표면 안에서 움직이는 적외선 컴퓨터 마우스
- 360°피드백(고객, 공급업체, 동료)
- 제품 또는 서비스의 새로운 용도를 개발하여 새로운 시장에 진출한다.

(b) 단층 배열 대신에 다층으로 구성된 물체를 배열한다.

- CD가 많은 플레이어
- 다층 인쇄 회로 기판

- 자동화된 부품 창고
- 다층 주차장
- 주름진 루핑 재료는 높은 강성과 낮은 무게를 제공한다.
- 철도역의 하강 및 경사면은 열차를 가속하고 감속한다.
- 할인창고 다층 선반
- 회계, 급여, 체계적 혁신 등에 제3자 전문가 사용
- 다른 수준에서 고객에게 필요한 것을 보여준다.

(c) 물체를 기울이거나 방향을 바꾸고 옆으로 눕힌다.

- 수직으로 설치된 라디에이터(적은 공간 사용)
- 틸팅 창
- 덤프트럭
- 회의실의 안락의자
- 관리인력에게 기술 심화교육
- 기술적인 깊이로 작업인력을 폭넓게 교육한다.
- 승인 및 보급이 필요 없는 의사소통 구조를 만든다.

(d) 주어진 영역의 다른 면을 사용한다.

- 회로 기판의 양면에 전자 부품 장착
- 동전 가장자리에 텍스트 인쇄
- 스마트폰의 뒷면에 카메라 렌즈 장착
- 요소 분석 대신 기능 분석 사용
- 고객, 서비스, 경쟁자, 공급업체 등을 이해한다.

Inventive Principles 💡 **원리 18. 진동(mechanical vibration)**

기계의 생산성과 효율성을 높이기 위해 진동의 빈도를 증가시킨다. 기계적 진동은 효과적으로 물체에 에너지를 주입하는 방식으로 다른 물체를 분해하거나 쉽게 움직일 수 있다. 진동, 음파 또는 초음파로 이를 수행할 수 있다. 주파수와 진폭을 변경하여 다양한 효과를

만들 수 있다. 예를 들면, 진동 안마의자, 진동 칫솔, 진동 드릴, 진동 커터, 스피커, 저주파 치료기 등이 많이 있다.

(a) 물체를 진동하도록 한다.
- 휴대폰 전화 진동
- 진동칫솔
- 진동하는 칼날이 있는 전기 조각 칼
- 사용 전에 혼합하거나 흔들어서 페인트를 칠한다.
- 해머 드릴
- 악기
- 안마 의자
- 조직의 긴장감으로 계획과 결과를 조정하고 균형을 이룬다.
- 창안, 수정 및 전용에 집중하기 위해 불리한 상황을 사용한다.

(b) 빈도를 높인다.
- 인간은 못 듣지만 개를 부를 때 쓰는 개 호루라기
- 초음파 세척
- 초음파 비파괴 균열 탐지
- 더 많은 휴식, 더 긴 휴가, 더 짧은 근무일
- 더 자주 수행하는 리뷰(지속적인 피드백에 접근)
- 대중과의 지속적인 커뮤니케이션
- 빈번한 고객 체크

(c) 물체의 공진 주파수를 사용한다.
- 헬름홀츠 공진기를 사용하여 소리 흡수
- 초음파 공명을 사용하여 담석이나 신장 결석을 파괴한다.
- 소리굽쇠
- 공진 주파수로 진동시켜 촉매 작용을 증가시킨다.
- 다른 행사와 함께 운영 활동을 조정한다(회사 야유회에서 건강진단 제공).

- 제품이나 서비스를 다른 큰 이벤트(월드컵 축구)와 연계한다.
- 사용자 활동을 조정하는 제품 및 서비스를 제공한다.

(d) 기계식 대신 초음파 및 전자기장 진동을 결합하여 사용한다.
- 압전 진동기[16]가 스프레이 노즐에서 유체 세분화를 향상시킨다.
- 광 위상 변조기(optical phase modulator)
- 유도전기로에서 혼합 합금
- 열원과 초음파를 결합한 초음파 건조
- 돈, 자부심 및 명예로 팀에 활력을 불어 넣는다.
- 한 번에 문제를 해결하기 위해 여러 분야의 팀을 사용한다.
- 여러 설계팀을 사용하여 새 프로젝트 해결

Inventive Principles 원리 19. 주기적 작용(periodic action)

작용을 변화시키는 것은 주기의 규모나 빈도를 변화시키는 것이다. 주기적 작용은 행동의 단계적 조치를 증가하는 것으로 반복되는 에너지 폭발이다. 에너지 폭발 사이에 간격을 두어 주기적 행동을 창출할 수 있다. 적용 범위, 적용 기간 및 응용 프로그램 간의 기간을 변경할 수 있다. 자동차의 후방램프는 브레이크를 제동할 때만 빨갛게 점등되어 에너지를 절약할 뿐만 아니라 운전자의 주의를 끈다. 타이머는 간헐적 또는 주기적 작용을 지원하고 신호등은 주기적 작용을 지원한다.

(a) 지속적인 동작 대신 주기적 또는 변동하는 동작을 사용한다.
- 반복적인 동작이 가능한 전동 해머 드릴
- 지속적인 사이렌을 펄스 사운드로 교체한다.
- 펄스 진공청소기 흡입으로 집진 성능 향상
- ABS 카 브레이크 시스템
- 열 · 조명 관리 시스템은 주야간 온도 및 광 차이 효과를 고려한다.
- 펄스 발사기는 기존의 연속 제트기보다 적은 양의 물을 사용한다.

---

16) 압전 진동기(piezoelectric vibrator): 압전효과를 이용한 진동자.

- 점 용접(spot welding)[17]
- 아침과 저녁 식사 시간에 영업한다.
- 제품라인 생산 변경

(b) 행동이 이미 주기적이라면 주기적 작용 또는 빈도를 변경한다.

- AM, FM, PWM[18]을 사용하여 정보 전송
- 정보를 전달하려면 모스 부호 대신 주파수 변조를 사용한다.
- 간격 변경
- 불규칙한 간격으로 품질검사를 수행한다.
- 매년 연례 직원감사를 실시한다.
- 빈번하거나 가끔 사용되는 서비스에 대한 보상
- 연중 휴가 실시 계획

(c) 일시 중지를 사용하여 다른 행동을 수행한다.

- 사용하지 않을 때는 필터를 세척한다.
- 심야전기를 활용한다.
- 작업하는 동안 고객 자동 서비스 수행
- 생산 실행 사이에 모든 시스템 유지 보수 수행
- 주요 프로젝트 완료 후 팀 빌딩 이벤트 개최
- 점심 식사 동안 수면

Inventive Principles 원리 20. 유용한 작용의 지속(continuity of useful action)

모든 기계가 항상 최적으로 사용되고 있는 것은 아니다. 따라서 유휴 시간을 줄이거나 더 나은 사용으로 문제를 개선할 수 있다. 동작의 중단이 없으면 시간의 낭비 없이 물체의 능률이 최대한으로 발휘될 수 있다. 작업이 중단되지 않고 지속되어 전체가 최대로 작동되게 하거나 불필요한 동작을 제거하여 낭비 요인을 줄인다.

---

17) 두 장의 금속판을 전극 사이에서 가압하면서 전류를 통해 단시간 내에 용접하는 방법.
18) pulse width modulation, 펄스 폭 변조.

156

(a) 지속적으로 업무를 수행한다. 물체가 항상 전체로 작동하도록 만든다.

- 하이브리드 자동차에 있는 출력 가스 터빈은 항상 스위치가 켜져 있는 상태에서 최고 효율로 작동한다.
- 용광로
- 일정한 속도 · 가변 피치 프로펠러(variable pitch propeller)
- 자가 튜닝 엔진(self-tuning engine)은 최대 효율을 보장하기 위해 스스로 조정한다.
- 심장 박동기(heart pacemaker)
- 지속적으로 원료를 전환하여 공정 개선
- 연속적 유리 또는 강판 생산
- 24시간 연중무휴 생산 활동
- 근무시간 후 대체 사용을 위한 시설 활용

(b) 모든 유휴 또는 간헐적인 행동이나 작업을 제거한다.

- 셀프 청소 · 자체 배출 필터가 휴지 시간을 없앤다.
- 통근 중에 모바일 컴퓨팅을 사용한다.
- 비수기에 생산시설을 점검한다.
- 틈새시장 활용

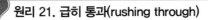

Inventive Principles 원리 21. 급히 통과(rushing through)

불필요하거나 위험한 요소를 진행해야 하는 경우 고속으로 작업한다. 고속으로 작업하면 문제가 발생할 수 있는 시간이 줄어든다. 예를 들어, 부드러운 재료를 천천히 절단하는 경우 변형되어 절단 작업이 어려워질 수 있다. 이러한 경우 매우 빠르게 절단하면 재료가 변형될 시간이 없다.

(a) 프로세스 또는 특정 단계(예: 파괴, 위험한 작업)를 고속으로 수행한다.

- 형태 변형을 피하기 위해 열이 재료 안으로 전달되는 것보다 더 빠르게 플라스틱을 절단한다.
- 낙하단조(drop forge)[19]

---

19) 충격 압축하여 성형하는 단조법으로 주로 소형 단조품을 대량 생산하는 데 쓰인다.

- 섬광 전구 사용의 촬영 사진(flash photography)
- 치과의사가 피부 조직이 뜨거워지는 것을 피하기 위해 고속 드릴을 사용한다.
- 우유의 초고속 살균
- 신속하게 프로토타입 제작
- 채용 캠페인을 활용한다.
- 불쾌하고 고통스럽거나 지루한 과정을 빨리 실행한다.

Inventive Principles 원리 22. 전화위복(convert harm into benefit)

> 전화위복은 유해한 요인을 활용하여 긍정적 효과를 내는 것이다. 유해한 요인을 이용해서 유해한 요소를 제거한다. 예를 들면, 차량 엔진에서 발생하는 열로 차량 실내를 따뜻하게 한다. 폐기물을 재활용한다. 난방을 하는 데 충분한 가연성 폐기물 가스를 만드는 것과 같이 이익을 창출하기 위해 해를 증가시킬 수도 있다.

(a) 유해 요인을 사용하여 긍정적 효과를 얻는다.
- 폐열을 이용하여 전력을 생산한다.
- 한 공정의 폐기물을 다른 공정의 원료로 재활용한다.
- 예방 접종
- 회전축에서 원심 에너지를 사용하여 유용한 작업 수행(예: 냉각 공기 밀봉)
- 열병합 발전(steam supply and power generation)
- 버리면 환경오염이 될 폐식용유를 비누로 만들어 사용한다.
- 극히 예외적인 서비스를 통해 고객불만을 극복한다.
- 개선 방법을 이해하기 위해 부정적인 피드백을 추구한다.
- 실수를 통해서 배운다.

(b) 문제해결을 위해 유해 행동을 추가하여 주된 유해 행동을 제거한다.
- 부식성 용액에 완충재를 첨가한다(예: 산에 알칼리 또는 그 반대).
- 폭발물에서 양전자 방출을 감지하기 위해 감마선 사용
- 독성 화학 물질을 사용하여 목재를 부패로부터 보호한다.

- 회사 파산에 대한 두려움이 장시간의 분쟁을 해결한다.
- 어려운 직원들과 팀을 구성한다.
- 휘발유에 높은 세금을 부과한다.
- 용수 사용량에 따라 서비스 비용이 증가한다.

(c) 더 이상 유해하지 않은 수준으로 해로운 요소를 증폭시킨다.

- 산불로부터 연료를 제거하기 위해 맞불을 사용한다.
- 폭발물을 사용하여 유정 화재를 날려버린다.
- 레이저 칼은 피부를 절개할 때 혈관을 지진다.
- 계획적 진부화를 활용한다(반복구매 증대).
- 직급이 높은 순서대로 짧은 기간 동안 직원을 교체한다.
- 범죄 조직에서 이익을 제거하기 위해 마약을 합법화한다.

Inventive Principles 원리 23. 피드백(feedback)

피드백은 사용자들에게 필요한 정보를 제공하여 그들로부터 의견을 받아 개선하는 것을 의미한다. 피드백은 시스템의 출력을 감지하고 사용하여 온도를 제어하는 데 사용되는 온도 조절기와 같이 이전에 발생한 이벤트를 변경한다. 또한 피드백을 역전하여 변경 사항을 과장하거나 가속화하거나 바람직하지 않은 효과를 취소할 수 있다.

(a) 프로세스 또는 작업을 개선하기 위해 피드백(상호 체크)을 도입한다.

- 오디오 회로의 자동 볼륨 제어
- 자이로 컴파스(gyro compass)[20]
- 배기가스에 근거한 엔진 관리 시스템이 기화기(carburettor)보다 효율적이다.
- 온도를 자동적으로 조절하는 자동 온도 조절 장치(thermostat)
- 화재 감지에 사용되는 열·연기 감지기
- 예산 실적 추적

---

20) 수평, 수직 방향으로 자유로이 자북을 탐지하여 방향을 제시하는 회전 나침반.

- 프로젝트 실적 추적
- 고객 제안 프로그램
- 고객 설문조사 활용
- 성능을 지속적으로 추적한다.

(b) 피드백이 이미 사용된 경우 피드백의 크기 또는 영향을 변경한다.

- 냉방과 난방 온도 조절기의 감도를 변경한다. 냉각은 에너지를 덜 효율적으로 사용하기 때문이다.
- 비례, 적분 또는 차동 제어 알고리즘 조합
- 초기 설계 단계에서 제조업체 참여
- 특정 사이트 방문자의 검사 빈도 및 세부 정보 높이기
- 서비스에 대한 모든 고객 설문조사
- 매주 직원회의에서 직원 제안 검토
- 제조인력을 보내 제품 개발자와 협력한다.
- 각 부서가 고객 의견을 운영에 반영하도록 요구한다.
- 경쟁업체의 프로세스를 매일 점검한다.

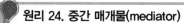

Inventive Principles 원리 24. 중간 매개물(mediator)

매개물은 두 개의 물체 간에 특정한 역할을 한다. 예를 들면, 직선운동을 회전운동으로 변환한다. 중간 매개물을 변화시키거나 활용하여 다른 효과를 발생시키는 것이다. 새 부품을 추가하거나 조치를 수행하기 위해 일시적으로 부품을 사용할 수 있다. 예를 들면, 선박에서 물을 제거하기 위해 펌프를 사용할 수 있다.

(a) 중개 전달 역할 또는 중간 프로세스를 사용한다.

- 돌 조각에 끌(chisel) 사용
- 제조 공정 가동 중 휴지 기간
- skirting board는 진공청소기 등으로 섬세한 석고를 손상으로부터 보호한다.
- 일회용 시트에 붙어있는 작은 세라믹 타일 및 목판 바닥

- 못대가리를 깊이 들어가도록 하는 못 박는 기구(nail set)
- 특별 이벤트에는 파티 플래너를 사용한다.
- 택배 이용
- 컨설턴트 사용
- 중개인 사용
- 외부 지원 서비스 계약(회계, 급여, 디자인, 법률 서비스 등)

(b) 한 물체를 다른 물체와 일시적으로 병합한다.
- 오븐에서 뜨거운 접시를 꺼내는 장갑
- 식탁에 뜨거운 냄비를 놓을 수 있는 받침대
- 화학반응에 촉매 도입
- 착탈식 단열 창 셔터
- 프로젝트 작업을 위해 계약자 활용
- 팀이 어려운 프로젝트를 위해 노력을 결합하도록 허용
- 신입 사원에게 멘토 부여
- 큰 계약을 수행할 다른 조직과 팀을 구성한다.

Inventive Principles **원리 25. 셀프 서비스(self service)**

> 셀프 서비스는 고객이 스스로 서비스를 하는 것이다. 혈당, 혈압 측정이나 주유소의 주유 또는 자가 가구 조립 등은 스스로 할 수 있다. 이것은 비용도 절약할 수 있지만 비밀 유지나 자유롭게 수행할 수 있는 장점이 있다.

(a) 보조적인 유용한 기능을 수행하여 물체 서비스를 제공한다.
- 자동문
- 자가 세척 오븐
- 현장 수질 정화 플랜트
- 프로젝트 작업을 통해 직원 교육
- 제품에 광고 게재

(b) 낭비 자원, 에너지 또는 물질을 사용한다.

- 열병합 발전소는 전기를 생산하는 공정의 열을 사용한다.
- 동물 쓰레기를 비료로 사용한다.
- 음식 및 잔디 폐기물을 퇴비로 사용한다.
- 지열 에너지를 난방에 사용한다.
- 비수기 동안 유휴 인원을 특별 프로젝트에 배치한다.
- 회계 프로세스의 기본 자료를 다른 부서에서 사용한다.
- 다른 부서 또는 업종과 거래하고 자원으로 활용한다.
- 한 사람의 쓰레기는 다른 사람의 보물이다.
- 오래된 시설을 새로운 생산 또는 사무실 시설로 단장한다.

Inventive Principles **원리 26. 복사(copying)**

복사는 간단하고 저렴한 제품을 이용할 수 있는 대체 수단이다. 복잡하고, 값 비싸고, 깨지기 쉽고, 작업하기 어려운 대상은 원본을 사용하는 대신 간단한 복제품을 사용할 수 있다. 복사는 원하는 방식으로 사본을 변경하여 원하는 혜택을 얻을 수 있다. 복사에는 제품, 부품, 서비스나 이벤트 등이 있다.

(a) 복잡하고, 비싸고, 깨지기 쉬운 물체 대신에 간단한 복제품을 사용한다.

- 모조 보석
- 인조 잔디
- 자동차의 충돌 테스트 인체 모형
- 가상현실, 모형, 모의훈련
- 관광, 교육 등을 위한 멀티미디어 프리젠테이션
- 현장 답사 대신에 위성사진으로 조사
- 현장 측량 대신 지도 측량
- 고객에게 견본 제공
- 모조품을 전시하고 금고에 원본을 보관한다.
- 물체를 교체한다.

(b) 물체나 과정을 광학 복사로 대체한다.

- 사진의 크기를 측정하여 물체를 측정한다.
- 초음파 검사를 통해 태아의 건강 상태를 평가한다.

(c) 보이는 광학 복사가 사용되면 적외선 또는 자외선 복사로 이동한다.

- 적외선으로 농작물의 질병이나 침입자와 같은 열원을 탐지한다.
- 비파괴 균열 탐지 방법으로 자외선 사용
- 날아다니는 곤충을 함정으로 유인하기 위해 자외선 사용
- 적외선 사진을 사용하여 외관을 통한 열 손실 감지
- X-선을 사용하여 구조 결함 감지

Inventive Principles **원리 27. 값싸고 짧은 수명(Inexpensive short life)**

비싸고 내구성이 긴 제품보다 값싸고 수명이 짧은 제품을 활용한다. 상대적으로 가격이 비싸거나 어떤 문제를 일으킬 때 더 싼 것으로 대체할 수 있을 것이다. 많은 발명가들은 사람들이 정기적으로 구매하는 값싼 장치로 소득을 창출할 수 있다. 단기간 효과를 발휘하고 폐기할 수 있도록 제품과 서비스를 디자인한다.

(a) 값 비싼 물건을 여러 개의 값싼 물건으로 교체한다.

- 일간지, 일회용 휴지 · 기저귀 · 접시 · 종이컵
- 시뮬레이션 모델링, 프로젝트 또는 작업 모델링
- 가정 보안을 위한 개 짖는 소리 녹음
- 가상 투어
- 중장비 훈련용 조작 시뮬레이터

Inventive Principles **원리 28. 기계 시스템 대체(replacement of mechanical system)**

기계적 기능을 다른 감각적 기능으로 대체한다. 기계적 시스템을 광학, 음향, 미각과 같은 시스템으로 바꾼다. 물체와 상호작용할 수 있는 전기적, 자기적 장을 이용한다. 물리적 시스템을 보이지 않는 효과로 대체할 수도 있다.

(a) 기계적 수단을 감각적 수단(시각, 청각, 미각, 후각, 촉각)으로 대체한다.

- 동물에게 들리도록 물리적인 울타리를 음향 울타리로 바꾼다.
- 누출을 사용자에게 경고하기 위해 천연 가스에 악취를 추가한다.
- 키 대신 지문, 망막 스캔 사용
- 승객이 기계식 스위치를 찾을 필요가 없는 동작 감지 스위치
- 컴퓨터 시스템 간의 무선 데이터 전송
- 음향 개인 정보 보호를 위한 백색 잡음(white noise)
- 철도 건널목에서 종소리와 경고등
- 제과점에서 고객 유치를 위한 냄새 사용

(b) 전기장, 자기장 및 전자기장을 사용하여 물체와 상호작용한다.

- 전기집진기가 공기 흐름에서 입자를 분리한다.
- 열차의 바퀴를 자기부상 시스템으로 교체한다.
- 자침 방위(magnetic bearing)[21]
- 시설에 입장할 수 있는 종업원용 자기 카드
- 공항의 금속 탐지기
- 문제해결 중에 직감을 사용한다.

(c) 정적인 것을 동적인 것으로, 비구조화를 구조화된 것으로 변경한다.

- 자기 공명 영상(MRI) 스캐너
- 키에 고유한 신호를 사용하는 지능형 잠금장치
- 지역난방 시스템
- 호텔 객실의 점등 조절 가능한 색상 조명
- 고객이 매장을 떠날 때 전자 체크아웃 센서
- 전기 경고음
- 전기 주변 울타리
- 휴대용 금속 탐지기

---

21) 자기의 흡인력·반발력을 이용하여 회전축을 정위치에 지지하는 방식의 축받이.

(d) 활성화 입자와 함께 자성을 사용한다.

- 다양한 자기장을 사용하여 강자성 물질을 함유한 물질을 가열한다. 온도가 큐리점 (Curie point)[22]을 초과하면 재료는 상자성(paramagnetic)[23]이 되어 더 이상 열을 흡수하지 않는다.

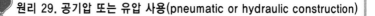

원리 29. 공기압 또는 유압 사용(pneumatic or hydraulic construction)

> 물체의 고체 부분을 기체나 액체로 대체한다. 기체나 액체를 부풀려서 큰 에너지로 만드는 원리를 활용한다. 자동차를 들어 올리는 자키는 유압을 사용한다. 공기압은 일반적으로 압축 공기를 이용하여 건설, 공장 기계에 사용된다. 압축 공기를 이용해 만든 공구는 드릴, 도장용 스프레이가 있다. 유압은 자동차나 중장비에 많이 활용된다.

(a) 고체가 아닌 물체의 액체 및 기체를 사용한다(예: 풍선, 액체, 에어쿠션).

- 기계식에서 유압식 또는 공압식으로 전환
- 자동차의 브레이크 시스템
- 공기 주입식 매트리스
- 사용자에 조정되는 젤 충전 안장
- 공기 부양선(hovercraft)
- 젤로 채워진 편안한 신발창 삽입물
- 액체를 사용하는 물침대, 공기를 사용하는 에어운동화
- 환경에 반응하거나 압력을 가하여 활동을 일으킨다.
- 고객 기반을 통해 서비스 또는 조직 흐름
- 조직의 갑작스러운 환경 변화를 완화시키는 쿠션

원리 30. 유연막 또는 박막(flexible membranes or thin films)

> 유연막은 부드러운 껍질이고 박막은 얇은 껍질이다. 박막은 저렴한 비용, 낮은 공간, 유연성과 같은 특성을 가지고 있다. 구조물을 유연막이나 박막으로 대체한다. 유연막이나 박

---

22) 자성 물체가 가열되어 자성이 0이 되는 온도.
23) 자기 마당 속에 놓으면 자기 마당과 같은 방향으로 자력을 띠는 성질.

막을 이용하여 격리시킨다. 음식을 포장하는 데 사용되는 랩은 분리하여 격리하고 보호하는 데 사용할 수 있다. 필름은 물체를 외부 환경으로부터 보호할 수 있다.

(a) 입체 구조 대신에 유연막과 박막을 사용한다.

- 안경 대신 콘텍트 렌즈
- 차고 대신 방수포 차 커버
- 조직 구조 안에 있는 조직 사용
- 규정 및 정책으로 조직의 일부 또는 전부 보호
- 다양한 이점을 지닌 직원 등급 구조 구축

(b) 유연막과 박막을 사용하여 외부 환경으로부터 물체를 격리한다.

- 버블 랩(bubble wrap): 완충 작용을 하도록 기포가 있는 비닐 포장재
- 붕대 · 석고
- 티백(tea bag)
- 수축 포장

Inventive Principles 원리 31. 다공성 물질(porous material)

다공성 물질은 어떤 물질을 통과하고 다른 물질을 차단하여 원하는 또는 원하지 않는 원소를 분리하고 여과하는 데 사용된다. 이들은 필요에 따라 제어된 방식으로 방출될 수 있는 액체 또는 가스를 흡수 및 수집하는 데 사용된다. 다공성이 바람직하지 않은 효과인 경우에는 구멍을 이용하는 것보다 막는 것이 좋다.

(a) 물체를 다공성으로 만들거나 다공성 요소(삽입물, 코팅재 등)를 추가한다.

- 중량을 감소시키기 위해 구멍을 낸다.
- 이중벽 절연
- 증발 필름 냉각 구조물
- 발포 금속(foam metal)
- 통풍 벽돌(air brick)

- 브리즈 블록(breeze block)[24]
- 경영변화에 따라 주기적으로 임시 직위를 만든다.
- 필요한 모든 원천으로부터 정보를 흡수하는 프로세스를 설정한다.
- 안식년 프로그램 시작
- 다른 공급자와 서비스를 결합하여 고객에게 완전한 패키지를 만든다.

(b) 물체가 다공성이면 모공을 사용하여 유용한 물질이나 기능을 도입한다.
- 이중벽 절연체에 방습 · 방충제
- 밤에는 중공 구조를 통해 공기를 통과시켜 냉각시킨다.
- 팔라듐 스펀지(palladium sponge)의 모공에 수소를 저장한다.
- 약용 탈지면 · 드레싱
- 조직 간 격차 및 소통 흐름을 연결하는 순회 직원 보충
- 민첩하고 신속한 반응 시간을 지원하기 위해 간결한 조직을 사용한다.
- 개방적이고 공유된 조직의 이점을 누린다.

Inventive Principles 💡 **원리 32. 색상 변화(changing the color)**

물체의 색상이나 투명도를 변화시킨다. 색상은 심미적인 요소나 위험 신호와 같은 실용적인 용도를 될 수 있다. 산성도를 결정하기 위해 리트머스 종이를 사용하는 것과 같은 탐지 기구로 사용할 수도 있다. 광학 필터는 색상의 투명도를 변경할 수 있다. 쉽게 관측하기 위해 색 첨가제나 형광 첨가제를 사용한다.

(a) 물체 또는 외부 환경의 색을 변경한다.
- 조명과 페인트 색상으로 영역의 느낌을 변경한다.
- 색상으로 상태 또는 경고 수준 표시
- 사진 암실에서 안전 조명 사용
- 색상을 변경하는 열 페인트를 사용하여 온도 측정

---

24) 모래, 석탄재를 시멘트와 섞어 만든 가벼운 블록.

- 뜨거울 때 색이 변하는 플라스틱 이유식 스푼
- 원하는 온도를 나타내는 식품 라벨에 사용되는 온도에 민감한 염료
- 전기변색 유리(electrochromic glass)
- 빛을 잘 느끼는 안경
- 표면 구조에 간섭 줄무늬를 사용하여 색상 변경
- 알베도효과(albedo effect)[25]

(b) 물체 또는 외부 환경의 투명도를 변경한다.

- 고객에게 작업 숨기기
- 감광성 유리
- 낙엽수는 여름에는 그늘을 주지만 겨울에는 햇빛을 통과시킨다.
- 운영의 모든 부분을 조직 구성원들에게 투명하게 한다.
- 모든 이슈에 대한 열린 의견을 말한다.
- 고객 또는 연관된 작업 집단을 위해 정보 여과

(c) 보기 어려운 물건의 관찰성을 향상시키기 위해 착색 첨가제 또는 발광 소자

- 자외선 분광법에서 사용되는 형광 첨가제
- 도난당한 물건을 식별하는 데 사용되는 자외선 마커 펜
- 가시성을 높이려면 반대 색상을 사용한다. 정육점 주인은 녹색 장식을 사용하여 고기의 빨간색을 더 붉게 만든다.
- 형광 안전 표시는 정전 후 빌딩 밖으로 사람들을 안내한다.

(d) 복사 가열 대상의 방사율 특성을 변경한다.

- 우주선 차량의 열 관리를 돕기 위해 흑백 컬러 패널 사용
- 태양열판 내 포물면 반사경을 사용하여 에너지 포착
- 보정된 열 영상기로 온도를 측정할 수 있도록 방사율이 높은 도료 사용
- 밝고 어두운 색상의 패널을 사용하여 건물 공간의 열 관리를 지원한다.
- 저방사율 유리

---

25) 태양복사에 대한 반사율을 나타내는 알베도에 따른 기온 변화 현상.

Inventive Principles 💡 원리 33. 동질성(homogeneity)

> 물체가 동일한 재료나 동일한 특성을 가진 물질과 상호작용하도록 한다. 동질 물질은 동일한 재료로 구성된다. 장치를 다른 재료로 만들면 어떨까? 어떤 효과가 있을까? 어떻게 상호작용하는가? 같은 재료를 사용한다면 어떨까? 전기 시스템에서 모든 플러그는 비용을 줄이기 위해 동일하다.

(a) 동일한 재료 또는 특성을 가진 물체들이 상호작용하도록 만든다.

- 화학 반응을 줄이기 위해 내용물과 동일한 물질로 용기를 만든다.
- 마찰 용접은 결합될 두 표면 사이에 중간 재료가 필요하지 않다.
- 인간 수혈 · 이식은 생체 적합 물질 사용
- 나무못을 사용하여 나무 구성 요소 연결
- 다이아몬드로 다이아몬드 절삭 공구를 만든다.
- 작업의 다른 부분과 데이터 공유
- 모든 팀원이 동일한 계획을 수립하도록 한다.
- 업계 이벤트 개최 및 지식 공유

Inventive Principles 💡 원리 34. 폐기 및 재생(rejecting and regenerating parts)

> 다 쓴 것을 폐기하거나 재생한다. 부품이 사용되고 더 이상 필요하지 않을 때 이러한 부품은 무엇을 하는가? 일반적으로 이것을 버리거나 복원하거나 어떻게든 재활용한다. 어떤 방법을 사용하든 이 문제에 대처하려면 시스템을 포함시킨다.

(a) 기능을 수행한 물체의 일부분을 제거하거나 조작을 하는 동안 직접 용해, 증발 등으로 버리거나 수정한다.

- 약물 투약용 캡슐
- 생분해성 용기, 가방 등
- 로켓 발사 중 발포(foam) 보호 기구가 일부 요소에 사용된다. 이것은 충격 흡수가 더 이상 필요하지 않을 때 공간에서 증발한다.

- 제3자 서비스 제공업체를 한 번 또는 반복적으로 사용한다.

(b) 작동 중에 물체의 소모품을 직접 복원한다.
- 운전 중에 스스로를 조정하는 자가 튜닝 자동차 엔진
- 샤프펜슬(propelling pencil)
- 자동 소총
- 직원을 위한 정신 건강 서비스 제공
- 초과 근무 시간에 대한 보상 시간 제공
- 목표 지향적인 축하 행사를 통해 직원들을 재활성화한다.
- 지속적인 교육 프로그램

Inventive Principles 원리 35. 속성 변화(transformation of properties)

물질의 물리적 상태를 고체, 액체나 기체로 변화시킨다. 또는 농도, 밀도, 온도나 유연성을 변화시킨다. 물질의 화학적 구성을 고려한다. 원자와 분자 사이의 관계는 무엇인가? 그들은 서로 단단히 묶여 있는가? 쉽게 미끄러지거나 떨어져 나오는가? 유연성, 하중, 화학 반응 등에 미치는 영향을 살펴본다.

(a) 물체의 물리적 상태를 고체, 액체나 기체로 변경한다.
- 용적을 줄이기 위해 기체 대신 액체로 산소, 질소, 석유 가스를 운반한다.
- 기계적 접합 방법 대신 접착제 사용
- 액체 실리콘 고무 밀봉제 사용
- 고객 프로파일링
- 가상 인터페이스(회의, 쇼핑 등)
- 통신시설을 이용한 재택근무

(b) 농도를 변경한다.
- 액체 비누
- 특별 할인 시간대

- 계절별 특별상품
- 특별 이벤트 특별기획

(c) 유연성의 정도를 변경한다.
- 유연성과 내구성을 변경하기 위해 고무를 경화한다.
- 고무 장착 창은 진동 감쇠를 향상시킨다.
- 고객 요구에 따라 맞춤형 서비스 제공
- 직원의 유연한 근무시간
- 회사의 요구에 따라 언제 어디서나 지원을 제공하는 비상 직원

(d) 온도, 압력을 변경한다.
- 건물 출입구에 사용되는 열 커튼
- 열에너지를 저장하는 데 사용되는 열 질량 유량계
- 압력솥은 맛을 잃지 않고 보다 빨리 요리한다.
- 진공 상태에서의 전자빔 용접
- 부패하기 쉬운 물건의 진공 포장
- 탄소 섬유처럼 전도율이 높은 재료를 사용한다.
- 조직 목표를 공유하여 노동력을 끌어 올린다.
- 도전적인 목표를 설정하여 조직의 노력을 조정한다.

Inventive Principles 💡 **원리 36. 상태 변화(phase transition)**

> 상태 변화는 물질의 존재 상태를 변경하는 것이다. 고체를 액체로 바꾸거나 액체를 기체로 바꾸는 등의 현상을 이용하여 문제를 해결한다. 상태 변화는 부피 변화, 열 손실 또는 열 흡수와 같은 상태가 변화될 때 일어나는 현상이다. 물질은 팽창, 증발, 냉각 또는 형상 변화와 같은 변화를 종종 겪는다.

(a) 상태 변화 중에 발생하는 현상을 사용한다.
- 용융, 비등 시의 잠열 효과

171

- 냉매의 기화와 액화 현상을 이용하는 냉장고
- 물에 적신 바위는 물이 얼 때 물이 팽창하므로 바위에 균열이 생긴다.
- 물에서 증기로의 전이 시 체적 팽창
- 초전도 현상
- 전략적 기획 활동 수행을 반영하기 위해 주요 프로젝트 수행 후 휴식 사용
- 시장 진입 또는 출구를 위한 주요 시장 변화 활용

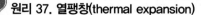

Inventive Principles 원리 37. 열팽창(thermal expansion)

물질의 열팽창이나 열수축을 이용한다. 물질을 가열하면 다양한 속도로 확장된다. 열팽창 계수가 다른 여러 가지 재료를 이용한다. 바이메탈 판(bimetallic strip)은 두 개의 연결된 금속판이 서로 다른 속도로 팽창하여 가열될 때 구부러지는 장치를 만드는 간단한 예이며, 이것은 많은 온도습도계의 기초를 제공한다.

(a) 재료의 열팽창 또는 수축을 사용한다.
- 열 스위치·차단기
- 형상 기억 합금
- 수축 포장
- 새로운 시장을 열어 새로운 제품과 서비스를 소개한다.

(b) 열팽창을 사용하는 경우 열팽창 계수가 다른 여러 재료를 사용한다.
- 온도 조절 장치 등에 사용되는 바이메탈(bi-metal)[26]
- 양방향 형상 기억 합금
- 가장 열정적인 사람들을 가장 까다로운 직무에 배치한다.
- 가장 활발한 사람들을 가장 느린 성장 영역에 배치한다.
- 서로 다른 속성(기술, 관심)을 가진 개인들로 작업팀을 만든다.

26) 팽창 계수가 다른 두 종류의 띠 모양 금속을 밀착시킨 금속 제품.

172

Inventive Principles 원리 38. 산화제(accelerated oxidation)

산소의 농도를 증가시키거나 감소시키는 반응을 이용한다. 보통의 공기를 산소가 많은 공기로 변경한다. 보통의 공기는 산소로, 산소는 오존으로 바꾼다. 공기 중의 산소는 철(녹 발생)에서 가연성 물질(화재 발생)과 같은 많은 물질과 반응한다. 산소와 보다 쉽게 결합하는 물질을 사용하거나 시스템에 더 많은 산소를 추가하여 증가시킬 수 있다.

(a) 보통의 공기를 산소가 많은 공기로 대체한다.
- 생활공간에 식물을 놓는다.
- 병원 집중 치료 시설에 산소 도입
- 내구성을 높이기 위해 나이트록스(nitrox)[27]를 이용한 스쿠버 다이빙
- 천식 환자가 산소 텐트(oxygen tent) 안에 들어간다.
- 직원에게 성과 인센티브 제공
- 프로그램에 전체 조직 참여
- 코치 초청
- 조직에 새로운 피 투입(신입 사원, 계약자, 비영리단체 등)

(b) 질소가 많은 공기를 순수 산소로 대체한다.
- 산소 아세틸렌 토치를 사용하여 고온에서 절단
- 혐기성 세균을 죽이고 치유를 돕기 위해 고압 산소 환경에서 상처 치료
- 순수한 산소와 반응하여 산화 반응을 보다 효과적으로 제어한다.
- 회사 임금 수준을 회사 성과와 직접 연결한다.
- 작업 영역을 서비스 영역(고객층, 제조 부서 등)으로 직접 이동한다.

(c) 이온화된 산소를 사용한다.
- 유통 기한 연장을 위한 식품을 빛에 투사
- 이온화된 공기를 사용하여 박테리아를 파괴하고 음식을 소독한다.

---

27) 산소 부분압, 체내 잔류 질소량, 중추 신경계 유독성 산소 노출치 등 수치 제시기.

- 사용하기 전에 가스를 이온화하여 화학 반응 속도를 높인다.
- 산소를 이온화하여 혼합 가스로부터 산소를 분리한다.
- 옥수수에서 미생물과 독소를 파괴하기 위해 오존을 사용한다.
- 높은 보상으로 고위험 일자리 입찰

Inventive Principles 💡 **원리 39. 불활성 환경(inert environment)**

산화제와 반대되는 원리가 불활성 환경이다. 불활성 환경은 변하지 않는 환경이다. 불활성 성분은 어떤 성분이 다른 물질과 전혀 화합하지 못하는 성분이다. 정상적인 환경을 불활성 환경으로 바꾼다. 예를 들면, 물체에 중성 물질이나 중성의 첨가제를 넣는다. 진공 속에서 작업한다. 전구는 공기를 빼고 불활성 가스로 채우고 얇은 필라멘트가 산화되어 파손되는 것을 방지한다.

(a) 일반적인 환경을 비활성 환경으로 대체한다.
- 아르곤 환경을 이용한 고온 금속 필라멘트의 열화 방지
- MIG(불활성 금속 아아크 용접)
- TIG 용접(불활성 가스 텅스텐 아아크 용접)
- 진공 상태에서 수행되는 전자빔 용접
- 진공 포장
- 공기 중 산소와 불을 분리시키는 거품
- 헬륨 충진 이중창
- 실리콘 칩[28] 제조용 클린 룸
- 조직을 간단하게 하고 의사결정을 가능한 한 축소한다.
- 개인주의와 경쟁이 아닌 팀워크와 협력을 촉진하는 작업환경 조성
- 조용하고 편안한 작업환경 개발
- 비상 계획 수립 및 실행

---

28) 작은 실리콘 조각의 표면에 수천 개의 전자 부품과 회로를 구성한 전자 부품.

(b) 불활성 첨가제를 물체에 첨가한다.

- 항공 연료에는 인화점 변경을 위한 첨가제가 들어 있다.
- 소리 진동을 흡수하는 거품 추가
- 이중 벽면 폼에 불연성 첨가제
- 사운드 흡수 패널
- 해충 방제를 위한 목재 처리
- 공정한 사람을 활용하여 계획과 프로그램에 대한 검토 및 피드백 제공
- 고객 대표가 조직과 고객 간에 중립적인 완충 효과를 제공하도록 한다.
- 기다려야 할 때마다 고객을 즐겁게 한다.

Inventive Principles 원리 40. 복합재료(composite materials)

> 단일 재료를 복합 재료로 바꾼다. 물질이 모두 동일한 물질로 만들어지면 물질에 영향을 미치는 문제에 취약하다. 재료의 조합을 사용함으로써 서로 다른 재료가 서로 다른 특성을 제공할 뿐만 아니라 함께 작용하여 어떤 개별 부품보다 우수한 무언가를 제공하는 시너지 효과를 창출할 수 있다. 예를 들어, 합성 활은 단일 재료로 만들어진 활보다 더 지속적으로 화살을 발사할 수 있다.

(a) 단일에서 복합 또는 다중 구조로 변경한다.

- 낮은 중량과 높은 강도가 요구되는 항공기 구조물
- 골프 클럽 샤프트의 복합 재료
- 유리 섬유 강화 플라스틱
- 섬유강화 세라믹 복합재료(fiber reinforced ceramics)
- 에폭시 복합수지
- 서로 다른 기술과 능력의 조합에 대한 인식과 활용
- 다양한 형식 및 미디어로 정보를 전달한다.
- 가능한 한 많은 각도로 문제와 이슈 보기
- 다양한 개인으로부터 의견을 얻는다.
- 팀에 전략적 및 전술적인 플레이어 활용

[표 4-3] 40개 발명원리

1. 분할(segmentation)
2. 추출(extraction)
3. 국지적 품질(local quality)
4. 비대칭(asymmetry)
5. 통합(consolidation)
6. 다용도(universality)
7. 포개기(nesting)
8. 균형추(counterweight)
9. 사전 반대조치(prior counteraction)
10. 사전 조치(prior action)
11. 사전 예방조치(cushion in advance)
12. 동등성(equipotentiality)
13. 역방향(do it in reverse)
14. 곡선화(spheroidality)
15. 역동성(dynamicity)
16. 과부족 조치(partial or excessive action)
17. 차원변화(transition into a new dimension)
18. 진동(mechanical vibration)
19. 주기적 작용(periodic action)
20. 유용한 작용의 지속(continuity of useful action)
21. 급히 통과(rushing through)
22. 전화위복(convert harm into benefit)
23. 피드백(feedback)
24. 중간 매개물(mediator)
25. 셀프 서비스(self service)
26. 복사(copying)
27. 값싸고 짧은 수명(dispose)
28. 기계 시스템 대체(replacement of mechanical system)
29. 공기압 또는 유압 사용(pneumatic or hydraulic construction)
30. 유연막 또는 박막(flexible membranes or thin films)

31. 다공성 물질(porous material)

32. 색상 변화(changing the color)

33. 동질성(homogeneity)

34. 폐기 및 재생(rejecting and regenerating parts)

35. 속성 변화(transformation of properties)

36. 상태 변화(phase transition)

37. 열팽창(thermal expansion)

38. 산화제(accelerated oxidation)

39. 불활성 환경(inert environment)

40. 복합재료(composite materials)

3) 모순 행렬표

모순 행렬표(contradiction matrix)는 세로축에 개선되는 특성과 가로축에 악화되는 특성을 찾아 기록한 후 이들간의 기술적 모순을 해결할 수 있는 발명원리를 적용한 표이다. 모순은 해결책의 단순한 충돌이다. 반대되는 해결책을 원하거나 새로운 해결책, 즉 시스템의 한 기능에 대한 개선된 변화를 도입함으로써 시스템의 또 다른 기능이 악화되는 것을 해결하는 데 발명원리가 적용된다. [표 4-4]~[표 4-20]은 기술적 모순을 해결하기 위해서 적용되는 발명원리이다. 개선되는 변수와 악화되는 변수가 만나는 쉘에 적용되는 발명원리가 있다. 전체 도표는 [표 4-4]이다. 전체 도표를 16개 영역으로 나누어 발명원리를 제시한 것이 개별 도표이다. 제시된 전체 도표가 너무 크기 때문에 각 영역을 나타내는 표는 [표 4-5]~[표 4-20]이다. 따라서 전체 도표에서 영역을 확인한 다음 개별 도표에서 적용된 발명원리를 적용한다.

[표 4-4] 발명원리를 적용한 모순 행렬표(전체 도표)

[표 4-5] 발명원리를 적용한 모순 행렬표(1)

1) ↓ 개선변수		→ 악화 변수								
		1	2	3	4	5	6	7	8	9
1	움직이는 물체의 무게	+	-	15, 8, 29, 34	-	29, 17, 38, 34	-	29, 2, 40, 28	-	2, 8, 15, 38
2	고정된 물체의 무게	-	+	-	10, 1, 29, 35	-	35, 30, 13, 2	-	5, 35, 14, 2	-
3	움직이는 물체의 길이	8, 15, 29, 34	-	+	-	15, 17, 4	-	7, 17, 4, 35	-	13, 4, 8
4	고정된 물체의 길이	-	35, 28, 40, 29	-	+	-	17, 7, 10, 40	-	35, 8, 2, 14	-
5	움직이는 물체의 면적	2, 17, 29, 4	-	14, 15, 18, 4	-	+	-	7, 14, 17, 4	-	29, 30, 4, 34
6	고정된 물체의 면적	-	30, 2, 14, 18	-	26, 7, 9, 39	-	+	-	-	-
7	움직이는 물체의 부피	2, 26, 29, 40	-	1, 7, 4, 35	-	1, 7, 4, 17	-	+	-	29, 4, 38, 34
8	고정된 물체의 부피	-	35, 10, 19, 14	19, 14	35, 8, 2, 14	-	-	-	+	-
9	속도	2, 28, 13, 38	-	13, 14, 8	-	29, 30, 34	-	7, 29, 34	-	+
10	힘	8, 1, 37, 18	18, 13, 1, 28	17, 19, 9, 36	28, 10	19, 10, 15	1, 18, 36, 37	15, 9, 12, 37	2, 36, 18, 37	13, 28, 15, 12

[표 4-6] 발명원리를 적용한 모순 행렬표(2)

2) → 악화 변수									
10	11	12	13	14	15	16	17	18	19
8, 10, 18, 37	10, 36, 37, 40	10, 14, 35, 40	1, 35, 19, 39	28, 27, 18, 40	5, 34, 31, 35	-	6, 29, 4, 38	19, 1, 32	35, 12, 34, 31
8, 10, 19, 35	13, 29, 10, 18	13, 10, 29, 14	26, 39, 1, 40	28, 2, 10, 27	-	2, 27, 19, 6	28, 19, 32, 22	19, 32, 35	-
17, 10, 4	1, 8, 35	1, 8, 10, 29	1, 8, 15, 34	8, 35, 29, 34	19	-	10, 15, 19	32	8, 35, 24
28, 10	1, 14, 35	13, 14, 15, 7	39, 37, 35	15, 14, 28, 26	-	1, 10, 35	3, 35, 38, 18	3, 25	-
19, 30, 35, 2	10, 15, 36, 28	5, 34, 29, 4	11, 2, 13, 39	3, 15, 40, 14	6, 3	-	2, 15, 16	15, 32, 19, 13	19, 32
1, 18, 35, 36	10, 15, 36, 37		2, 38	40	-	2, 10, 19, 30	35, 39, 38		-
15, 35, 36, 37	6, 35, 36, 37	1, 15, 29, 4	28, 10, 1, 39	9, 14, 15, 7	6, 35, 4	-	34, 39, 10, 18	2, 13, 10	35
2, 18, 37	24, 35	7, 2, 35	34, 28, 35, 40	9, 14, 17, 15	-	35, 34, 38	35, 6, 4		-
13, 28, 15, 19	6, 18, 38, 40	35, 15, 18, 34	28, 33, 1, 18	8, 3, 26, 14	3, 19, 35, 5	-	28, 30, 36, 2	10, 13, 19	8, 15, 35, 38
+	18, 21, 11	10, 35, 40, 34	35, 10, 21	35, 10, 14, 27	19, 2		35, 10, 21	-	19, 17, 10

[표 4-7] 발명원리를 적용한 모순 행렬표(3)

3) → 악화 변수									
	20	21	22	23	24	25	26	27	28	29
1	-	12, 36, 18, 31	6, 2, 34, 19	5, 35, 3, 31	10, 24, 35	10, 35, 20, 28	3, 26, 18, 31	1, 3, 11, 27	28, 27, 35, 26	28, 35, 26, 18
2	18, 19, 28, 1	15, 19, 18, 22	18, 19, 28, 15	5, 8, 13, 30	10, 15, 35	10, 20, 35, 26	19, 6, 18, 26	10, 28, 8, 3	18, 26, 28	10, 1, 35, 17
3	-	1, 35	7, 2, 35, 39	4, 29, 23, 10	1, 24	15, 2, 29	29, 35	10, 14, 29, 40	28, 32, 4	10, 28, 29, 37
4		12, 8	6, 28	10, 28, 24, 35	24,26,	30, 29, 14		15, 29, 28	32, 28, 3	2, 32, 10
5	-	19, 10, 32, 18	15, 17, 30, 26	10, 35, 2, 39	30, 26	26, 4	29, 30, 6, 13	29, 9	26, 28, 32, 3	2, 32
6		17, 32	17, 7, 30	10, 14, 18, 39	30, 16	10, 35, 4, 18	2, 18, 40, 4	32, 35, 40, 4	26, 28, 32, 3	2, 29, 18, 36
7	-	35, 6, 13, 18	7, 15, 13, 16	36, 39, 34, 10	2, 22	2, 6, 34, 10	29, 30, 7	14, 1, 40, 11	25, 26, 28	25, 28, 2, 16
8		30, 6		10, 39, 35, 34		35, 16, 32 18	35, 3	2, 35, 16		35, 10, 25
9	-	19, 35, 38, 2	14, 20, 19, 35	10, 13, 28, 38	13, 26		10, 19, 29, 38	11, 35, 27, 28	28, 32, 1, 24	10, 28, 32, 25
10	1, 16, 36, 37	19, 35, 18, 37	14, 15	8, 35, 40, 5		10, 37, 36	14, 29, 18, 36	3, 35, 13, 21	35, 10, 23, 24	28, 29, 37, 36

[표 4-8] 발명원리를 적용한 모순 행렬표(4)

4) → 악화 변수									
	30	31	32	33	34	35	36	37	38	39
1	22, 21, 18, 27	22, 35, 31, 39	27, 28, 1, 36	35, 3, 2, 24	2, 27, 28, 11	29, 5, 15, 8	26, 30, 36, 34	28, 29, 26, 32	26, 35, 18, 19	35, 3, 24, 37
2	2, 19, 22, 37	35, 22, 1, 39	28, 1, 9	6, 13, 1, 32	2, 27, 28, 11	19, 15, 29	1, 10, 26, 39	25, 28, 17, 15	2, 26, 35	1, 28, 15, 35
3	1, 15, 17, 24	17, 15	1, 29, 17	15, 29, 35, 4	1, 28, 10	14, 15, 1, 16	1, 19, 26, 24	35, 1, 26, 24	17, 24, 26, 16	14, 4, 28, 29
4	1, 18		15, 17, 27	2, 25	3	1, 35	1, 26	26		30, 14, 7, 26
5	22, 33, 28, 1	17, 2, 18, 39	13, 1, 26, 24	15, 17, 13, 16	15, 13, 10, 1	15, 30	14, 1, 13	2, 36, 26, 18	14, 30, 28, 23	10, 26, 34, 2
6	27, 2, 39, 35	22, 1, 40	40, 16	16, 4	16	15, 16	1, 18, 36	2, 35, 30, 18	23	10, 15, 17, 7
7	22, 21, 27, 35	17, 2, 40, 1	29, 1, 40	15, 13, 30, 12	10	15, 29	26, 1	29, 26, 4	35, 34, 16, 24	10, 6, 2, 34
8	34, 39, 19, 27	30, 18, 35, 4	35		1		1, 31	2, 17, 26		35, 37, 10, 2
9	1, 28, 35, 23	2, 24, 35, 21	35, 13, 8, 1	32, 28, 13, 12	34, 2, 28, 27	15, 10, 26	10, 28, 4, 34	3, 34, 27, 16	10, 18	
10	1, 35, 40, 18	13, 3, 36, 24	15, 37, 18, 1	1, 28, 3, 25	15, 1, 11	15, 17, 18, 20	26, 35, 10, 18	36, 37, 10, 19	2, 35	3, 28, 35, 37

[표 4-9] 발명원리를 적용한 모순 행렬표(5)

5) ↓ 개선변수		→ 악화 변수								
		1	2	3	4	5	6	7	8	9
11	압력	10, 36, 37, 40	13, 29, 10, 18	35, 10, 36	35, 1, 14, 16	10, 15, 36, 28	10, 15, 36, 37	6, 35, 10	35, 24	6, 35, 36
12	모양	8, 10, 29, 40	15, 10, 26, 3	29, 34, 5, 4	13, 14, 10, 7	5, 34, 4, 10		14, 4, 15, 22	7, 2, 35	35, 15, 34, 18
13	물체의 안정성	21, 35, 2, 39	26, 39, 1, 40	13, 15, 1, 28	37	2, 11, 13	39	28, 10, 19, 39	34, 28, 35, 40	33, 15, 28, 18
14	강도	1, 8, 40, 15	40, 26, 27, 1	1, 15, 8, 35	15, 14, 28, 26	3, 34, 40, 29	9, 40, 28	10, 15, 14, 7	9, 14, 17, 15	8, 13, 26, 14
15	움직이는 물체의 내구력	19, 5, 34, 31	-	2, 19, 9	-	3, 17, 19	-	10, 2, 19, 30	-	3, 35, 5
16	고정된 물체의 내구력	-	6, 27, 19, 16	-	1, 40, 35	-		-	35, 34, 38	-
17	온도	36, 22, 6, 38	22, 35, 32	15, 19, 9	15, 19, 9	3, 35, 39, 18	35, 38	34, 39, 40, 18	35, 6, 4	2, 28, 36, 30
18	밝기	19, 1, 32	2, 35, 32	19, 32, 16		19, 32, 26		2, 13, 10		10, 13, 19
19	움직이는 물체가 소모한 에너지	12, 18, 28, 31	-	12, 28		15, 19, 25	-	35, 13, 18	-	8, 35, 35
20	고정된 물체가 소모한 에너지	-	19, 9, 6, 27	-		-		-		-

[표 4-10] 발명원리를 적용한 모순 행렬표(6)

6) → 악화 변수									
	10	11	12	13	14	15	16	17	18	19
11	36, 35, 21	+	35, 4, 15, 10	35, 33, 2, 40	9, 18, 3, 40	19, 3, 27		35, 39, 19, 2	-	14, 24, 10, 37
12	35, 10, 37, 40	34, 15, 10, 14	+	33, 1, 18, 4	30, 14, 10, 40	14, 26, 9, 25		22, 14, 19, 32	13, 15, 32	2, 6, 34, 14
13	10, 35, 21, 16	2, 35, 40	22, 1, 18, 4	+	17, 9, 15	13, 27, 10, 35	39, 3, 35, 23	35, 1, 32	32, 3, 27, 16	13, 19
14	10, 18, 3, 14	10, 3, 18, 40	10, 30, 35, 40	13, 17, 35	+	27, 3, 26		30, 10, 40	35, 19	19, 35, 10
15	19, 2, 16	19, 3, 27	14, 26, 28, 25	13, 3, 35	27, 3, 10	+	-	19, 35, 39	2, 19, 4, 35	28, 6, 35, 18
16				39, 3, 35, 23		-	+	19, 18, 36, 40		-
17	35, 10, 3, 21	35, 39, 19, 2	14, 22, 19, 32	1, 35, 32	10, 30, 22, 40	19, 13, 39	19, 18, 36, 40	+	32, 30, 21, 16	19, 15, 3, 17
18	26, 19, 6		32, 30	32, 3, 27	35, 19	2, 19, 6		32, 35, 19	+	32, 1, 19
19	16, 26, 21, 2	23, 14, 25	12, 2, 29	19, 13, 17, 24	5, 19, 9, 35	28, 35, 6, 18	-	19, 24, 3, 14	2, 15, 19	+
20	36, 37			27, 4, 29, 18	35			19, 2, 35, 32		-

[표 4-11] 발명원리를 적용한 모순 행렬표(7)

7)	→ 악화 변수								
	20	21	22	23	24	25	26	27	28	29
11		10, 35, 14	2, 36, 25	10, 36, 3, 37		37, 36, 4	10, 14, 36	10, 13, 19, 35	6, 28, 25	3, 35
12		4, 6, 2	14	35, 29, 3, 5		14, 10, 34, 17	36, 22	10, 40, 16	28, 32, 1	32, 30, 40
13	27, 4, 29, 18	32, 35, 27, 31	14, 2, 39, 6	2, 14, 30, 40		35, 27	15, 32, 35		13	18
14	35	10, 26, 35, 28	35	35, 28, 31, 40		29, 3, 28, 10	29, 10, 27	11, 3	3, 27, 16	3, 27
15		19, 10, 35, 38		28, 27, 3, 18	10	20, 10, 28, 18	3, 35, 10, 40	11, 2, 13	3	3, 27, 16, 40
16		16		27, 16, 18, 38	10	28, 20, 10, 16	3, 35, 31	34, 27, 6, 40	10, 26, 24	
17		2, 14, 17, 25	21, 17, 35, 38	21, 36, 29, 31		35, 28, 21, 18	3, 17, 30, 39	19, 35, 3, 10	32, 19, 24	24
18	32, 35, 1, 15	32	13, 16, 1, 6	13, 1	1, 6	19, 1, 26, 17	1, 19		11, 15, 32	3, 32
19	-	6, 19, 37, 18	12, 22, 15, 24	35, 24, 18, 5		35, 38, 19, 18	34, 23, 16, 18	19, 21, 11, 27	3, 1, 32	
20	+			28, 27, 18, 31			3, 35, 31	10, 36, 23		

[표 4-12] 발명원리를 적용한 모순 행렬표(8)

8)	→ 악화 변수								
	30	31	32	33	34	35	36	37	38	39
11	22, 2, 37	2, 33, 27, 18	1, 35, 16	11	2	35	19, 1, 35	2, 36, 37	35, 24	10, 14, 35, 37
12	22, 1, 2, 35	35, 1	1, 32, 17, 28	32, 15, 26	2, 13, 1	1, 15, 29	16, 29, 1, 28	15, 13, 39	15, 1, 32	17, 26, 34, 10
13	35, 24, 30, 18	35, 40, 27, 39	35, 19	32, 35, 30	2, 35, 10, 16	35, 30, 34, 2	2, 35, 22, 26	35, 22, 39, 23	1, 8, 35	23, 35, 40, 3
14	18, 35, 37, 1	15, 35, 22, 2	11, 3, 10, 32	32, 40, 25, 2	27, 11, 3	15, 3, 32	2, 13, 25, 28	27, 3, 15, 40	15	29, 35, 10, 14
15	22, 15, 33, 28	21, 39, 16, 22	27, 1, 4	12, 27	29, 10, 27	1, 35, 13	10, 4, 29, 15	19, 29, 39, 35	6, 10	35, 17, 14, 19
16	17, 1, 40, 33	22	35, 10	1	1	2		25, 34, 6, 35	1	20, 10, 16, 38
17	22, 33, 35, 2	22, 35, 2, 24	26, 27	26, 27	4, 10, 16	2, 18, 27	2, 17, 16	3, 27, 35, 31	26, 2, 19, 16	15, 28, 35
18	15, 19	35, 19, 32, 39	19, 35, 28, 26	28, 26, 19	15, 17, 13, 16	15, 1, 19	6, 32, 13	32, 15	2, 26, 10	2, 25, 16
19	1, 35, 6, 27	2, 35, 6	28, 26, 30	19, 35	1, 15, 17, 28	15, 17, 13, 16	2, 29, 27, 28	35, 38	32, 2	12, 28, 35
20	10, 2, 22, 37	19, 22, 18	1, 4					19, 35, 16, 25		1, 6

[표 4-13] 발명원리를 적용한 모순 행렬표(9)

9) ↓ 개선변수		→ 악화 변수								
		1	2	3	4	5	6	7	8	9
21	동력	8, 36, 38, 31	19, 26, 17, 27	1, 10, 35, 37		19, 38	17, 32, 13, 38	35, 6, 38	30, 6, 25	15, 35, 2
22	에너지의 낭비	15, 6, 19, 28	19, 6, 18, 9	7, 2, 6, 13	6, 38, 7	15, 26, 17, 30	17, 7, 30, 18	7, 18, 23	7	16, 35, 38
23	물질의 낭비	35, 6, 23, 40	35, 6, 22, 32	14, 29, 10, 39	10, 28, 24	35, 2, 10, 31	10, 18, 39, 31	1, 29, 30, 36	3, 39, 18, 31	10, 13, 28, 38
24	정보의 손실	10, 24, 35	10, 35, 5	1, 26	26	30, 26	30, 16		2, 22	26, 32
25	시간의 낭비	10, 20, 37, 35	10, 20, 26, 5	15, 2, 29	30, 24, 14, 5	26, 4, 5, 16	10, 35, 17, 4	2, 5, 34, 10	35, 16, 32, 18	
26	물질의 양	35, 6, 18, 31	27, 26, 18, 35	29, 14, 35, 18		15, 14, 29	2, 18, 40, 4	15, 20, 29		35, 29, 34, 28
27	신뢰성	3, 8, 10, 40	3, 10, 8, 28	15, 9, 14, 4	15, 29, 28, 11	17, 10, 14, 16	32, 35, 40, 4	3, 10, 14, 24	2, 35, 24	21, 35, 11, 28
28	측정의 정확성	32, 35, 26, 28	28, 35, 25, 26	28, 26, 5, 16	32, 28, 3, 16	26, 28, 32, 3	26, 28, 32, 3	32, 13, 6		28, 13, 32, 24
29	제조의 정확성	28, 32, 13, 18	28, 35, 27, 9	10, 28, 29, 37	2, 32, 10	28, 33, 29, 32	2, 29, 18, 36	32, 23, 2	25, 10, 35	10, 28, 32
30	물체에 작용하는 유해한 요인	22, 21, 27, 39	2, 22, 13, 24	17, 1, 39, 4	1, 18	22, 1, 33, 28	27, 2, 39, 35	22, 23, 37, 35	34, 39, 19, 27	21, 22, 35, 28

[표 4-14] 발명원리를 적용한 모순 행렬표(10)

10) → 악화 변수									
10	11	12	13	14	15	16	17	18	19
21 26, 2, 36, 35	22, 10, 35	29, 14, 2, 40	35, 32, 15, 31	26, 10, 28	19, 35, 10, 38	16	2, 14, 17, 25	16, 6, 19	16, 6, 19, 37
22 36, 38			14, 2, 39, 6	26			19, 38, 7	1, 13, 32, 15	
23 14, 15, 18, 40	3, 36, 37, 10	29, 35, 3, 5	2, 14, 30, 40	35, 28, 31, 40	28, 27, 3, 18	27, 16, 18, 38	21, 36, 39, 31	1, 6, 13	35, 18, 24, 5
24					10	10		19	
25 10, 37, 36, 5	37, 36, 4	4, 10, 34, 17	35, 3, 22, 5	29, 3, 28, 18	20, 10, 28, 18	28, 20, 10, 16	35, 29, 21, 18	1, 19, 26, 17	35, 38, 19, 18
26 35, 14, 3	10, 36, 14, 3	35, 14	15, 2, 17, 40	14, 35, 34, 10	3, 35, 10, 40	3, 35, 31	3, 17, 39		34, 29, 16, 18
27 8, 28, 10, 3	10, 24, 35, 19	35, 1, 16, 11		11, 28	2, 35, 3, 25	34, 27, 6, 40	3, 35, 10	11, 32, 13	21, 11, 27, 19
28 32, 2	6, 28, 32	6, 28, 32	32, 35, 13	28, 6, 32	28, 6, 32	10, 26, 24	6, 19, 28, 24	6,1, 32	3, 6, 32
29 28, 19, 34, 36	3, 35	32, 30, 40	30, 18	3, 27	3, 27, 40		19, 26	3, 32	32, 2
30 13, 35, 39, 18	22, 2, 37	22, 1, 3, 35	35, 24, 30, 18	18, 35, 37, 1	22, 15, 33, 28	17, 1, 40, 33	22, 33, 35, 2	1, 19, 32, 13	1,24, 6, 27

[표 4-15] 발명원리를 적용한 모순 행렬표(11)

11)	→ 악화 변수									
	20	21	22	23	24	25	26	27	28	29
21		+	10, 35, 38	28, 27, 18, 38	10, 19	35, 20, 10, 6	4, 34, 19	19, 24, 26, 31	32, 15, 2	32, 2
22		3, 38	+	35, 27, 2, 37	19, 10	10, 18, 32, 7	7, 18, 25	11, 10, 35	32	
23	28, 27, 12, 31	28, 27, 18, 38	35, 27, 2, 31	+		15, 18, 35, 10	6, 3, 10, 24	10, 29, 39, 35	16, 34, 31, 28	35, 10, 24, 31
24		10, 19	19, 10		+	24, 26, 28, 32	24, 28, 35	10, 28, 23		
25	1	35, 20, 10, 6	10, 5, 18, 32	35, 18, 10, 39	24, 26, 28, 32	+	35, 38, 18, 16	10, 30, 4	24, 34, 28, 32	24, 26, 28, 18
26	3, 35, 31	35	7, 18, 25	6, 3, 10, 24	24, 28, 35	35, 38, 18, 16	+	18, 3, 28, 40	13, 2, 28	33, 30
27	36, 23	21, 11, 26, 31	10, 11, 35	10, 35, 29, 39	10, 28	10, 30, 4	21, 28, 40, 3	+	32, 3, 11, 23	11, 32, 1
28		3, 6, 32	26, 32, 27	10, 16, 31, 28		24, 34, 28, 32	2, 6, 32	5, 11, 1, 23	+	
29		32, 2	13, 32, 2	35, 31, 10, 24		32, 26, 28, 18	32, 30	11, 32, 1		+
30	10, 2, 22, 37	19, 22, 31, 2	21, 22, 35, 2	33, 22, 19, 40	22, 10, 2	35, 18, 34	35, 33, 29, 31	27, 24, 2, 40	28, 33, 23, 26	26, 28, 10, 18

[표 4-16] 발명원리를 적용한 모순 행렬표(12)

12)	→ 악화 변수									
	30	31	32	33	34	35	36	37	38	39
21	19, 22, 31, 2	2, 35, 18	26, 10, 34	26, 35, 10	35, 2, 10, 34	19, 17, 34	20, 19, 30, 34	19, 35, 16	28, 2, 17	28, 35, 34
22	21, 22, 35, 2	21, 35, 2, 22		35, 32, 1	2, 19		7, 23	35, 3, 15, 23	2	28, 10, 29, 35
23	33, 22, 30, 40	10, 1, 34, 29	15, 34, 33	32, 28, 2, 24	2, 35, 34, 27	15, 10, 2	35, 10, 28, 24	35, 18, 10, 13	35, 10, 18	28, 35, 10, 23
24	22, 10, 1	10, 21, 22	32	27, 22				35, 33	35	13, 23, 15
25	35, 18, 34	35, 22, 18, 39	35, 28, 34, 4	4, 28, 10, 34	32, 1, 10	35, 28	6, 29	18, 28, 32, 10	24, 28, 35, 30	
26	35, 33, 29, 31	3, 35, 40, 39	29, 1, 35, 27	35, 29, 25, 10	2, 32, 10, 25	15, 3, 29	3, 13, 27, 10	3, 27, 29, 18	8, 35	13, 29, 3, 27
27	27, 35, 2, 40	35, 2, 40, 26		27, 17, 40	1, 11	13, 35, 8, 24	13, 35, 1	27, 40, 28	11, 13, 27	1, 35, 29, 38
28	28, 24, 22, 26	3, 33, 39, 10	6, 35, 25, 18	1, 13, 17, 34	1, 32, 13, 11	13, 35, 2	27, 35, 10, 34	26, 24, 32, 28	28, 2, 10, 34	10, 34, 28, 32
29	26, 28, 10, 36	4, 17, 34, 26		1, 32, 35, 23	25, 10		26, 2, 18		26, 28, 18, 23	10, 18, 32, 39
30	+		24, 35, 2	2, 25, 28, 39	35, 10, 2	35, 11, 22, 31	22, 19, 29, 40	22, 19, 29, 40	33, 3, 34	22, 35, 13, 24

[표 4-17] 발명원리를 적용한 모순 행렬표(13)

13)	↓ 개선변수	→ 악화 변수								
		1	2	3	4	5	6	7	8	9
31	유해한 부작용	19, 22, 15, 39	35, 22, 1, 39	17, 15, 16, 22		17, 2, 18, 39	22, 1, 40	17, 2, 40	30, 18, 35, 4	35, 28, 3, 23
32	제조용이성	28, 29, 15, 16	1, 27, 36, 13	1, 29, 13, 17	15, 17, 27	13, 1, 26, 12	16, 40	13, 29, 1, 40	35	35, 13, 8, 1
33	사용편의성	25, 2, 13, 15	6, 13, 1, 25	1, 17, 13, 12		1, 17, 13, 16	18, 16, 15, 39	1, 16, 35, 15	4, 18, 39, 31	18, 13, 34
34	수리가능성	2, 27, 35, 11	2, 27, 35, 11	1, 28, 10, 25	3, 18, 31	15, 13, 32	16, 25	25, 2, 35, 11	1	34, 9
35	적응성	1, 6, 15, 8	19, 15, 29, 16	35, 1, 29, 2	1, 35, 16	35, 30, 29, 7	15, 16	15, 35, 29		35, 10, 14
36	장치의 복잡성	26, 30, 34, 36	2, 26, 35, 39	1, 19, 26, 24	26	14, 1, 13, 16	6, 36	34, 26, 6	1, 16	34, 10, 28
37	조절의 복잡성	27, 26, 28, 13	6, 13, 28, 1	16, 17, 26, 24	26	2, 13, 18, 17	2, 39, 30, 16	29, 1, 4, 16	2, 18, 26, 31	3, 4, 16, 35
38	자동화의 정도	28, 26, 18, 35	28, 26, 35, 10	14, 13, 17, 28	23	17, 14, 13		35, 13, 16		28, 10
39	생산성	35, 26, 24, 37	28, 27, 15, 3	18, 4, 28, 38	30, 7, 14, 26	10, 26, 34, 31	10, 35, 17, 7	2, 6, 34, 10	35, 37, 10, 2	

[표 4-18] 발명원리를 적용한 모순 행렬표(14)

14)	→ 악화 변수									
	10	11	12	13	14	15	16	17	18	19
31	35, 28, 1, 40	2, 33, 27, 18	35, 1	35, 40, 27, 39	15, 35, 22, 2	15, 22, 33, 31	21, 39, 16, 22	22, 35, 2, 24	19, 24, 39, 32	2, 35, 6
32	35, 12	35, 19, 1, 37	1, 28, 13, 27	11, 13, 1	1, 3, 10, 32	27, 1, 4	35, 16	27, 26, 18	28, 24, 27, 1	28, 26, 27, 1
33	28, 13, 35	2, 32, 12	15, 34, 29, 28	32, 35, 30	32, 40, 3, 28	29, 3, 8, 25	1, 16, 25	26, 27, 13	13, 17, 1, 24	1, 13, 24
34	1, 11, 10	13	1, 13, 2, 4	2, 35	11, 1, 2, 9	11, 29, 28, 27	1	4, 10	15, 1, 13	15, 1, 28, 16
35	15, 17, 20	35, 16	15, 37, 1, 8	35, 30, 14	35, 3, 32, 6	13, 1, 35	2, 16	27, 2, 3, 35	6, 22, 26, 1	19, 35, 29, 13
36	26, 16	19, 1, 35	29, 13, 28, 15	2, 22, 17, 19	2, 13, 28	10, 4, 28, 15		2, 17, 13	24, 17, 13	27, 2, 29, 28
37	30, 28, 40, 19	35, 36, 37, 32	27, 13, 1, 39	11, 22, 39, 30	27, 3, 15, 28	19, 29, 39, 25	25, 34, 6, 35	3, 27, 35, 16	2, 24, 26	35, 38
38	2, 35	13, 35	15, 32, 1, 13	18, 1	25, 13	6, 9		26, 2, 19	8, 32, 19	2, 32, 13
39	28, 15, 10, 36	10, 37, 14	14, 10, 34, 40	35, 3, 22, 39	29, 28, 10, 18	35, 10, 2, 18	20, 10, 16, 38	35, 21, 28, 10	26, 17, 19, 1	35, 10, 38, 19

[표 4-19] 발명원리를 적용한 모순 행렬표(15)

15)	→ 악화 변수									
	20	21	22	23	24	25	26	27	28	29
31	19, 22, 18	2, 35, 18	21, 35, 2, 22	10, 1, 34	10, 21, 29	1, 22	3, 24, 39, 1	24, 2, 40, 39	3, 33, 26	4, 17, 34, 26
32	1, 4	27, 1, 12, 24	19, 35	15, 34, 33	32, 24, 18, 16	35, 28, 34, 4	35, 23, 1, 24		1, 35, 12, 18	
33		35, 34, 2, 10	2, 19, 13	28, 32, 2, 24	4, 10, 27, 22	4, 28, 10, 34	12, 35	17, 27, 8, 40	25, 13, 2, 34	1, 32, 35, 23
34		15, 10, 32, 2	15, 1, 32, 19	2, 35, 34, 27		32, 1, 10, 25	2, 28, 10, 25	11, 10, 1, 16	10, 2, 13	25, 10
35		19, 1, 29	18, 15, 1	15, 10, 2, 13		35, 28	3, 35, 15	35, 13, 8, 24	35, 5, 1, 10	
36		20, 19, 30, 34	10, 35, 13, 2	35, 10, 28, 29		6, 29	13, 3, 27, 10	13, 35, 1	2, 26, 10, 34	26, 24, 32
37	19, 35, 16	18, 1, 16, 10	35, 3, 15, 19	1, 18, 10, 24	35, 33, 27, 22	18, 28, 32, 9	3, 27, 29, 18	27, 40, 28, 8	26, 24, 32, 28	
38		28, 2, 27	23, 28	35, 10, 18, 5	35, 33	24, 28, 35, 30	35, 13	11, 27, 32	28, 26, 10, 34	28, 26, 18, 23
39	1	35, 20, 10	28, 10, 29, 35	28, 10, 35, 23	13, 15, 23		35, 38	1, 35, 10, 38	1, 10, 34, 28	18, 10, 32, 1

[표 4-20] 발명원리를 적용한 모순 행렬표(16)

16)	→ 악화 변수									
	30	31	32	33	34	35	36	37	38	39
31		+					19, 1, 31	2, 21, 27, 1	2	22, 35, 18, 39
32	24, 2		+	2, 5, 13, 16	35, 1, 11, 9	2, 13, 15	27, 26, 1	6, 28, 11, 1	8, 28, 1	35, 1, 10, 28
33	2, 25, 28, 39		2, 5, 12	+	12, 26, 1, 32	15, 34, 1, 16	32, 26, 12, 17		1, 34, 12, 3	15, 1, 28
34	35, 10, 2, 16		1, 35, 11, 10	1, 12, 26, 15	+	7, 1, 4, 16	35, 1, 13, 11		34, 35, 7, 13	1, 32, 0
35	35, 11, 32, 31		1, 13, 31	15, 34, 1, 16	1, 16, 7, 4	+	15, 29, 37, 28	1	27, 34, 35	35, 28, 6, 37
36	22, 19, 29, 40	19, 1	27, 26, 1, 13	27, 9, 26, 24	1, 13	29, 15, 28, 37	+	15, 10, 37, 28	15, 1, 24	12, 17, 28
37	22, 19, 29, 28	2, 21	5, 28, 11, 29	2, 5	12, 26	1, 15	15, 10, 37, 28	+	34, 21	35, 18
38	2, 33	2	1, 26, 13	1, 12, 34, 3	1, 35, 13	27, 4, 1, 35	15, 24, 10	34, 27, 25	+	5, 12, 35, 26
39	22, 35, 13, 24	35, 22, 18, 39	35, 28, 2, 24	1, 28, 7, 10	1, 32, 10, 25	1, 35, 28, 37	12, 17, 28, 24	35, 18, 27, 2	5, 12, 35, 26	+

Section

3. 문제해결 방법

기업들은 여러 가지 문제를 동시에 처리해야 한다. 혁신적인 아이디어로 끊임없이 새로운 제품과 서비스를 개발하여 시장 지위를 강화하고 새로운 시장을 창출해야 한다. 트리즈는 혁신기술로 오늘날 알려진 가장 포괄적이고 체계적으로 조직된 발명 지식과 창조적 사고 방법으로 간주된다. 기업은 혁신 관리에 트리즈를 적절하게 통합하여 업무 및 응용 분야에 활용할 수 있다.

- 신제품, 프로세스 및 비즈니스 전략의 개념 개발
- 기술 시스템, 제품, 프로세스의 진화 예측
- 발명적이고 기술적인 문제해결
- 숨겨진 욕구와 고객의 요구 사항 평가. 고객 중심의 시장세분화
- 신규 및 기존제품의 예상 오류식별 및 문제해결

문제들은 일정한 패턴이 있다. 일정한 패턴을 찾으면 현재의 문제해결에 도움이 된다. 따라서 현재의 문제해결을 위해 주로 유사 문제를 찾게 된다. 유사 문제를 발견하면 유사 해결안을 발견할 수 있다. 사람들이 직면하는 문제에는 일반적으로 알려진 해결안이 있다. 알려진 해결안을 가진 사람들은 책, 기술 저널 또는 주제 전문가와 관련된 정보를 통해 해결할 수 있다.

일정한 패턴을 찾아 문제를 해결하는 방법은 [그림 4-5]의 일반적인 패턴을 따른다. 유사 해결안이 알려져 있고 유사 해결안에서 문제에 대한 특정 해결안이 제공된다. 예를 들어, 회전 절단기계를 설계할 때(내 문제) 강력하지만 낮은 100 RPM 모터가 필요하다. 대부분의 AC 모터는 높은 RPM(3,600 RPM)이기 때문에 유사 문제는 모터의 속도를 줄이는 방법이다. 유사 해결안은 기어 박스 또는 변속기이다. 그런 다음 적절한 크기, 무게, RPM, 토크 등으로 기어 박스를 설계할 수 있다. 이렇게 하면 절단 작업에 맞게 설계할 수 있다.

[그림 4-5] 문제해결 방법

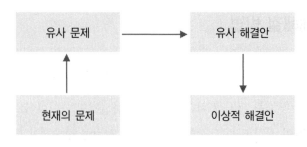

알츠슐러는 현재의 문제는 유사 문제를 찾고, 이 유사 문제에 대한 해결안으로 이상적 해결안을 창안할 수 있으며, 발명가들은 이러한 방법을 따른다. [그림 4-6]은 문제해결 모델로 기술적 문제에 대한 최상의 해결안을 찾을 때 고려해야 할 4단계를 설명한다. 이 모델은 현재의 문제를 해결하기 위해 문제를 정의하고, 정의된 문제를 해결하기 위해 패턴을 적용한다. 패턴적용은 이와 유사한 이전에 해결된 문제를 찾고, 이전에 해결된 문제를 근거로 하여 유사 해결안을 찾는 과정이다. 패턴적용을 토대로 하여 현재의 문제에 대한 이상적 해결안을 찾는다. 결국 문제해결은 현재의 문제에서 패턴을 찾아 이상적 해결안으로 사고를 단계적으로 이동하는 과정이다.

[그림 4-6] 문제해결 모델

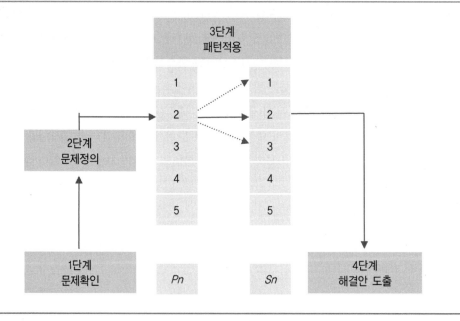

1) 문제확인

모든 발명은 문제를 발견하는 데서 시작된다. 문제의 발견은 문제의 해결이기 때문이다. 발생할 수 있는 현재의 문제를 확인한다. 문제의 모든 측면을 알고 있더라도 현재의 문제(문제가 무엇인가?)에서 이상적 해결안(어떻게 해결할 것인가?)에서부터 문제에 대한 명확한 인식을 염두에 둔다. 이것이 효율적인 문제해결을 위한 핵심 원칙이다. 자원은 문제해결(모순 제거)에 활용될 수 있는 물질, 에너지, 공간, 시간 등 시스템 내 · 외부의 모든 물질 등을 의미한다. 문제 또는 기회는 무엇인가? 과연 문제를 해결할 수 있는가? 현재 갖고 있는 시간, 돈, 사람들이 문제를 해결할 수 있는가? 문제를 확인하는 단계에는 주요 특징을 명확히 하는 것이 매우 중요하다.

- 현재의 문제
- 필요한 자원
- 유용한 기능
- 유해한 결과
- 이상적 해결안

▌문제확인의 예

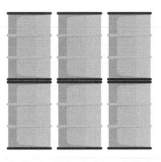

용액 스틸 드럼통을 출하하기 위해 용액을 담는 통이 필요하고 이 용액 드럼통을 많이 적재해야 많은 양을 운반할 수 있어 운송비용이 적게 든다. 드럼통에는 용액이 들어 있다. 많은 용액을 운반하기 위해 드럼통을 다층으로 쌓아 두는 환경이 필요하다. 드럼통을 다층으로 적재하려면 드럼통의 강도가 높아야 한다. 드럼통의 요구 조건은 드럼통의 용량, 내부 압력과 강도를 포함한다. 유용한 기능은 용액을 담고 다층으로 드럼통을 쌓을 수 있어야 한다. 유해한 결과는 자재비용이다. 이상적인 결과는 드럼통이나 용액을 손상시키지 않고 다층으로 적재한 드럼통의 무게를 지탱할 수 있다. 현재의 문제를 확인했는가? 지금 혁신할 수 있는가? 브레인스토밍과 같은 다른 창의성 방법론을 사용하는 것이 좋다.

> ❖ 문제확인: 스틸 드럼통 두께와 인장 강도

2) 문제정의

문제정의는 모순을 정의하는 것을 의미한다. 모순의 관점에서 문제정의는 트리즈 방법의 기본이다. 모순은 바라는 기술속성이 개선되면 다른 기술속성이 악화되는 것을 의미한다. 즉, 또 다른 문제가 발생한다. 최소한 두 개의 모순이 각각의 기술적인 문제마다 정의될 수 있다. 모순은 갈등이 언제, 어디에서, 어떻게, 왜 발생했는지 나타낸다. 이상적인 최종 결과, 사용 가능한 자원 및 문제를 해결할 수 있는 트리즈 도구를 통해 문제를 명확히 이해한다. 문제를 해결하는 열쇠는 문제에 대한 모순을 발견하고 이를 제거하는 것이다.

해답을 얻을 때까지 가능한 많은 질문을 한다. 한 번에 왜 5번과 어떻게 2번 질문법(5W와 2H)을 사용한다. 해답을 얻을 때까지 누가? 무엇? 어디에서? 언제? 왜? 그리고 어떻게? 또 어떻게?를 반복적으로 묻는다. 일련의 질문을 완료하려면 "어떻게?"라는 질문을 하나 더 추가해야 한다. 문제에 대한 가능한 해답이나 해결책을 찾으려고 노력한다. 따라서 먼저 문제를 식별하고 해결 방법을 제시하기 위해 "5W와 2H"라는 문구를 사용한다. 즉, 5W와 2H는 문제에 대한 해결안을 찾기 위해 해결해야 할 주요 모순을 파악하기 위한 질문이다.

[그림 4-7] 5W와 2H

5W2H		
	Who	누가 문제를 갖고 있는가?
	What	무엇이 문제인가?
	When	언제 문제가 발생하는가?
	Wherey	어디에서 문제가 발생하는가?
	Why	왜 문제가 발생하는가?
	How	어떻게 문제가 발생하는가?
	How	어떻게 문제를 해결할 수 있는가?

▌문제정의의 예

스틸 드럼통의 강도를 강화하기 위해 드럼통 두께를 두껍게 해야 하지만 이럴 경우 비용이 상승하고 중량이 증가할 수 있다. 원자재 가격 때문에 비용을 낮추어야 한다. 비용을 줄이기 위해 스틸 드럼통 두께를 더 얇게 만들어야 하지만 두께를 얇게 만들면 큰 적재하중을 지지할 수 없다. 따라서 스틸 드럼통 두께는 재료비용을 낮추기 위해 더 얇아야 하나 적재하중을 지지하기 위해 두껍게 만들어야 한다. 이것은 물리적 모순이다. 즉, 스틸 드럼통 두께는 비용절감을 위해 얇아야 하나 적재하중을 위해 두꺼워야 한다. 이를 해결할 수 있다면 이상적인 기술적 시스템을 달성할 수 있다.

❖ 문제정의: 스틸 드럼통 두께는 비용절감을 위해서 얇아야 하나 적재하중을 위해서 두꺼워야 한다.
  • 개선되는 요소: 비용절감을 위해서 드럼통 두께는 얇아야 한다.
  • 악화되는 요소: 적재하중을 위해서 드럼통 두께는 두꺼워야 한다.

3) 패턴적용

패턴적용은 이전 해결된 유사 문제를 탐구하여 적용하는 것이다. 이전에 잘 해결된 문제를 탐색하는 단계에서 모순 행렬표를 작성한다. 알츠슐러는 모순을 야기하는 기술특성 변수 39개를 발견했고 이를 39개 기술변수로 명명했다. 이 변수는 개선되는 특성과 악화되는 특성과 같은 기술적 모순을 정의한다. 모든 문제는 39개 기술변수 중 한 쌍의 매개변수 사이의 모순으로 설명될 수 있다. 많은 특허가 이미 여러 분야에서 이러한 모순을 해결했다. 가장 빈번하게 발생하는 모순과 이러한 모순을 해결하는 원리를 선택한다.

모순 행렬표는 기술적 모순을 제거하기 위해 발명원리를 발견할 수 있도록 만든 행렬표이다. 상충되는 두개의 기술변수를 선택하면, 이들이 교차하는 영역에서 기술적 모순을 해결하는 데 사용된 발명원리를 발견할 수 있다. 기술적 모순은 모순 행렬표의 행과 열에 기록하고 모순해결을 위해 40개 발명원리를 적용한다. 한 변수를 개선하면 다른 변수가 악화된다. 이 악화되는 변수를 발명원리로 해결한다. 모순 행렬표는 39x39 행렬을 사용하고 교차하는 각 셀에서 가장 자주 사용되는 발명원리(4단계)를 적용한다. 이 행렬에 교차하는 셀에는 다른 엔지니어가 이전에 성공적으로 모순을 해결하는 데 사용한 40개 발명원리 중에서 문제를 해결하는 매개변수가 들어간다. 모순 행렬표에서 개선되는 요소는 행이고 악화되는 요소는 열이다. 다음은 기술변수를 발견하고 발명원리를 적용하는 모순 행렬표의 구성 요소이다.

- 모순 행렬의 행: 개선되는 특성
- 모순 행렬의 열: 악화되는 특성
- 모순 행렬의 셀: 적용할 수 있는 발명원리 제안
- 기술변수(39): 무게, 길이, 면적, 부피, 속도, 힘, 압력, 모양 등
- 발명원리(40): 분할, 추출, 국지적 품질, 비대칭 등

[그림 4-8] 모순 행렬표 예

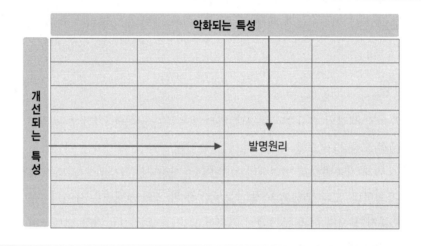

기술적 모순을 도출하고 39개 기술변수를 사용하여 개선되는 특성과 악화되는 특성이 만나는 셀을 해결하는 발명원리을 찾는다. [그림 4-8]은 모순 행렬표의 양식이다. 상충되는 두개의 기술 변수를 선택하면 이들이 교차하는 영역에서 기술적 모순을 해결하는 데 사용된 발명원리를 찾을 수 있다. 교차 셀의 숫자는 발명원리(4단계)로 기술적 문제에 대한 최선의 해결책을 제시한 다. 다음은 모순 행렬표를 작성하고 발명원리를 적용하는 절차이다.

- 39개 기술변수를 사용해서 문제를 구성한다.
- 모순행렬에서 개선변수와 악화변수를 찾는다.
- 전항에서 찾은 행과 열이 만나는 셀에 발명원리를 문제해결에 적용한다.
- 발명원리를 참고하여 아이디어를 연상한다.

- 연상된 아이디어 간의 결합을 시도한다.
- 새로운 아이디어를 완성한다.

▌이전 해결된 문제탐색의 예

비용절감을 위해 스틸 드럼통 두께는 얇아야 한다. 스틸 드럼통 두께를 얇게 하는 것이 개선 요인이다. 스틸 드럼통 두께를 얇게 만들기 위해 변경해야 하는 기술변수는 고정된 물체의 길이 (#4)이다. 길이는 길이, 너비, 높이, 지름, 두께 등과 같은 선형 치수를 나타낸다. 스틸 드럼통 두께를 얇게 만들면 드럼통이 가벼워 적재하중이 감소할 것이며 그것과 충돌하는 기술변수는 장력, 압력 및 응력(#11)이다. 고정된 물체의 길이(#4)가 개선변수이며, 장력, 압력 및 응력(#11)은 원하지 않는 악화변수이다. 드럼통 두께가 얇으면 인장 강도가 약해진다. 압력은 힘이 물체에 주는 영향으로 인장 또는 압축 강도일 수 있다. 기술적 모순은 기술변수인 고정된 물체의 두께(#4)를 얇게 할수록 기술변수인 장력, 압력 및 응력(#11)이 악화된다.

❖ 패턴 탐구
- 개선되는 변수: 고정된 물체의 길이(#4)
- 악화되는 변수: 장력, 압력 및 응력(#11)

패턴적용은 유사 해결안을 탐색하여 적용하는 과정이다. 알츠슐러는 40개 발명원리를 추출했는데, 이는 기술적 문제에 대해 독창적이고 특허 가능한 해결안을 발견할 수 있는 단서이다. 기술적 모순을 제거하기 위해 발견한 방법인 40개 발명원리는 모든 모순에 대한 40개 해결책이다. 따라서 모순 행렬의 교차 셀에 나열된 숫자는 가장 자주 사용되는 발명원리로 문제의 해결책으로 적용될 수 있다.

모순 행렬표에서 교차 셀의 수는 발명원리로 모순에 대한 명시된 문제를 해결하고 문제해결 방법을 제시한다. 모순 행렬표([표 4-21])를 확인한다. 각 행렬 셀은 모순을 해결하기 위해 특허에서 가장 빈번하게 사용되는 발명원리를 가리키며 일부 원리는 기술 및 시스템 개발의 동향에 해당한다. 발명원리에서 분할(#1), 곡선화(#14), 속성 변화(#35)를 생각한다.

▌유사 해결안 탐색의 예

용액 스틸 드럼통의 두께 또는 움직이지 않는 물체의 기술변수 #4를 향상시켜야 한다. 그러나 바람직하지 않은 역효과는 적재하중 지지력의 손실 #11 압력이다. 이제 용액 드럼통에 대한 각각의 발명원리를 찾아야 할 때이다. 기술변수 #4 고정된 물체의 길이(개선할 기능) 및 #11 압력(원하지 않는 결과) 사이의 모순행렬의 교차 셀에서 숫자를 확인한다. 음료 드럼통의 발명원리는 #1, #14 및 #35이며 가능한 해결책을 설명한다.

[그림 4-9] 가능한 해결안

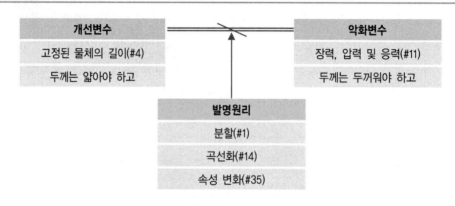

문제에 대해 이미 해결된 기술 해결안을 찾기 위해 트리즈 방법을 적용하는 것을 고려한다. 그러나 먼저 용액 스틸 드럼통 문제에 대한 가능한 해결책을 살펴본다. 용액 스틸 드럼통에 대한 문제해결 방안으로 3가지 발명원리가 발견되었다.

> ❖ 발명원리 1c(분할): 물체를 세분하여 분할한다.
>
> (a) 물체를 독립적인 부분으로 나눈다.
>
> (b) 물체를 분해하기 쉽게 한다.
>
> (c) 부분화 또는 세분화 정도를 높인다.

예를 들어, 발명원리 1c를 사용한다. 즉, 물체의 세분화 정도를 높인다. 용액 스틸 드럼통의 벽은 하나의 부드러운 연속 벽에서 많은 작은 벽으로 구성된 물결 모양 또는 파도 모양의 표면으로 변경될 수 있다. 이것은 벽의 가장자리 강도를 증가시키지만 더 얇은 재료가 사용될 수 있게 한다. [그림 4-10]을 참조한다. 숫자 뒤에 붙는 a, b, c 등은 발명원리의 하부 분류이다.

[그림 4-10] 용액 스틸 드럼통에 대한 발명원리 1c의 적용

❖ 발명원리 14a(곡선화): 곡선화는 다음과 같이 세분된다.

(a) 직선형 부품, 표면 또는 형태를 사용하는 대신 곡선을 사용한다. 평평한 표면에서 구형 표면, 입방체 모양의 부품에서 공 모양의 구조물로 이동한다.

(b) 발명원리 14a를 사용하여 원심력을 이용하면 대부분의 뚜껑이 드럼통 벽에 용접되는 직각을 곡선으로 변경할 수 있다. [그림 4-10]을 참조한다.

[그림 4-11] 용액 스틸 드럼통에 대한 발명 원칙 14a의 적용

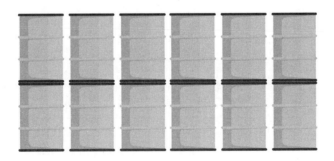

❖ 발명원리 35(속성 변화): 물체의 물리적 및 화학적 상태의 변화

   (a) 속성 변화는 물체의 총 상태, 밀도 분포, 유연성, 온도의 변화를 유발한다. 원리 #35를 사용한다는 것은 드럼통 벽에 사용되는 보다 강한 금속 합금으로 속성을 변경하여 하중 지지력을 증가시키는 것을 의미한다.

4) 해결안 도출

해결안 도출은 이상적 해결안을 창안하는 과정이다. 이 단계에서 발명원리 중 하나가 특정 문제에 적용될 수 있는지 확인한다. 트리즈 방법을 기반으로 문제에 대한 가능한 해결책을 쉽게 찾을 수 있다. 그러나 2단계의 중요성을 명심한다. 모순에 관한 문제를 진술한다. 가능한 많은 시간을 할애하여 올바른 모순을 정의한다. 보다 나은 결과를 얻으려면 브레인스토밍 등을 사용하고 동료와 상의한다. 그렇지 않으면 모순 행렬이나 발명원리가 문제해결에 도움이 되지 않는다.

지지하중을 견딜 수 있는 강도를 높이기 위해 드럼통 두께에 사용되는 보다 강한 금속 합금으로 속성을 변경하여 제작한다. 이러한 과정을 통해서 모순을 발견하고 해결한 용액 스틸 드럼통의 완성된 모순 행렬표는 [표 4-21]과 같다.

[표 4-21] 용액 스틸 드럼통의 발명원리

개선 변수 \ 악화 변수		1 움직이는 물체의 무게	2 고정된 물체의 무게	3 움직이는 물체의 길이	4 고정된 물체의 길이	5 움직이는 물체의 면적	6 고정된 물체의 면적	7 움직이는 물체의 부피	8 고정된 물체의 부피	9 속도	10 힘	11 압력	12 모양
1	움직이는 물체의 무게	+		15, 8, 29. 34		29, 17, 38, 34		29, 2, 40, 28		2, 8, 15, 38	8, 10, 18, 37	10, 36. 37, 40	10, 14, 35, 40
2	고정된 물체의 무게		+		10, 14, 29, 35		35, 30, 13, 2		5, 35, 14, 2		8, 10, 19, 35	13, 29, 10, 18	13, 10, 29, 14
3	움직이는 물체의 길이	8, 15, 29, 34		+		15, 17, 4		7, 17, 4, 25		13, 4, 8	17, 10, 4	1, 8, 35	1, 8, 10, 29
4	고정된 물체의 길이		35, 28, 40, 29		+		17, 7, 10, 40		35, 8, 2, 14		28, 10	1, 14, 35	13, 14, 15, 7

New Idea

제5장

가치제안

New Idea

富의 수직 상승
아이디어에 길을 묻다

1. 핵심역량

핵심역량(core competency)은 기업들이 경쟁력을 유지하고 경쟁우위를 확보할 수 있는 자원이다. 이것은 기업이 시장에서 경쟁우위를 달성하기 위해 취해야 할 조치이다. 기업은 장점과 역량을 보유하고 있는 기능이나 영역에 역점을 두어야 한다. 핵심역량은 경쟁업체가 모방하는 것이 쉽지 않고, 회사가 시장에서 재사용할 수 있고, 제품을 생산하고 가치를 부가한다. 기업은 최종사용자나 소비자에게 핵심역량을 활용하기 위한 전략을 수립해야 한다.

1) 핵심역량의 개념

자원은 조직의 자산으로 조직의 기본적인 구성 요소이다. 즉, 자원은 공장, 설비, 자금, 입지, 직원, 동기부여, 문화, 평판과 기술을 포함한다. 능력은 기업이 자원을 활용할 수 있는 요소로 투입을 산출로 변환하는 과업과 과정으로 구성된다. 예를 들면, 회사의 마케팅 능력은 마케팅 전문가, 유통경로와 판매직원 간의 상호작용을 기반으로 한다. 역량은 과업을 수행하는 데 필요한 지식, 기술과 태도이다. 심리학자인 카츠(Daniel Katz)는 역량을 기술적 역량, 관리적 역량, 인적 역량과 개념적 역량으로 분류한다.

- 기술적 역량: 역할 수행에 필요한 기술이나 기능적 숙련도와 관련된 지식
- 관리적 역량: 자원을 계획, 구성, 동원 및 활용하는 데 필요한 지식
- 인적 역량: 인적자원을 동기부여, 활용 및 개발하는 데 필요한 지식
- 개념적 역량: 전체적 수준에서 사고하고 미래를 계획하는 데 필요한 지식

핵심역량(core competency)은 경쟁자가 쉽게 모방할 수 없는 독특한 고객가치를 창출하는 능력, 기술이나 전문지식이다. 즉, 핵심역량은 확고한 경쟁우위를 제공하는 자원이나 역량이다. 예를 들면, FedEx의 핵심역량은 모든 운영에 정보기술을 적용한 물류관리이다. 조직의 고유한 기능은 주로 직원의 상호작용 방식에 영향을 미치는 조직 시스템과 집단적 지식으로 구체화된다.

• **핵심역량**: 경쟁자가 모방할 수 없는 독특한 고객가치를 창출하는 능력, 기술과 전문지식

2) 핵심역량의 기준

핵심역량은 다른 경쟁업체와 차별화하고 회사가 수익을 달성할 수 있는 자원과 기능이다. 회사의 자원이나 기능이 특정 기준을 충족하면 핵심역량이다. 자원이나 기능이 기준을 충족하면 회사가 경쟁자에 비해 경쟁우위를 확보하고 수익을 달성할 수 있다. 핵심역량은 원래 바니(Barney)가 개발한 것으로 지속적인 경쟁우위의 원천이 되기 위해 자원이 갖추어야 하는 5가지 속성이다. 자원은 가치가 있고, 희귀하며, 모방하는 데 비용이 많이 들고, 조직이 자원을 이용할 수 있고, 대체할 수 없는 것이어야 한다. 5가지 요구 사항을 모두 충족하는 자원이나 기능은 회사에 지속적인 경쟁우위를 가져올 수 있다.

• **가치**: 고객가치와 경쟁우위를 제공하는가?
• **희귀**: 다른 경쟁자가 갖고 있는가?
• **모방**: 다른 경쟁자가 모방하는 데 많은 비용이 드는가?
• **조직**: 회사는 자원을 이용하도록 조직되어 있는가?
• **대체**: 동일한 기능을 제공하는가?

[그림 5-1] 핵심역량의 기준

(1) 가치

자원이나 기능은 회사가 기회를 이용하거나 외부 위협으로부터 방어할 수 있는 경우에 가치가 있는가? 이 질문은 기업이 기회를 이용하거나 위협으로부터 방어하고, 자원이 가치를 창출하

는지 여부를 묻는다. 대답이 '예'인 경우 자원은 가치 있는 것으로 간주된다. 조직이 지각된 고객 가치를 높이는데 도움이 된다면 자원은 유용하다. 이것은 차별화를 높이거나 제품가격을 낮춤으로써 가능하다.

(2) 희귀

자원이나 기능은 다른 산업 경쟁자가 거의 없거나 전혀 없을 때 희귀하다. 희귀하고 가치 있는 자원은 경쟁자가 보유할 때까지는 경쟁우위를 갖는다. 반면에 같은 회사에서 동일한 자원을 갖고 있거나 비슷한 방식으로 기능을 사용하는 회사가 거의 없는 상황은 경쟁동등이 된다. 이는 회사가 동일한 자원을 사용하여 동일한 전략을 구현할 수 있고, 어떤 조직도 우수한 성과를 달성할 수 없기 때문이다. 귀중한 자원과 능력을 잃으면 조직은 약화될 수 있다.

(3) 모방

경쟁자가 모방하는 데 비용이 많이 들어야 가치가 있다. 자원이나 능력은 경쟁자가 복제 비용을 많이 부담하거나 모방할 수 없는 경우이다. 자원이 없는 조직이 자원을 합리적인 가격으로 모방하고 구매하거나 대체할 수 없는 경우 자원을 모방하는 비용이 많이 든다. 모방은 두 가지 방법으로 발생할 수 있다. 즉, 자원을 직접 모방하는 직접복제와 유사한 제품을 제공하는 대체가 있다. 가치 있고 희귀하며 모방하는 데 비용이 많이 드는 자원을 갖고 있는 회사는 지속적인 경쟁우위를 달성할 수는 있지만 반드시 그런 것은 아니다.

(4) 조직

기업이 경쟁우위를 달성하려면 자원이나 기능을 이용할 수 있도록 충분히 조직되어야 한다. 자원이나 기능은 다른 자원이나 기능을 동등한 것으로 활용할 수 없는 경우 대체할 수 없다. 자원 자체가 가치를 포착하기 위해 조직되지 않으면 자원은 어떤 이점도 제공하지 않는다. 기업은 가치 있고 희귀하며 비용이 많이 드는 자원과 기능을 모방할 수 있는 잠재력을 완전히 실현할 수 있도록 경영 시스템, 프로세스, 정책, 조직구조 및 문화를 조직해야 한다.

(5) 대체

경쟁업체가 동일한 기능의 제품을 제공하는가? 대체 불가능성은 다른 경쟁업체와 동일하지

않는 제품이나 서비스를 제공하는 것이다. 대체 불가능성은 희귀와 모방 불능 특성을 결합한 속
성이다. 따라서 대체제품이나 대안제품이 현재 존재하지 않고 잠재적으로도 모방 가능성이 희
박해야 핵심역량이 된다.

2. 경쟁우위

경쟁우위는 기업의 독특한 역량, 즉 핵심역량을 개발했기 때문에 경쟁자에 대한 우수성이 존
재하는 경우이다. 경쟁자의 능력보다 더 우수한 방식으로 산업 내에 있는 성공요인이나 환경요
인과 일치시킨다. 회사가 핵심역량 또는 독특한 역량을 개발했기 때문에 결과적으로 경쟁업체
보다 우수한 위치가 경쟁우위이다. 환경은 성장 기회를 창출하지만 극복해야 할 과제를 제기한다.

1) 경쟁우위의 개념

회사는 원가우위 또는 제품 차별화를 통해 경쟁우위를 얻는다. 경쟁우위(competitive advantage)
는 원가우위를 통해 낮은 가격으로 동일한 가치를 제공하거나 차별화를 통해 더 큰 가치를 제공
함으로써 높은 가격을 부과할 때 조직이 얻는 우수성이다. 경쟁우위를 전략적 우위라고도 한다.
기업이 핵심역량을 기회와 일치시킬 때 경쟁우위가 발생한다. 기업이 평균을 초과하는 이익을
창출하면 경쟁우위를 확보하게 된다. 경쟁우위는 다음과 같은 특징이 있다.

- 시장의 주요 성공요인이다.
- 경쟁자와 차이가 분명하다.
- 지속가능하다.
- 회사에 더 많은 수익을 준다.

사업전략의 목표는 지속가능한 경쟁우위를 확보하는 것이다. 회사가 고객에게 경쟁업체와 동
일한 제품편익을 제공할 수는 있지만 비용우위나 제품 차별화 이점이 있을 때 경쟁우위가 존재

한다. 따라서 기업은 저원가와 제품 차별화를 통해 경쟁우위를 확보할 수 있다. 품질, 혁신, 효율성 및 고객 대응성은 비용을 낮추고 제품 차별화를 달성하기 위한 경쟁우위의 요소이다. 따라서 이러한 네 가지 속성을 잘 활용할 경우 경쟁업체보다 앞서는 경쟁우위를 확보할 수 있다.

[그림 5-2] 경쟁우위의 본원적 요소

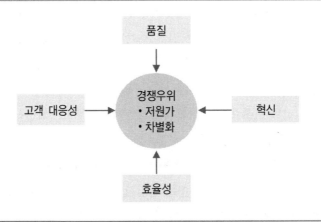

┃우수한 품질

많은 기업의 성공은 품질향상에 대한 몰입의 결과이다. 이익은 기업의 성공을 측정하는 가장 중요한 척도이다. 이는 비용을 초과하는 가격으로 받아들여질 수 있는 품질을 판매한 결과이다. 제품품질은 조직에 경쟁우위를 주는 가장 중요한 요소이다. 품질개선은 고객에게 더 큰 만족감을 주고 회사는 전체 운영비용을 절감할 수 있다. 경영진은 제품의 가격 및 비용 수준뿐만 아니라 제품의 품질 수준도 매우 주의 깊게 고려해야 한다.

┃우수한 혁신

혁신(innovation)은 제품혁신과 프로세스 혁신이 있고 신제품 개발이 포함된다. 여기서 신제품은 표적고객에게 새로운 특성을 제공하는 제품을 의미한다. 혁신적인 제품과 서비스를 개발하면 고객에게 더 큰 가치를 제공할 수 있다 또한 프로세스 혁신은 제품이나 서비스를 생산하거나 고객에게 전달하기 위한 새로운 프로세스를 창출하는 것이다. 유연한 제조 시스템, 컴퓨터 지원 설계와 제조를 통한 공장 자동화, 사무 자동화 및 기타 프로세스 혁신은 단위당 생산비용을 줄이고 품질을 높이며, 숙련된 근로자의 부족을 해결한다. 자동화를 통한 프로세스 혁신은 현재 작업의 효율성을 향상시킨다.

▌우수한 효율성

기업의 목표는 이익이 되는 고객에게 가치 만족을 제공하는 것이다. 기업은 항상 이익을 극대화하려고 한다. 그러나 이익을 극대화하려면 기업이 효율적이어야 한다. 효율성은 투입에 대한 시스템 산출의 비율이다. 효율성은 단위당 비용을 절감하기 위해 기존 자원의 생산성을 향상시키는 기업의 역량에 의해 측정된다. 경제적 효율성은 주어진 비용과 투입량의 결합으로 주어진 투입량과 산출량이 최대화될 때 달성된다. 효과성(effectiveness)은 목표달성을 의미하며, 효율성(efficiency)은 이용할 수 있는 희소한 자원을 최소화하면서 결과를 최대화하는 것을 의미한다.

▌우수한 고객 대응성

고객 대응성은 합리적인 비용으로 고객의 주문에 대해 우수하고 혁신적인 제품을 제공하는 회사의 능력을 말한다. 기업은 고객이 원하는 제품을 고객에게 정확하게 제공해야 한다. 우수한 고객 대응성을 달성하려면 고객에게 돈에 합당한 가치(value for money)를 제공해야 한다. 다양한 고객집단, 신속한 제품배달, 가격 대비 품질, 심미적인 디자인, 애프터서비스, 고객 대응 시간 등에 적합한 제품을 제공하는 관점에서 고객의 대응성을 분석한다.

2) 경쟁우위의 개발

원가우위와 차별화 이점은 두 가지 기본 경쟁우위의 유형이다. 원가우위란 조직이 경쟁사와 동일한 편익을 저렴한 비용으로 제공할 수 있다는 것을 의미한다. 회사는 경쟁사보다 우수한 자원과 역량을 갖추어야 한다. 자원은 비용 또는 차별화 이점을 창출하는 데 사용된다. 독특한 역량은 자원과 기능으로 구성된다. 그런 다음 조직은 가치창출 활동을 통해 원가우위와 제품 차별화를 실행할 수 있다. 경쟁우위를 확보하는 경로는 제품 생산경로와 제품 마케팅경로이다.

(1) 경쟁우위의 경로

회사가 확보한 핵심역량을 통해서 좋은 제품을 개발하고 많이 판매하여 시장점유율을 구축하면 이익이 극대화된다. 이를 실현하는 방법이 바로 경쟁우위 경로이다. 경쟁우위의 경로는 생산경로와 마케팅경로가 있다. 생산경로는 핵심역량, 우수한 제품 디자인, 제품 생산기술과 능력 등을 반영한다. 마케팅경로는 마케팅 믹스 프로그램, 포지셔닝, 고객가치나 편익을 반영한다. 생산경로와 마케팅경로는 서로 독립적이지는 않고 서로 보완적이거나 강화한다.

[그림 5-3] 경쟁우위의 경로

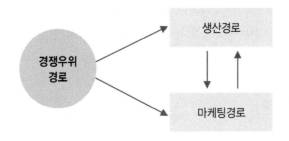

(2) 경쟁우위의 개발

경쟁우위는 전략적 방법과 전략적 요소에 달려 있다. 전략적 방법은 제품전략, 가격전략, 판촉전략, 유통전략, 경쟁전략 등과 같은 다양한 개별 전략으로 구성될 수 있고 다양한 형태의 경쟁이 존재한다. 그러나 이러한 전략이나 회사가 경쟁하는 방식이 반드시 성공의 열쇠는 아니며 성공을 위한 완전한 과정도 아니다. 따라서 경쟁우위를 창출하려면 전략적 방법과 전략적 요소를 결합해야 한다. 즉, 전략적 요소는 경쟁 자원, 경쟁 장소와 경쟁 대상이다. 경쟁 자원은 자산과 기술, 경쟁 장소는 제품 시장의 선택, 경쟁 대상은 경쟁자를 의미한다. 경쟁우위 확보를 위해 기업전략은 적절한 자산, 기술 및 역량을 기반으로 해야 한다.

▌경쟁 자원

경쟁 자원은 회사가 시장에서 무엇으로 경쟁하는가이다. 즉, 고객 기반, 품질 평판, 우수한 관리, 회사 이미지, 적절한 기술이나 숙련된 직원 등과 같은 자산과 기술이다. 회사의 독특한 자산과 기술은 회사의 핵심역량이다. 기업의 장점은 이러한 핵심역량을 개발하고 관리하는 것이 전략적 성공의 열쇠이다. 그러나 핵심역량이 경쟁우위의 유일한 원천은 아니다.

▌경쟁 장소

경쟁 장소는 표적시장의 선택이다. 즉, 회사가 만족시킬 수 있는 고객들이 어디에 있는지를 찾는 것이다. 표적시장에서 작동하지 않는다면 자산과 기술에 의해 공식적으로 지원되는 잘 계획된 전략이라도 성공하지 못한다. 예를 들면, P&G의 프링글스(Pringles) 감자 칩은 일관된 품질, 긴 유통 기한 및 전국 유통과 같은 많은 자산을 보유하고 있었다. 그러나 이러한 자산은 시장에서 가장 중요한 요인으로 여겨지는 미각 지각에 부정적인 영향을 미쳤다.

▌경쟁 대상

경쟁 대상은 회사가 경쟁할 대상을 확인하는 것이다. 경쟁자들과 경쟁자들의 시장점유율을 확인하는 것이 필요하다. 그들이 갖고 있는 경쟁 자원과 전략적 방법의 장단점을 파악하여 경쟁자보다 더 우수한 전략적 방법과 전략적 요소를 수립하는 것이 경쟁우위를 구축하는 길이다.

[그림 5-4] 경쟁우위의 개발

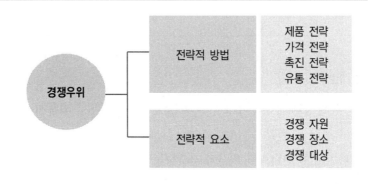

3) 핵심 성공요인

핵심 성공요인(key success factor)은 기업의 활동이 성공하기 위해 갖추거나 수행되어야 할 전제를 의미한다. 핵심 성공요인은 경영의 목적과 목표를 달성하기 위한 중요한 요건이다. 서로 다른 회사 간에 산업 이익을 어떻게 공유하는가? 핵심 성공요인을 파악하기 위한 접근 방식은 간단하다. 산업에서 생존하고 번영하기 위해서 기업은 고객의 욕구와 경쟁방법을 충족해야 한다. 첫째, 기업은 고객이 사고 싶은 것을 공급해야 한다. 둘째, 기업은 경쟁에서 살아남아야 한다. 따라서 기업은 다음 두 가지 질문에 답할 수 있어야 한다.

• 고객은 무엇을 원하는가?
• 기업은 어떻게 경쟁에서 살아남는가?

첫 번째 질문에 답하기 위해 수익의 기본적인 원천으로 고객을 보다 면밀히 관찰한다. 고객은 누구인가? 고객의 욕구는 무엇인가? 고객은 제품을 어떻게 선택하는가? 고객의 선호도를 알면 성공 요인을 파악할 수 있다. 두 번째 질문은 업계 경쟁의 본질을 검토하는 것이 필요하다. 경쟁이 얼마나 치열하고 무엇인 중요한 측면인가? 항공사의 경우 저렴한 운임, 편의 및 안전을 제공하는 것만으로는 충분하지 않다. 생존은 경기 침체에 수반되는 치열한 가격경쟁을 극복하기에 충분한 자금이 필요하다. [그림 5-5]는 핵심 성공요인을 확인하기 위한 기본적인 틀이다.

[그림 5-5] 핵심 성공요인의 확인

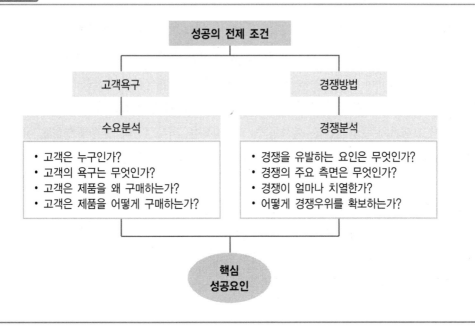

3. 고객가치

경영환경이 역동적으로 변하고 있고 회사는 환경 변화에 신속하게 대처하고, 고객가치를 충족하고, 고객만족을 위한 전략을 수립해야 한다. 기업들은 자금, 혁신, 품질, 가치, 이미지, 고객지식, 기술, 제품과 시장에 대한 이해를 가져야 한다. 상품이나 서비스의 독특성을 유지하고, 경쟁우위를 갖는 것은 회사가 가치제안을 어떻게 전달하는가이다. 이것은 경쟁자보다 더 우수해야 하지만, 고객중심 철학과 문화를 개발하지 않고는 쉽게 성취될 수 없다. 고객의 욕구와 필요를 충족하기 위해 기업은 존재한다. 고객들과의 상호작용 접점은 가치의 지각과 우수한 가치를 설계하고 전달하는 회사의 능력에 영향을 준다.

1) 고객가치의 요소

고객가치는 경쟁우위를 구축하는 핵심요소이다. 가치는 인간행동에 영향을 주는 바람직한 것이나 인간의 지적·정서적·의지적인 욕구를 만족시킬 수 있는 대상이나 대상의 성질을 의미한다. 고객가치(customer value)는 소비자가 제품으로부터 얻는 것과 제품을 얻기 위해 주는 것과의 차이이다. 고객의 욕구, 필요와 기대를 충족시킴으로써 편익 측면에서 고객가치가 구성된다. 따라서 고객가치는 고객만족, 회사성과, 시장점유율, 회사성공과 생존에 영향을 미친다. 제품품질, 서비스 품질, 이미지와 가격 등은 차별화의 중요한 요소이다.

- 제품품질: 고객이 평가하는 제품의 물리적 특징
- 서비스 품질: 지식, 정보, 지원, 불만처리 등 제공되는 무형적 가치
- 이미지: 상호작용하는 회사에 대한 고객의 인식
- 가격: 고객들이 제품을 구매하는 화폐금액

[그림 5-6] 고객가치의 구성요소

2) 고객가치의 유형

고객들은 제품속성, 제품사용의 결과와 바라는 목적의 달성 여부에 의해서 가치를 지각한다. 고객가치를 창출하기 위해서 회사는 먼저 잠재고객들이 추구하는 가치를 확인한 다음 편익을 제공한다. 가치창출 전략은 고객들이 지각하는 가치에 따라 다양한 차원에 집중한다. 가치의 원천은 제품이 사용되는 맥락에 적절해야 하고 적용할 수 있어야 한다. 가치창조 전략은 기능적 가치, 경험적 가치, 상징적 가치, 관계가치, 비용가치, 가격가치, 공동창조가치와 브랜드가치가 있다.[29]

- **기능적 가치**: 제품 자체의 속성이다. 제품이 유용하고, 고객이 바라는 목적을 충족할 수 있는 정도이다. 품질, 신뢰성, 안정, 성능과 가격 등이 해당된다.
- **경험적 가치**: 제품이 적절한 경험, 느낌과 정서를 창출할 수 있는 정도이다. 제품사용의 환희, 오감으로 느끼는 감각적인 즐거움, 지적 호기심, 다양성 추구 등 영화, 콘서트, 뮤지컬, 독서, 여행 등이 있다.
- **상징적 가치**: 고객들이 제품애착을 갖거나 심리적 의미를 연상하는 정도이다. 자아 이미지, 차별성, 사회적 연대감, 사회적 존경이나 인정 등이다.
- **관계가치**: 고객이 공급자와 상호작용을 하는 동안 갖는 전반적인 고객경험이다. 가치는 제품품질, 서비스, 출시시간, 상호작용, 가격과 공정비용에 따라 관계가 증가될 수 있다.
- **비용가치**: 제품사용과 관련된 비용이나 희생이다. 고객가치 인식은 고객이 주는 것에 대한 대가로 받는 것의 평가이다.
- **가격가치**: 제품편익에 대해 공정한 가격을 지불한다고 믿는 것이다.
- **공동 창조가치**: 독특한 생산과 소비경험을 공동 창조하는 것이 유익하다고 고객이 발견할 때 추가되는 가치이다.
- **브랜드가치**: 고객들이 브랜드 자체를 인식하는 가치이다. 고객가치창조는 자원이 제공물에 사용되는 정도에 따라 변할 수 있다.

3) 고객비용의 유형

고객들은 상품이나 서비스를 구매할 때 고객가치를 경쟁제품과 비교·검토한다. 이때 고객들이 상품이나 서비스의 구매비용보다 가치가 더 크다는 것을 인식해야 구매가 이루어진다. 즉, 고

---

29) Aron O'Cass and Ngo(2011).

객가치가 커야 한다. 고객가치는 지각된 편익과 지각된 비용 간의 차이이다. 고객의 지각된 비용은 다차원을 갖고 있고, 지각의 정도는 고객과 상황에 따라 다르다. 따라서 지각된 비용(perceived cost)은 화폐, 시간과 심리비용으로 볼 수 있다.

[그림 5-7] 고객비용의 구성요소

화폐비용	시간비용	심리비용
• 상품이나 서비스의 구매가격 • 상품이나 서비스의 운영비용 • 서비스 비용 • 전환비용 • 기회비용	• 상품이나 서비스에 대한 정보탐색 • 상품이나 서비스의 확보 시간 • 학습곡선 • 전환비용	• 상품이나 서비스의 탐색노력 • 상품이나 서비스의 사용노력 • 상품이나 서비스의 위험 • 전환비용

▍화폐비용

화폐비용은 상품이나 서비스의 구매가격이다. 화폐비용에는 구매비용, 운영비용, 전환비용과 기회비용이 있다. 운영비용은 기능을 수행하는 데 투입된 현금이나 이와 동등한 액수의 총 지불경비를 의미한다. 유선 케이블 회사는 케이블 박스와 설치에 매우 저가격으로 출시기념을 촉진한다. 고객들은 단지 설치비용을 찾는 것보다 케이블 서비스의 월별 지불액을 고려한다. 특히 숨겨진 비용이 있다면, 그때 고객들은 가치가 상대적으로 적다는 것을 알게 된다. 전환비용은 다른 사업자로 이동하는 것과 관련된다. 기계장치나 소프트웨어 같은 경우는 다른 제품으로 이동하기 어렵다. 기회비용은 대안구매와 관련된다. 고객들은 부인을 위해 구매하기를 원하는 고가의 보석을 찾을 수 있다. 어떤 고객이 보석을 구매한다면 신형 TV를 포기해야 한다. 이때 보석은 TV에 대한 기회비용이다. 마찬가지로 TV는 보석에 대한 기회비용이다.

▍시간비용

고객들은 상품이나 서비스의 특성 정보를 획득하거나 경쟁상품을 비교하기 위해서 시간을 소비해야 한다. 이러한 시간의 관념은 상품 판매점을 알아내는 것과 관련이 있다. 점포로 이동하는 데 소비하는 시간이나 상품이 고객에게 전달되는 데 들어가는 시간을 포함한다. 또한 상품을 사용하는 방법을 학습하는 데 필요한 시간을 고려한다. 많은 구매장소를 제공하고 제품사용이나 설명서의 단순한 이해는 구매시간을 단축하고 제품사용을 쉽게 해 시간을 절약한다.

▌심리비용

심리비용은 고객들에게 제품의 발견, 평가, 구매나 사용상에서 스트레스를 유발하는 요인과 관련된다. 제품의 발견이나 평가와 관련된다. 또한 사용하는 데 어렵거나 사용법을 배우는 데 오랜 시간이 필요한 상품이나 서비스는 고객들에게 스트레스를 야기한다.

[표 5-1] 지각된 비용의 요소

요소	의미	마케팅 조치
화폐비용	구매가격	탁월한 설계
	운영비용	운영 효율성과 비용 억제
	보수비용	품질관리와 보증
	기회비용	쉬운 구매
시간비용	상품의 탐색시간	넓은 유통경로
	구매시간	웹 기반 구매옵션
	학습곡선	탁월한 설계와 웹 기반 정보 제공
심리비용	간단한 사용	탁월한 설계와 사용의 용이성
	편안한 느낌	명확한 설명서 작성 능력

4. 가치제안

기업은 기존고객을 유지하고 신규고객을 유인하기 위해 지속적으로 가치를 창조한다. 가장 중요한 마케팅 도구인 가치제안은 표적사용자가 제품의 구매와 사용으로 알게 되는 경험의 기술이다. 그러나 기업은 표적사용자들이 다른 옵션을 갖고 있다는 사실을 경시하기 쉽다. 따라서 가치제안은 효과적인 제품 마케팅 활동을 위한 핵심으로 고객정보, 경쟁력이 있는 통찰력과 제품평가를 결합하는 활동이다.

1) 가치제안의 개념

가치제안(value proposition)은 소비자가 특정한 상품이나 서비스를 구매함으로써 얻는 이익이 무엇인지를 명확하게 표현한 진술이다. 즉, 가치제안은 고객들이 경쟁제품 대신에 자사제품을 구매하는 이유를 표현한 기술이다. 이러한 기술은 특정한 상품이나 서비스가 다른 유사한 상품이나 서비스보다 더 많은 가치를 제공하거나 문제를 더 잘 해결한다는 것을 잠재소비자에게 확신시킬 수 있어야 한다. 따라서 가치제안은 회사가 무엇을 제공하는지, 어떻게 제공하는지와 이러한 서비스를 얼마나 독특하게 제공할 수 있는 이유를 기술한 것이다.

- 특정한 문제를 해결하거나 특정한 목적을 달성할 수 있다는 약속
- 잠재구매자들이 해결안으로부터 편익을 어떻게 얻는지에 관한 명확한 기술
- 구매자들이 해결안의 구매결과로써 기대할 수 있는 산출물 확인

가치제안은 회사와 고객들을 감성적으로 연결하고 고객들과 함께 사업을 하는 것이다. 이것은 회사와 경쟁자 간의 강력한 차별성을 창조한다. 고객들은 회사제품을 기꺼이 소개할 수 있지만, 구전내용을 정확히 알지 못하기 때문에 꺼릴 수 있다. 고객들에게 회사의 명확하고 독특한 가치제안 제시는 구전할 수 있는 탄약과 자신감을 준다. 사업이 새롭게 보인다면 가치제안의 검토는 고객을 위한 문제해결에 유용하다. 따라서 가치제안을 주기적으로 검토하고 갱신하고 고객을 이해하는 것이 중요하다. 다음은 가치제안의 목적이다.

- 선도사용자와 추천인의 수와 질 향상
- 표적시장에서의 시장점유율 확보
- 가치제안의 개선과 더 많은 사업기회 접근
- 운영의 효율성 증진

가치제안을 명확하게 표현할 수 있는가? 기업은 명확하게 가치제안을 할 수 있다고 가정한다. 고객들이 왜 경쟁제품보다 자사제품을 선택하는 이유를 아는가? 안다면 경쟁우위를 분명하게 표현할 수 있고, 사업을 성장시키는데 도움이 된다. 가치제안은 표적사용자가 제품의 구매와 사용으로 느끼게 될 경험의 기술이기 때문에 경쟁자와 무엇이 다른지를 명확하게 표현한다. 우수한 가치제안의 특성은 독특성, 편익성, 지원성과 지속성을 포함한다.

- **독특성**: 회사가 제공하는 가치가 경쟁자가 제공하는 가치와 다르다.
- **편익성**: 정량화 가능한 편익을 전달하고 구매할 이유를 제공한다.
- **지원성**: 광고를 지원하고 구매자의 위험을 감소할 증거를 제공한다.
- **지속성**: 고객가치를 지속적으로 전달한다.

2) 가치제안의 구성

가치제안 창출전략은 매력적인 경쟁우위를 선택하는 과정이다. 고객욕구의 확인을 통해서 창출된 가치제안은 시장을 확대하고, 독특한 가치를 고객들에게 제공한다. 가장 중요한 점은 고객에게 경쟁자와 다른 편익을 전달하는 것이다. 고객에게 편익을 전달하지만, 편익이 고객에게 실제로 중요한지를 언제나 파악할 수 있는 것은 아니다. 포지셔닝(positioning)은 표적고객들의 마음속에 시장 제공물에 대한 의도된 의미를 확립하는 과정이다. 효과적인 포지셔닝을 위한 가치제안의 구성요소는 표적고객, 고객욕구, 지각된 위험과 상대가격 등이 있다.

- **표적고객**: 고객특성, 최종 사용자, 유통경로
- **고객욕구**: 고객의 선호욕구와 편익, 가장 중요한 제품속성, 차별성
- **지각된 위험**: 제품의 사용으로 발생할 수 있는 예상치 않은 불안감
- **상대가격**: 고가, 동가, 저가

[그림 5-8] 가치제안의 구성

고객들은 상품이나 서비스의 구매나 사용에 불안하다. 고객들이 상품이나 서비스를 쉽게 구매하거나 사용하기 위해 회사는 고객의 지각된 위험을 최소화해야 한다. 지각된 위험(perceived risk)은 제품의 구매나 사용에 의하여 발생할 수 있는 예상치 않은 결과에 대한 소비자의 불안감을 뜻한다. 소비자들은 위험을 줄이기 위하여 보다 많은 정보를 탐색하거나 소량으로 구매한다. 다음은 지각된 위험이다.

- **성능위험**: 제품이 제대로 기능을 수행하지 못할 가능성
- **재무적 위험**: 제품구매 금액의 손실이 발생할 가능성
- **신체적 위험**: 제품의 안전성이 결여되어 신체에 상해를 줄 가능성
- **심리적 위험**: 제품이 자아 이미지와 일치하지 못할 가능성
- **사회적 위험**: 제품이 타인들로부터 인정받지 못할 가능성
- **시간적 위험**: 제품이 작동하지 못할 때 반품, 교환, 수선이나 대체 시간

3) 가치제안의 요소

매력적인 가치제안은 표적고객의 욕구를 충족하고, 경쟁자와 다른 가치를 제안하는 것이다. 제품이 어떻게 문제를 해결하거나 상황을 개선하는가? 고객은 어떤 특정한 편익을 기대하는가? 고객은 왜 경쟁제품 대신에 자사제품을 구매하는가? 가치제안은 이러한 질문에 답할 수 있어야 한다. 다음은 가치제안에 포함될 요소이다.

- **신기성:** 새로움이나 신기성에 근거한다.

- **성능:** 우수한 성능은 가장 중요한 제품특징이다.

- **맞춤화:** 소비자들은 자기표현과 개인주의 경향이 있다. 소비자의 선호에 맞게 제품을 주문 제작하는 옵션의 제공은 고객에게 가치를 추가한다.

- **과업완수:** 문제해결을 위한 과업완수인 제품은 고객의 생산성을 향상시킨다.

- **디자인:** 대부분의 의류상표는 우수한 디자인 때문에 높은 가격을 받는다.

- **브랜드 지위:** 호의적인 브랜드 연상으로 고객들은 충성도를 보인다.

- **가격:** 기존제품보다 더 싼 제품을 제공하는 회사들이 많다.

- **원가절감:** 기술은 고객에게 비용을 절감하는 역할을 수행한다.

- **위험감소:** 제품의 구매와 관련된 위험이 적을수록 고객은 더 많은 가치를 경험한다. 구매와 관련된 위험감소는 고객에게 마음의 평안을 제공한다.

- **접근성:** 고객이 제품에 쉽게 접근할 수 있어야 한다. 혁신기술과 비즈니스 모델의 변형은 미제공된 고객에게 접근성을 제공한다.

- **편의성과 사용성:** 편의성이나 사용성은 제품사용의 불편이나 좌절을 감소시킨다. 이것을 증가하는 제품을 제공하는 것은 매우 강력한 가치제안이다.

4) 표적고객의 이해

이해관계자들은 조직에 영향을 주거나 받는 사람들이나 조직이다. 표적고객은 상품이나 서비스를 구매하는 고객들이고, 표적공급자는 제품의 공급자나 유통자이며, 운영환경은 규제자, 입법자와 지역단체이다. 외부 이해관계자들을 확인하면 표적고객들을 정의하고, 표적고객들에게 제공하는 가치제안을 정의할 수 있다.

▎표적고객의 정의

제품을 실제로 사용할 표적고객은 정확하게 누구인가? 첫째, 표적고객은 제품의 의도된 사용자이다. 이들은 가치제안을 경험할 사람이다. 둘째, 표적고객은 제품의 주요 사용자이다. 또한 다른 2차 및 3차 제품사용자가 있을 수 있다. 다른 사용자도 회사의 고객 가치제안을 보증할 만큼 충분히 중요할 수 있다. 셋째, 표적고객 개인을 지칭하는 것이 아니라 동일한 특성을 공유하는 개인들의 집단을 의미한다. 어떤 제품은 하나의 표적고객보다 더 많을 수 있다. 이러한 경우에 고객 가치제안은 각 표적고객을 위해 개발된다.

회사는 고객 가치제안을 작성하기 전에 표적고객을 확인하고 개요를 작성해야 한다. 표적고객의 개요는 표적고객이 누구인지, 어디에서 발견할 수 있는지, 어떤 문제에 직면하는지, 어떻게 제품을 사용하는지를 이해하는 데 도움이 된다. 이러한 표적고객의 윤곽은 조사를 통해서 발견되고, 다음과 같은 사항을 포함한다.

- **대상:** 인구통계, 신분, 위치, 소득 정보
- **장소:** 표적사용자들이 발견되는 경로의 유형
- **동기:** 원하는 가치를 달성하는 데 필요한 행동
- **이유:** 제품이 제공하는 해결안
- **방법:** 제품의 상세하고 예상된 사용 방법

▎ 표적고객의 특성

표적고객과 이해관계자들의 핵심욕구, 특성과 추세를 이해하는 데 집중할 필요가 있다. 시장 조사는 일차조사와 이차조사로 이루어진다. 일차조사는 현재 존재하지 않는 자료나 정보의 수집이지만, 이차조사는 다른 목적으로 이루어진 기존 조사의 요약, 대조와 통합이다. 이차조사는 표적고객의 규모, 구조와 추세를 이해하기 위해 사용되지만, 일차조사는 표적고객의 욕구와 특성과 같은 질적 요소를 이해하는 데 사용된다. 실제로 이해관계자들이 욕구와 기대를 어떻게 생각하는지에 관한 통찰력을 주는 것은 일차조사이다. 다음은 표적고객의 욕구와 수요를 다루는 강력한 가치를 개발하는 데 중요한 고려요소이다.

- 표적고객의 규모
- 표적고객의 구조
- 표적고객의 욕구와 특성
- 표적고객과 관련된 소비추세

5. 혁신의 방향

　새로운 기술의 개발은 구기술을 진부화시키고 때로는 기존산업을 퇴출시키기도 한다. 신제품은 기술개발이나 고객욕구에서 비롯된다. 제품 설계자는 기술지향 또는 시장지향을 기반으로 신제품을 개발한다. 혁신의 동력은 신제품개발의 기회가 된다. 제품 설계자는 기술지향 또는 시장지향의 관점에 따라 신제품을 개발한다. 기술지향은 내부 아이디어에 기반을 두고 있으며, 잠재고객에게 현재의 성능을 향상시킬 수 있는 새로운 혁신기술을 적용하는 것이다. 이것은 R&D, 제조와 마케팅의 과정을 거친다. 이와는 반대로 시장지향은 고객욕구 사항과 기대에 따라 혁신이 이루어지는 것을 의미한다. 이것은 고객욕구의 확인, R&D, 제조와 마케팅의 과정을 거친다.

[그림 5-9] 혁신의 방향

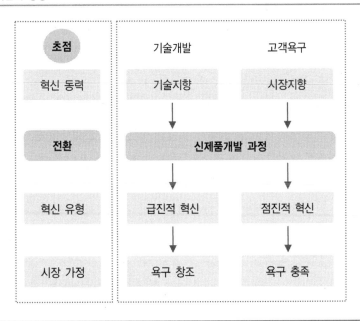

1) 기술지향

어떤 혁신기업은 혁신 프로세스가 아이디어 또는 발견으로 시작한다. 기술지향(technology push)은 기업이 기술 중심으로 전략을 세워 기술을 개발하고 개발된 기술을 적용할 제품용도를 찾아 제품을 생산하여 시장에 공급하는 방식이다. 기술을 먼저 연구하여 개발하면 이 기술을 이용하여 제품용도를 찾는다. 회사는 개발된 기술을 적용한 제품을 만들고 새로운 시장이나 욕구를 창출한다. 이 혁신 프로세스를 아이디어 지향이라고도 한다. 기술의 공백이나 아이디어를 발견하여 이를 근거로 하여 기술을 개발하고 이 개발된 기술을 어떤 부분에 어떻게 적용하는 가를 해결해야 한다. 대체로 아이디어나 발견을 발명으로 변형시키는 것과 실용적인 기술을 개발하는 것은 지식과 상상력을 가진 창의적인 개인에 의해서 이루어진다.

예를 들면, 레이저의 발명가인 시어도어 메이먼(Theodore Maiman)은 발명의 궁극적인 상업적 용도를 항상 예견하지 못했다. 터치스크린 기술은 영국의 RRE(Royal Radar Establishment)의 연구실에서 개발되었다. 휴렛 팩커드(Hewlett Packard)는 이 기술을 채택하고 터치스크린 컴퓨터를 출시했다. 나중에 기술이 세련되고 손으로 쓰는 것을 인식할 수 있게 되면서 Apples PDA와 Palm Pilot에 적용되었다.

기술지향의 과정은 아이디어나 발견, R&D, 제조, 마케팅과 판매의 과정을 거친다. 기술개발팀은 제품을 생산하는 데 사용되는 기술을 개발한다. Apple iPads는 새로운 기술, 새로운 외양, 새로운 기능성 및 완전히 새로운 시장을 개발하였다. 대체로 시장에 등장하는 혁신제품은 기술혁신의 결과로 나타난다. 과학자, 엔지니어 및 설계자는 항상 새로운 일을 새로운 방식으로 주어진 문제에 대한 궁극적인 해결책을 찾으려고 노력하는 사람들이다. 종종 새로운 기술이 탐구 중에 발견된다. 새로운 기술이 적용될 수 있거나 그렇지 않을 수도 있다. 또한 기술은 다른 응용 프로그램으로 이전된다. 신기술은 신제품을 개발하기 때문에 완전히 새로운 시장 틈새가 나타난다.

기술지향은 새로운 발명품이 R&D, 생산 및 판매 기능을 통해 사용자 요구를 충족시키는지 여부를 적절히 고려하지 않고 시장에 출시된다는 것을 의미한다. 기술지향 관점에서 기술자 또는 과학자는 새로운 지식을 창출하기 위해 실험실에서 연구를 수행한다. 새로운 지식은 생산, 판매 및 유통을 위해 조직의 나머지 부분에 이전되는 새로운 제품, 프로세스 또는 서비스의 기반을 형성한다. 오늘날 조직에서 기초과학 연구 또는 응용 연구 및 개발이 이루어져 효과적이고 경제적으로 제조되어 시장에서 판매될 수 있는 제품으로 설계 및 개발을 통해 진행된다. 시장은 과학 연구 및 발명의 산출물을 위한 용기로 간주된다.

218

[그림 5-10] 기술지향의 프로세스

기술 공백 → 기술개발 → 제조 → 마케팅 → 판매

2) 시장지향

　시장지향(market pull)은 시장과 고객욕구를 확인하여 제품 아이디어를 창안하는 방식이다. 즉, 시장지향은 고객욕구와 기대에 따라 혁신이 이루어지는 것을 의미한다. 시장지향은 신제품에 대한 욕구나 필요 또는 시장에서 느끼는 문제에 대한 해결책을 말한다. 욕구나 필요는 잠재고객 또는 시장조사에 의해 확인된다. 시장지향은 잠재적 고객이 기존제품의 개선을 요구하기 시작하는 경우가 있다. 제품 진화에 영향을 미치는 시장지향의 좋은 예는 디지털 카메라의 개발에서 볼 수 있다. 즉시 볼 수 있는 필름이 없는 카메라에 대한 시장 요구가 있었다. 당시의 기술은 이러한 장치의 제조로 이어지지 못했다. 그러나 기술은 대체로 시장 요구를 따라 잡는 습관이 있다. 결국 디지털 카메라의 개발로 이어졌다. 때로는 시장이 혁신적인 신제품을 요구하지만 기술이 개발되지 못하는 경우가 있다. 예를 들면, 자율주행 전기 자동차는 인기를 얻고 있으나 아직은 대중화에 시간이 필요하다.

　시장에서 고객욕구를 파악해 이를 충족시키는 제품을 만들어야 성공할 수 있다. 즉, 시장에서 전략을 끌어낸다는 뜻으로 이는 고객 중심이다. 고객욕구의 확인, R&D, 제조, 마케팅과 판매의 과정을 거친다. 고객의 욕구에서 얻는 아이디어를 구체화한 것이 신제품이다. 고객의 욕구와 제품의 수요는 시장을 변화시킨다. 이들은 종종 기존 아이디어에 대한 개선이다. 예를 들면, 프로그램 세탁기이다. 시장지향의 효과는 새롭거나 향상된 제품에 대한 소비자의 욕구, 경쟁제품 출시와 시장 점유율 향상 등이 있다. 따라서 시장지향은 시장 수요, 경쟁자의 제품 또는 고객의 선호도를 토대로 새로운 제품이 개발된다.

[그림 5-11] 시장지향의 프로세스

시장지향은 제품개발 과정에서 문화 및 행동 접근에 대한 특정 관점에 중점을 둔다. 시장지향을 현재와 잠재고객 및 경쟁자에 대한 정보수집, 시장지식 개발을 위한 정보분석, 전략의 인식, 이해, 창조, 선택, 구현 및 수정을 안내하기 위한 지식의 체계적인 사용을 포함한다. 시장지향은 시장(고객, 경쟁자, 공급자 및 환경)에서 정보를 얻고, 시장정보를 분석하고 평가하는 등 조직 전체가 정보를 사용하는 관점이다. 경쟁자 정보와 고객정보를 수집, 분석 및 사용한다. 기능 간 조정은 정보의 효과적인 사용을 달성하는 데 필요한 정보공유를 지원한다. 시장지향의 영역은 고객지향과 경쟁자 지향이 있고 때로는 이들 기능 조정이 필요하다.

- **고객지향**: 지속적으로 우수한 고객가치를 창출하기 위해 고객을 이해한다.
- **경쟁자 지향**: 경쟁자의 단기적 강·약점, 장기적 역량과 전략을 이해한다.

[표 5-2] 혁신지향의 비교

속성	기술지향	시장지향
• 기술 불확실성	고	저
• 연구개발비	고	저
• 연구개발 기간	장	단
• 시장 관련 불확실성	고	저
• R&D와 고객통합	어려움	쉬움
• 고객경험	무	유
• 고객교육	보통 필요	다소 불필요
• 시장조사 유형	질적 탐색조사	양적 시장조사
• 고객행동의 변화 필요	광범위	최소

3) 통합 프로세스

제품수명주기가 단축됨에 따라 경영자들은 통합된 혁신 프로세스 및 전체 해결안에 대한 관심이 높아졌다. 통합 프로세스 접근 방식은 병렬 활동이다. 기술지향에서 오는 혁신은 오래된 제품 또는 서비스를 성장시키는 데 있어 연구원(내부 또는 외부)의 불만족에서 시작한 다음 새로운 노하우를 제품 또는 서비스로 상업화하는 것이다. 기술지향은 시장에서 수요가 존재하는지 여부를 보지 않고 시장에서 제품 또는 서비스의 창조적이거나 파괴적인 것이 특징이지만, 시장지향은 주로 대체품이나 개선제품이 특징이다.

고객욕구를 확인하여 이를 해결하는 제품을 판매하는 시장지향과 고객욕구를 창조하기 위해 기술을 개발하고 제품을 판매하는 기술지향은 추진 과정이 서로 다르다. 신기술의 개발에 의한 제품개발은 기술지향이고 고객욕구를 파악하여 개선제품을 개발하는 것은 시장지향이 적합하다. 사업의 목적은 고객창조이기 때문에 사업은 혁신과 마케팅이라는 기본 기능을 가지고 있다. 고객에게 제품을 알리고 그들이 혁신을 구매하기 위한 관심을 갖도록 해야 한다.

[표 5-3] 혁신 동력의 추진 과정

기술지향	시장지향
• 새로운 기술개발	• 고객욕구 확인
• 적합한 응용 프로그램 발견	• 잠재고객의 불편이나 고통 해결
• 고객욕구 창조	• 고객욕구 충족
• 시장규모, 수요, ROI 추정	• 제조문제 해결

4) 기업의 전략

제품개발 과정에서 기술지향은 회사 내부 프로세스에서부터 시작되나 고객지향은 회사 외부, 특히 고객이 있는 시장에서 시작된다. 고객지향 조직은 이미 고객이 존재한다고 가정하고, 특히 고객들은 원하고 필요로 하는 측면에서 일정한 행동 패턴을 가지고 있다고 판단한다. 이러한 고객들은 잘 변경되지 않는다. 기업은 제품을 원하거나 필요로 하는 고객을 식별하고 이해해야 한다. 또한 고객의 욕구와 필요를 충족시키는 방법을 찾아야 한다.

반면에 제품지향 조직은 제품에 대한 고객욕구가 존재한다고 가정하지 않는다. 그러나 고객이 제품을 원하고 필요하다는 것을 깨닫기 위해 기술을 개발하고 제품을 개발하여 출시한다. 이 접근법에서 고객은 안정된 행동 양식을 갖고 있지 않으며 회사에 유익한 그리고 수익성 있는 방식으로 행동이나 태도를 변경하거나 바꿀 수 있다고 간주한다.

[그림 5-12] 기술지향과 고객지향의 추진 과정비교

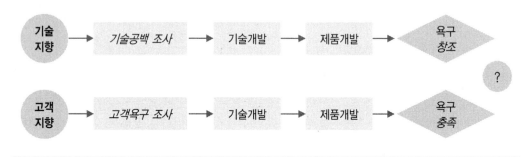

(1) 기술지향 기업

기술지향은 먼저 기술을 개발하여 제품을 만든 다음 시장을 찾는 방식이다. 기본적으로 제품이 우수하면 고객이 제품을 구매하여 수익을 창출한다는 가정 하에 운영된다. 제품 중심의 환경에서는 재능 있는 개발팀이 시장의 현 상태보다 구체적으로 고객이나 사용자의 욕구와 선호도를 창조하거나 진화시킬 수 있다고 가정한다. 개발팀은 디자인, 기능, 속성, 설계 및 제조에 중점을 둔다. 다른 부서는 제품에 대한 지원 역할을 수행하며 여기에는 재무, 인력 및 IT 부서까지 포함된다. 마케팅팀은 제품을 가져 와서 시장에 도입할 책임이 있고, 제품은 독립적인 사업처럼 관리된다. 직원들은 제품에 특별히 배치되고 제품 관리자는 해당 제품의 CEO 역할을 맡는다. 모든 노력과 자원이 해당 제품에 집중된다.

▌기술지향 기업의 전략

기술지향 기업은 고객욕구 대신 제공되는 기술이나 제품에 집중한다. 예를 들면, 애플은 기술지향 기업에 해당된다. 기술지향 조직에서 중요한 결정을 내리는 조직은 임원과 설계자이다. Amazon에서 무엇을 시장에 내놓을지 결정하는 것은 제품 관리자이다. 페이스북의 엔지니어들은 도입할 기능을 관리하는 엔지니어이다. Google도 마찬가지이다. 즉, 큰 의사결정을 내리는 것은 엔지니어이다. 주요 전략에는 대중 마케팅, 독특한 제품과 포지셔닝 집중 등이 있다.

[그림 5-13] 기술지향 기업의 전략

제품 전략	대중 마케팅
	독특한 제품
	포지셔닝 집중

① 대중 마케팅: 기술지향 기업은 고객이 제품이 무엇인지 완전히 인식하지는 못하지만 제품을 찾는 고객이 많다고 가정하기 때문에 대량 마케팅이 효과적인 전략이다. 목적은 가능한 많은 잠재고객에게 제품을 알리는 것이다.

② 독특한 제품: 기술지향 기업은 독특하고 특색이 있는 제품을 만들어야 한다. 고객들이 회사가 제품을 만들거나 판매하는 유일한 기업으로 인식해야 한다. 따라서 고객들은 회사 이외의 다른 제품을 구매할 수 없다.

③ 포지셔닝 집중: 기술지향 기업이 독특한 제품을 만들 수 없다면 경쟁제품 중에서 가장 선호되거나 최고의 제품이 되도록 제품을 포지션해야 한다. 예를 들면, 코카콜라가 최고의 청량음료 회사로 자리 잡은 경우이다.

▌기술지향 기업의 사례: Apple

기술지향 기업의 대표적인 사례는 Apple이다. Steve Jobs는 제품이 출시되기 전에는 고객이 필요한 것을 알지 못하는 제품을 성공적으로 만들었다. 그들은 "우수한 제품을 만들면 고객들이 올 것이다"라는 전략으로 고객이 필요한 것을 알기 전에 iPads를 만들어냈다. 그들은 시장이나 고객을 반드시 확인하지 않고 제품을 만들었고, 일단 제품이 출시되면 시장이 생길 것임을 알았다. 애플은 iTouch와 iPhone을 만들어 운영했다. iTouch 팀

은 개발에만 전념했으며 iPhone 팀도 동일한 작업을 수행했다. 두 팀의 제품들은 유사점을 가지고 있었다. 그러나 이것은 경쟁이 아닌 제품에 초점을 맞추기 때문에 제약이 되지 않았다. Apple은 예상보다 짧은 시간 내에 우수한 제품을 만들 수 있었고 서로 보완했다. 결국 Apple은 제품을 출시할 때 장치를 판매하는 유일한 제품이 되도록 독특한 제품을 제안할 수 있었다.

▌제품지향 기업의 사례: Amazon

Amazon은 제품지향 접근 방식을 성공적으로 채택한 기업의 또 다른 대표적인 예이다. 이것은 Amazon CTO인 Werner Vogels가 거꾸로 일하는 것(working backwards)으로 묘사한다. 제품출시에 필요한 보도 자료 및 자주 하는 질문서를 작성한다. 여기에는 모형(mockup), 상세한 이야기 및 설명이 포함되어 있으며, 이것은 고객경험에 대한 정확하고 상세한 설명을 제공한다. 고객은 제품으로 무엇을 할 수 있는가? 제품이 고객에게 제공할 수 있는 기능은 무엇인가? 이것은 종종 사용자 매뉴얼을 쓰는 것을 수반하며 아마존이 하는 일이다. 또한 이것은 아마존의 모든 사람들에게 고객을 위해 어떤 제품을 판매할 것인지에 대한 명확한 비전과 방향을 제시한다.

(2) 고객지향 기업

고객지향은 기업이 시장에 나가서 고객에 대한 정보를 얻고 수집된 정보를 기반으로 제품을 개발하는 과정이다. 초점은 고객에게 있다. 어떻게 하면 고객을 만족시킬 수 있을까? 기업이 고객들의 욕구를 해결하기 위해 무엇을 할 수 있을까? 고객들의 기대를 어떻게 충족시키고 초과할 수 있을까? 고객지향은 고객이 만족할 경우에만 기업이 살아남을 수 있다는 가정 하에 운영된다. 따라서 기업은 우수한 고객 서비스 및 지원과 함께 고품질의 제품과 서비스를 제공하기 위해 모든 노력을 기울여야 한다. 이 환경에서의 제품개발은 주로 고객이 원하는 것을 기반으로 한다. 따라서 고객의 욕구와 선호도에 초점을 맞춘 시장조사가 실시된다. 수집된 정보를 바탕으로 제품개발팀은 고객욕구를 해결하는 설계를 제안하고 제품을 개발하여 출시한다. 결국 제품은 고객을 염두에 두고 설계 및 제작되었으므로 이미 시장 및 고객이 있다는 것을 가정한다.

▌고객지향 기업의 전략

고객지향에서도 기업이 양질의 제품을 가져야 한다는 것은 말할 필요도 없다. 우수한 제품은 시장이 찾고 있는 제품속성과 기능을 제공한다는 것을 의미한다. 제품품질 외에 기업은 수익을 얻기 위해 몇 가지 기술과 전략을 사용한다. 속도성, 융통성과 편리성, 고객과의 긴밀한 접촉, 추가된 혜택 제공과 서비스 표준의 일관성에 크게 의존한다.

[그림 5-14] 고객지향 기업의 전략

고객
전략

속도성

융통성과 편리성

고객과의 긴밀한 접촉

추가된 혜택 제공

서비스 표준의 일관성

① **속도성**: 우수한 기업은 경쟁자보다 빠른 속도로 제품과 서비스를 신속하게 제공하고 고객을 먼저 얻는다. 고객은 제품과 서비스가 빨리 제공되고 시간을 절약하길 원한다. 이는 고객이 문의나 요청할 때 응답하는 속도에도 적용된다. 응답은 즉시 이루어져야 하며, 특히 부정적인 응답을 전달해야 하는 경우에는 속도는 필수 사항이다. 응답 시간이 합리적이고 견딜 수 있는지 확인한다. 대기 상태로 유지된다면 고객은 만족하지 않을 것이다.

② **융통성과 편리성**: 고객은 제품구매 과정에서 융통성과 편리성을 찾는다. 기업은 욕구의 다양화와 구매의 편리성을 위해 다양한 크기의 제품을 제공한다. 온라인 상거래는 고객이 보다 편리하게 구매할 수 있는 경로이다. 신용카드 및 직불카드를 사용하여 구매결제를 신속하게 한다. 노인 고객에게 우선순위 방법을 추가하는 것도 융통성과 편리성을 향한 전략이다.

③ **고객과의 긴밀한 접촉**: 기업 운영은 기본적으로 고객과 고객의 욕구, 선호도 및 기대에 의해 좌우된다. 접촉은 기업과 고객 간의 연결 고리이므로 전담 고객 서비스와 지원 업무를 수행하는 것이 필요하다. 고객 설문, 안내 이메일 발송 또는 소셜 미디어 플랫폼을 통한 고객 피드백 획득은 매우 유용하다. 전화 통화 또는 온라인 대화보다 대면 상호작용은 대부분의 고객에게 높이 평가된다. 고객은 직원들의 무례나 고객 서비스의 부족을 발견하면 브랜드를 전환하여 다른 곳으로 이동하는 것을 주저하지 않을 것이다.

④ **추가된 혜택 제공**: 고객에게 추가된 혜택은 특별한 의미를 제공한다. 고객은 구입하는 제품에서 무료나 특정한 혜택 이상을 찾는다. 때로는 무형의 가치가 유형의 가치보다 훨씬 더 크기 때문에 기업은 가능한 한 많은 무형의 가치를 포장해야 한다. 추가된 혜택의 목표는 고객기대를 충족하는 것이 아니라 고객의 기대를 뛰어 넘는 것이어야 한다.

⑤ **서비스 표준의 일관성**: 기업은 일관성 있는 표준 서비스를 실천한다. 이를 위해서는 고객

서비스 또는 처리 방법에 대한 기준이 마련되어야 고객 서비스를 일관되게 적용할 수 있다. 고객이 경쟁자보다 더 나은 대우를 받는다면 기업을 매우 호의적으로 생각할 것이다.

▌고객지향 기업의 사례: 삼성

잘 알려진 고객지향 브랜드 중 하나는 삼성전자이다. 삼성 전자는 고객과 시장을 이해하고 고객이나 시장의 욕구를 효과적으로 충족하기 위해 마케팅 및 설계에 많은 노력과 자원

을 투입하는 기업이다. 제품을 개발하거나 중요한 경영 의사결정을 내리기 전에 필요한 첫 번째 단계는 고객이 원하는 것을 찾아내는 것이다. 고객의 욕구와 필요 사항을 충족시키기 위해 할 수 있는 일을 한다. 따라서 삼성은 고객관리 및 애프터서비스에 항상 집중적으로 투자하고 있다. 삼성은 스마트폰을 만들 때 애플처럼 스마트폰에 혁명을 일으키지 않았다. 그러나 삼성이 한 것은 스마트폰에 대해 보다 저렴한 대안을 모색하는 사용자들의 이야기를 경청했다. 그런 다음 iPhone 제품과 쉽게 경쟁할 수 있는 기능을 갖춘 스마트폰을 더 저렴한 가격으로 제공했다.

6. 소비자의 구매 의사결정

소비자 중심의 신제품개발의 핵심은 가치 있는 제품 제안을 제공하는 수단으로서 기술과 마케팅을 이해한 다음에는 소비자 행동을 이해하는 것이다. 소비자 의사결정은 욕구 형성, 추론 형성 및 구매 과정으로 구성된다. 이 모델의 구조는 마케팅 아이디어를 기반으로 한다. 소비자는 제품이 원하는 편익을 제공한다고 생각하기 때문에 제품을 구매한다. 이러한 필요와 인식의 지각된 일치는 선호와 시험구매로 이어지며, 약속된 편익을 전달하면 반복구매로 이어진다. 첫 번째 시험구매 후 제품에 대한 경험이 긍정적인 경우, 즉 제품이 소비자의 기대에 부합하는 경우 소비자는 제품을 다시 구매하려고 한다.

[그림 5-15] 신제품 구매 의사결정 모델

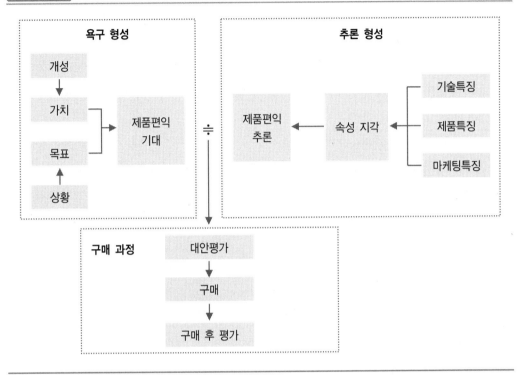

1) 욕구 형성

욕구 형성은 고객이 특정한 순간에 제품으로부터 얻고자 하는 제품편익을 생각하는 과정이다. 제품편익에 대한 기대는 개성, 가치, 목표와 상황 요인에 의해서 좌우된다. 소비자가 제품에서 기대하는 편익은 소비자의 개성, 지속적인 요인과 상황에 따라 다르다. 개성은 가치 판단에 중요하게 작용한다. 개성은 한 개인을 특징짓게 하는 일관된 행동 양식이다. 이것은 시간, 상황이 달라져도 지속되며, 한 사람을 다른 사람과 구별짓는 생각, 감정, 행동들의 패턴이다. 따라서 개성은 환경에 대하여 특정한 행동 형태를 나타내는 개인의 심리적 체계이기 때문에 개인의 개성 차이는 구매욕구와 행태에서 다르게 나타난다. 독특한 개인의 개성은 화장품, 의류나 주류제품 등 구매에서 많은 차이가 있다.

가치는 제품 및 서비스 구매를 포함하여 일련의 행동과 관련하여 궁극적인 인간 동기를 나타내기 때문에 소비자가 원하는 것에 대한 설명에서 대중적이고 유용한 개념이다. 슈워츠(Barry Schwartz)는 인간의 가치가 권력, 성취, 쾌락, 자극, 자기 지시, 보편주의, 자비, 적합성, 전통 및 안전 등 10개의 영역으로 분류한다. 이것은 개인주의적 가치 대 집단적 가치, 보수 지향적 가치 대 변화 지향적 가치의 축에 걸친 순환적 표현으로 분류될 수 있다. 가치는 모든 인간에게 적용된다는 의미에서 보편적이지만, 사람들은 가치에 붙이는 상대적인 무게가 다르다. 가치는 소비자 선택을 설명하는 데 광범위하게 사용되고 장점은 상황과 시간에 따라 안정적이다. 가치는 소비자의 지속적인 동기부여 측면을 제공하고 종종 특정 제품 선택과 관련이 있지만 특정 행동을 예측하는 데는 상대적으로 약하다.

목표는 가치보다 특이성이 높으며 상황 요소가 있다. 음식을 구입할 때, 소비자는 가족을 기쁘게 하거나 자신에게 보람을 주고, 체중을 줄이는 목표를 가질 수 있다. 가족을 기쁘게 하는 목표는 사랑과 안전과 같은 가치와 연결된다. 예를 들면, 특정 음식의 선택과 관련하여 체중 감량이라는 목표는 즐거운 경험과 서로 충돌할 수 있다. 목표 갈등을 해결하는 제품을 개발하는 것은 특히 식품 분야에서 중요하다. 목표는 접근이나 회피 갈등과 연결될 수 있다.

상황은 제품의 구매나 사용 상황과 관련이 있다. 제품 사용 상황은 사회적 편익이 크게 좌우된다. 사람들은 남과 다르다는 차별성이나 사회적 인정을 추구하는 경향이 있다. 특히 명품이나 패션제품은 사회적 편익에 영향을 크게 받는다. 집에서 사용되는 제품, 사람들이 보는 가운데 사용되는 제품이나 선물용 제품인 경우에는 추구하는 제품편익이 다르다. 제품편익은 기능적 편익, 경험적 편익이나 상징적 편익이 있다.

2) 추론 형성

추론 형성은 제품편익을 추론하는 것을 의미한다. 사용 가능한 제품이 원하는 제품편익과 일치하는지를 소비자는 제품에서 추론한다. 제품특징, 속성 및 브랜드를 기반으로 소비자는 제품이 제공하게 될 편익과 관련하여 기대치를 형성한다. 이러한 추론은 어느 정도의 불확실성을 지닌다. 많은 경우에 이러한 추론은 이전 경험으로부터 배운 제품경험이나 연상을 근거로 할 수 있다. 이러한 속성은 경험속성이다. 경험속성은 제품을 사용하면 제품속성을 파악할 수 있다. 제품이 안정성, 편리성 및 소비에 직접적으로 인식할 수 있는 다른 이점을 제공하면 다음 소비 상황에서 기대를 강화한다. 많은 제품품질에 있어서 신뢰속성은 경험으로부터 학습이 거의 불가능하다. 예를 들면, 건강검진은 일반적인 소비 후에도 제품품질을 확인할 수는 없는 신뢰속성이다. 소비자들은 정보와 추리 신념으로 알려진 중요한 심리 과정을 통해 신뢰속성을 형성한다.

정보의 신념 형성에서 소비자는 라벨의 사용, 포장 표시 및 소비자 단체 등의 권고를 통해 관련 및 권위 있는 다른 사람들이 제공한 정보를 추론한다. 추론적 신념 형성에서 소비자는 유익한 관계라고 생각하는 것에 자신의 경험 법칙을 사용한다. 결과적으로 디자인과 같은 단서는 제품이 자연스럽고 지속 가능하다는 것과 같은 신뢰속성에 대한 추론을 유발할 수 있다. 소위 품질신호 또는 품질단서에

에너지 소비효율 1등급
낮은 전력으로
알뜰하게 사용 가능!

기초한 추론적 신념 형성은 제품에서 예상되는 편익이 알려지지 않았거나 이전 경험이 도움이 되지 않을 때 중요한 소비자 전략을 구성한다. 소비자가 이러한 추론을 할 수 있는 능력은 제품에 대한 지식과 역량에 달려있다. 추론은 의도적일 수 있지만 종종 반자동적이고 거의 자동으로 수행된다. 에너지 소비효율 등급 표시를 보면 전력 사용량을 예상할 수 있기 때문에 제품의 경제성을 추론할 수 있다. 그러나 소비자는 전문가가 아니기 때문에 이러한 유형의 정보를 기반으로 올바른 추론을 한다고 자신감을 느끼지 못한다.

추론 과정은 신제품이 많은 정보를 전달함에 따라 더욱 복잡해지고 있다. 시장에 나와 있는 신제품은 브랜드 이름을 가지며, 품질 표시와 라벨을 포함한다. 이 정보는 색상, 그림 및 다양한 문체 요소를 사용하는 포장재에 내장된다. 소비자가 사용 가능한 단서에서 제품편익에 대한 추론을 하는 방식은 소비자의 제품지식을 기반으로 한다. 제품단서에서 얻은 제품편익을 추론하는 방법에 대한 지식, 즉 제품편익이 어떻게 목표와 가치를 달성하는 데 도움이 되는지에 대한 지식을 결합하면, 수단목적 사슬이 얻어진다. 수단목적 사슬은 소비자가 제품과 자신에 대한 지식의 결합을 기반으로 제품을 사기 위해 동기부여되는 방법을 보여주는 도구이다.

3) 구매 과정

구매 과정은 대안을 평가하고 제품을 구매하는 과정이다. 대안을 평가한 후 시험구매 및 반복구매를 위한 구매의도가 형성된다. 즉, 대안 간에 제품의 가격이나 제품의 장점을 비교하여 제품을 처음 구입할 의사가 있는지, 그리고 제품을 계속 구매할 것인지의 여부를 결정한다. 소비자가 신제품에서 추론하는 제품편익이 원하는 편익과 일치하는 정도는 소비자가 제품을 구매하려는, 즉 처음 구매할 의사와 관련된다. 그러나 제품이 소비자가 상점에서 요구하는 가격을 기꺼이 지불할 만큼 혜택이 충분히 높다고 인식될 때만 구매로 이어질 것이다. 지불할 의지와 어떻게 지불하려고 하는지는 제품편익에 달려있다. 지불하겠다는 의지를 결정할 때 소비자들은 비교점을 찾으려고 노력할 것이다. 소비자는 새로운 제품이 속한 제품범주의 준거가격을 잘 알고 있을 수 있으며, 일반적으로 이를 기준점으로 사용한다. 신제품이 준거가격보다 높으면 지불할 의향은 감소된다. 혁신성이 높은 제품의 경우 기존 범주로 분류하는 것이 더 어려울 수 있으며 준거가격이 또한 판단의 근거가 되기 어렵지만 대부분의 경우 소비자는 고객이 제품가격에 대한 판단을 내릴 수 있도록 하는 이전 경험을 토대로 비교점을 찾는다.

제품을 한 번 구매한 후에는 소비자가 제품에 대한 경험을 갖게 되며, 이 경험은 소비자가 제품을 반복구매할지에 중요한 영향을 미친다. 소비자가 식품에서 기대할 수 있는 일부 편익은 사실상 맛과 편리이다. 이처럼 제품구매 여부에 대한 결정은 특별한 편익에 대한 경험에 달려 있다. 건강에 좋고 지속 가능성 면에서 다른 이점이 있음에도 불구하고 나쁜 맛을 지닌 제품은 다시 사지 않을 것이다. 또한 소비 후 맛은 구매 전보다 건강에 비해 제품평가에서 더 큰 역할을 한다. 맛과 경험할 수 있는 편익이 다르지 않다면, 구매를 반복할 것이다.

구매 단계에서의 추론과 소비 단계에서의 추론은 소비자가 유기적으로 생산된 제품이 동일한 감각 프로필을 가진 경쟁제품보다 실제로 맛이 좋다고 믿는 경우와 같이 서로 영향을 미칠 수 있다. 경험은 기대에 동화된다. 또한 준비와 소비 과정에서 경험할 수 없는 편익의 존재에 대한 소비자의 인식을 강화하거나 약화시킬 수 있는 새로운 신호가 발생할 수 있다. 예를 들어, 소비자는 포장의 느낌이 매우 지속 가능하지 않다고 생각하거나 제품의 맛이 건강에 좋지 않을 수도 있음을 나타낼 것이라고 생각할 수 있다. 편의성과 함께 제품에 대한 감각적 경험은 새로운 제품의 시험구매가 반복구매로 전환되는지에 중요하다.

New Idea

제6장

비즈니스 모델

New Idea

富의 수직 상승
아이디어에 길을 묻다

1. 비즈니스 모델

인터넷의 출현으로 새로운 사업을 개발하기 위해 비즈니스 모델이라는 용어가 널리 사용된다. 아마존, 이베이, 델과 에어비앤비와 같은 회사들은 가치창조의 기존 논리를 파괴하고, 그들의 산업영역을 사로잡는 혁신적인 모델로 세계적으로 알려지게 되었다. 이러한 기업들은 가치창조와 가치포착의 특별한 방법을 시도했다. 아마존의 혁신적인 비즈니스 모델은 도서 소매부문에서 기존의 소매회사와 다른 온라인 소매업 기업의 새로운 유형을 창조하였다. 비즈니스 모델은 새로운 서비스와 제품을 조사하는 체계적이고 구조화된 방식을 제시한다.

1) 비즈니스 모델의 개념

비즈니스 모델(business model)은 어떤 상품이나 서비스를 어떻게 소비자에게 제공하고, 어떻게 마케팅하며, 어떻게 돈을 벌 것인가에 관한 계획이나 사업 아이디어이다. 비즈니스 모델은 새로운 서비스나 제품이 제공하는 가치의 개발, 도입과 촉진 등과 관련된 요인들을 이해하는 체계적이고 구조화된 방식이다. 기업은 비즈니스 모델을 사용함으로써 새로운 서비스나 제품의 개발, 도입과 촉진에 있는 위험을 잘 통제할 수 있고, 서비스나 제품의 성공기회를 창조할 수 있다. 비즈니스 모델은 기업이 가치를 어떻게 창조하고 유지하는지에 관한 논리를 일관성 있게 설명한다. 비즈니스 모델은 사업 아이디어이지만 사업계획은 아이디어의 구현이다. Moingeon과 Lehmann-Ortega에 따르면 비즈니스 모델은 고객에게 가치제안, 가치구성과 수익등식을 통해서 가치를 창조하는 구조이다.

- 가치제안: 가치제안은 고객세분화와 고객에게 제공되는 상품이나 서비스를 포함한다. 고객은 회사로부터 가치를 제공받을 사람이고, 가치제안은 회사가 고객에게 가치를 제공하는 것을 의미한다.
- 가치구성: 가치구성은 고객에게 가치를 어떻게 전달하고, 가치를 달성하기 위해 사용되는 활동과 자원을 의미한다. 이러한 요소는 가치사슬의 결합이다.
- 수익등식: 수익등식은 가치제안과 가치구성의 결합으로 얻는 결과이다. 수익등식은 판매수입, 비용구조와 자본에 영향을 준다.

[그림 6-] 비즈니스 모델

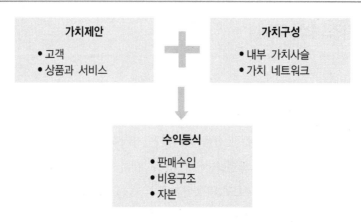

2) 비즈니스 모델의 분류기준

비즈니스 모델은 공급자, 회사, 고객과 기타 다른 협력자로 구성되는 가치사슬 흐름에 근거한다. 이러한 비즈니스 모델의 주요 기준은 거래품목, 소유권 관계와 수익으로 구분된다. 고객, 공급자와 협력자가 비즈니스 모델의 역할 수행 구성원들에게 주어진 특정한 역할이 있다는 것을 고려하는 것이 중요하다. 어떤 회사는 다른 회사를 위해 고객의 역할을 하지만, 이것은 자신의 고객을 위해 공급자로서 행동하는 것을 의미한다.

[표 6-1] 비즈니스 모델 분류기준

거래품목			소유권 관계			수익		
서비스	상품	보조제품	생산	콘텐츠	중개	직접수익	수수료	구독료

(1) 거래품목

모든 비즈니스 모델에서 고객, 공급자와 협력자들은 어떤 품목의 교환을 통해서 서로 상호작용한다. 거래품목은 수익을 얻기 위해 고객에게 제공된 제품이다. 이 기준은 서비스, 상품과 보조제품이 있다. 서비스는 고객지원, 구매자와 판매자 연결과 같은 서비스이다. 상품은 유형제품이고 보조제품은 기업의 핵심 서비스나 상품이 아니라 서비스나 상품의 구매를 촉진하는 제품이다.

(2) 소유권 관계

제공된 상품이나 서비스의 소유권은 생산, 콘텐츠와 중개로 구분된다. 생산은 회사가 생산한 품목이다. 콘텐츠는 대중매체나 관련 미디어 활동에 게재된 구조화된 메시지이다. 콘텐츠는 사용자들 간의 상호작용 없이 생산될 수 없다. 중개기관은 상품과 서비스를 사용자와 연결하는 플랫폼을 제공하는 것을 의미한다.

(3) 수익

수익은 직접 수익, 수수료와 사용료가 있다. 직접 수익은 비즈니스 모델의 소유자로서 회사가 정의된 사용자나 고객에게 상품이나 서비스를 제공함으로써 수익을 얻는 것이다. 수수료는 이커머스 회사의 주된 수입으로 서비스의 사용자들이 지불하는 돈이다. 구독료는 사용자들로부터 받는 수수료로 임대의 형태로 얻게 된다. 이 수수료는 고정, 기간이나 사용량 기준으로 부과된다.

3) 비즈니스 모델의 분류

많은 학자들이 비즈니스 모델의 유형을 분류하였다. Michael Rappa는 9가지 비즈니스 모델을 제안하였고, 각 유형별로 사업운영 방식에 따라 보다 구체적인 모델들을 제시하였다. 그러나 비즈니스 모델은 아직도 다양한 방식으로 개발되고 정의되고 분류되고 있다. 인터넷 비즈니스는 계속 진화하기 때문에 제시된 분류는 완전하지는 않지만 새로운 비즈니스 모델을 혁신하는 데 유용하다.

[표 6-2] 비즈니스 모델의 분류

모델 유형	설명
중개모델	중개인은 다른 관계자들에게 서비스를 제공하고 대가를 받는다.
광고모델	상품과 서비스의 광고를 제공하는 모델이다.
정보중개모델	고객정보를 수집하여 기업에 판매하는 모델이다.
판매자모델	상품과 서비스의 도매상과 소매상의 온라인 상점이다.
생산자모델	생산자가 직접 판매하는 모델이다.
제휴모델	상품구매를 촉진하기 위해 파트너 사이트와 제휴하고 재무 인센티브를 제공한다.
공동체모델	유사한 흥미를 가진 사람들끼리 서로 정보를 공유한다.
구독료모델	사용자들은 서비스를 사용하기 위해 주기적으로 사용료를 지불한다.
사용량모델	사용량에 따라 사용료를 지불한다.

(1) 중개모델

중개모델은 중개인이 다른 관계자들에게 서비스를 제공하고, 대가로 요금을 부과하는 모델이다. 제품은 중개인의 소유가 아니다. 서비스에 따라 중개인은 수익을 창출하고 서비스의 양에 따라 수수료를 부과한다. 그러나 다른 회사가 생산한 상품이나 서비스의 소유권을 갖는 경우도 있다. 또한 중개인은 시장조성자로서 직접적 수익을 창출한다. 중개인은 판매자도 되고 구매자도 되어 거래를 촉진한다. 중개인은 B2B, B2C, C2C에서 다양한 역할을 수행하고, 이러한 거래 수행에 대해 수수료를 사용자에게 부과한다. 새로운 비즈니스 모델의 계속적인 출현으로 수수료 부과 방식은 매우 다양하다.

- **교환**: 시장평가, 협상과 주문 처리까지 서비스의 전체 범위를 제공한다. 교환은 독립적으로 또는 컨소시엄에 의해서 지원된다.
- **구매와 판매처리**: 상품이나 서비스를 구매하거나 판매하기 위해서 고객의 주문을 처리한다.
- **경매 중개인**: 중개인이 판매자를 위해서 경매를 수행한다. 중개인은 판매자에게 거래의 가치에 따라 등록 수수료나 거래 수수료를 부과한다.
- **역경매 시스템**: 잠재구매자가 특정한 상품을 최종적으로 가격을 제시하여 입찰하고 중개인이 주문을 처리한다.
- **거래 중개인**: 구매자와 판매자 간의 거래를 해결하고 수수료를 받는다.
- **유통업자**: 중개인은 구매자와 판매자 간의 거래를 촉진하지만, 유통업자는 직접 제품을 제조업자로부터 구매하여 소매업자에게 판매하는 상인이다.
- **가상시장**: 가상시장은 사이트를 구축하고, 상품이나 서비스 등록 수수료와 거래 수수료를 부과하는 온라인 상인을 위한 호스팅 서비스이다.

(2) 광고모델

광고모델은 이커머스 회사가 상품과 서비스의 광고를 제공하는 모델이다. 수익방법은 제공된 상품과 서비스에 따라 다양하다. 회사가 웹 사이트에 광고를 게시하고, 이러한 경우에 수입은 수수료 기준이다. 광고회사는 콘텐츠와 배너광고 형태의 광고 메시지가 결합된 서비스를 제공한다. 배너광고는 광고회사를 위한 수입의 주요 원천이다. 광고회사는 콘텐츠 제작자나 유통자이다. 방문이 많거나 사이트가 전문화될 때 광고모델은 가장 효과적이다.

- **포털:** 다양한 콘텐츠나 서비스를 포함하는 검색엔진이다. 많은 사용자의 방문은 광고의 수익성이다.
- **항목별 광고:** 판매나 구매를 원하는 품목이나 구인·구직광고를 목록으로 보여준다. 등록 수수료가 일반적이지만 회원 수수료도 있다.
- **사용자 등록:** 사용자가 인구통계 자료를 등록하고 제공한다. 등록은 표적광고 캠페인에 잠재적 가치가 있는 자료를 산출한다.
- **검색어 기반 유료 게재:** 사용자 검색어에 맞춘 광고를 판매한다. 오버추어(overture)는 이용자가 클릭하고 광고주의 웹사이트로 유입되었을 때만 비용을 지불하는 데 이를 성과별 지급 프로그램이라고 한다.
- **맥락광고·행동 마케팅:** 프리웨어는 누구나 무상사용이 가능한 소프트웨어를 말하고, 애드웨어(adware)는 특정 소프트웨어를 실행할 때 또는 자동으로 활성화되는 광고이다. 맥락광고는 개별 사용자의 인터넷 검색활동에 근거한 표적광고를 판매한다.
- **콘텐츠 표적광고:** 콘텐츠 표적광고는 콘텐츠에 따라 매체도구를 선택하는 광고로 광고의 정확성이 장점이다. 구글은 웹 페이지의 의미를 확인하고, 사용자가 웹 페이지를 방문할 때 관련된 광고를 자동적으로 전달한다.

(3) 정보중개모델

정보중개모델은 인터넷에서 고객정보를 수집하여 기업에 판매하는 모델이다. 고객정보는 다양한 방법을 통해 수집, 가공되어 데이터베이스화된다. 특정 시장에서 소비자, 생산자 및 제품을 이해할 수 있도록 정보중계를 제공하여 수익을 창출한다. 회사가 사업 파트너에게 제공되는 서비스나 제품에 근거하여 대가를 받기 때문에 비즈니스 모델에서 만들어지는 수익은 직접적인 형태에 근거한다. 정보가 신중하게 분석되고 표적 마케팅 캠페인에 사용될 때 소비자와 소비습관에 관한 자료는 가치가 크다. 독립적으로 수집된 제조자와 제품에 관한 자료는 구매를 고려할 때 소비자들에게 유용하다.

- **고객측정 서비스:** 온라인으로 시장조사하는 서비스이다.
- **인센티브 마케팅:** 할인 포인트나 쿠폰을 고객에게 제공하는 고객충성도 프로그램이다.
- **메타중개:** 상품이나 서비스의 실제적인 교환에 관여하지 않고 포괄적인 정보와 부수적인 서비스를 제공함으로써 구매자와 판매자 간의 거래를 촉진한다. 예를 들면, 공동구매 정보, 선호순위나 가격비교 등을 제공한다.

(4) 판매자모델

판매자모델은 상품과 서비스의 도매상과 소매상의 온라인 상점이다. 즉, 아마존닷컴, 예스24처럼 오프라인 비즈니스 모델을 온라인으로 옮겨놓은 것이다. 판매자모델에서 주된 수입은 판매이윤으로 직접적이다. 판매는 표시가격이나 경매에 근거한다.

- 가상상인: 가상상인은 웹에서만 운영하는 소매상인이다.
- 카탈로그 상인: 웹을 통해 메일, 전화와 온라인 주문을 받는다.
- 온·오프라인 겸업 소매상: 온라인 쇼핑과 오프라인 소매 겸업 형태이다.
- 비트 공급업자: 디지털 상품과 서비스를 거래하며 판매와 배송 모두 웹상에서 이루어지는 모델이다. 예를 들면, 애플 아이튠 음악판매이다.

(5) 생산자모델

생산자모델은 생산자가 생산한 제품을 직접 판매하는 모델로 직접 구매자에게 접촉하는 모델이다. 생산자는 제품의 완전한 소유권을 갖고 제품을 제공한다. 생산자가 제품을 생산하고, 직접 구매자에게 판매하여 기존 유통망을 생략하는 모델이다. 델 컴퓨터가 인터넷과 전화를 사용해 직접 판매하는 대표적인 사례이다. 생산자모델은 생산의 효율성, 개선된 고객 서비스와 고객선호도의 이해가 중요하다.

- 판매: 소유권을 구매자에게 이전하는 제품판매이다.
- 리스: 리스료의 지급계약 하에 제품을 사용할 권리를 받는다. 임차인은 리스계약의 만기에 제품을 판매자에게 반환한다.
- 라이선스: 지식재산권을 계약조건에 따라 사용을 허용하는 행위이다.
- 브랜드 통합 콘텐츠: 작품 속 광고이다. 영화나 드라마 속에 소품으로 등장하는 상품광고 형태로 브랜드명이 보이는 상품, 이미지, 명칭 등을 노출시켜 고객들에게 홍보하는 광고이다.

(6) 제휴모델

제휴모델은 웹 사이트 발행자가 그의 노력에 의해 파트너의 웹 사이트에 방문자, 회원, 고객의 수나 매출을 기준으로 소정의 보상을 받는 수익모델이다. 제휴모델을 통해 판매자에게는 판매기회가 발생한다. 변형 형태는 배너교환, 클릭당 광고료 지불과 수익공유 프로그램 등이 있다.

- 배너교환: 제휴 사이트의 네트워크에 배너를 배치한다.
- 클릭당 광고료: 사용자 클릭에 대해 제휴사에 보상을 지불한다.
- 수익공유: 사용자의 제품구매를 기준으로 판매 수수료를 제공한다.

(7) 공동체모델

공동체모델은 온라인을 통해서 유사한 흥미를 가진 사람들끼리 서로 정보를 공유할 수 있게 한다. 공동체 비즈니스 모델의 경우 주로 전문적인 문제해결에 기여한 사람에게 제공된다. 기여 자의 성격은 동일하고, 서비스의 소유권은 콘텐츠 소유권이다. 회사가 고객이나 파트너의 활동 을 지원하기 위해 어떤 도구나 제품을 제공한다면, 거래품목은 보조적이고 생산자 소유권이 된 다. 콘텐츠 소유권자는 웹 페이지에 방송광고에 대한 수수료를 받는다. 공동체 비즈니스 모델의 실행가능성은 사용자 충성도에 근거한다. 수익은 보조제품의 판매나 자발적인 기여에 근거할 수 있다. 수익은 맥락광고와 고급서비스에 대한 예약과 관련이 있다.

- 오픈 소스: 오픈 소스는 무상으로 공개된다. 즉, 코드를 공개적으로 공유하는 프로그래머들 이 협력적으로 개발한 소프트웨어이다.
- 오픈 콘텐츠: Wikipedia처럼 자발적으로 작업하는 기여자들에 의해 협력적으로 개발된 공 개적으로 접근할 수 있는 콘텐츠이다.
- 공영방송: 웹으로 확장된 비영리 라디오와 텔레비전 방송에 의한 사용자 지원 모델이다. 사 용자는 자발적인 기여를 통해서 사이트를 지원한다.
- 소셜 네트워킹 서비스: 직업, 취미, 연애와 같이 공통된 관심 중에 다른 개인들과 연결하는 능력을 제공하는 사이트이다.

(8) 구독료모델

구독료모델은 사용자들이 서비스를 사용하기 위해 주기적으로 사용료를 지불하는 모델이다. 거래품목은 서비스이고, 서비스는 동일한 성질을 갖고 있는 측면에 달려있다. 회사는 콘텐츠 소 유권을 갖고 있다. 회사가 사전에 돈을 받고 어떤 전문제품을 제공한다면, 제공된 서비스나 자료 는 제품으로 간주된다. 모든 경우에 수익은 구독료에 따라 발생된다. 회사가 웹 사이트 광고를 게시한다면 수익의 위임 형태이다.

- **콘텐츠 서비스:** 사용자들에게 문자, 음성이나 영상 콘텐츠를 제공하고, 수수료를 받는다.
- **P2P 서비스:** P2P는 인터넷을 사용한 개인과 개인 사이의 통신을 의미한다. 사용자 제공 정보의 유통을 위한 도관이다.
- **신뢰서비스:** 공중 서비스나 인증 서비스를 제공하는 모델이다. 윤리강령을 준수하는 회원 연합의 형태이고, 회원들은 구독료를 지불한다.
- **인터넷 서비스 제공자:** 월간 구독은 네트워크 연결과 관련 서비스를 제공한다.

(9) 사용량모델

사용량모델은 수도요금, 전기요금이나 전화요금처럼 사용량만큼 지불하는 방식이다. 서비스는 동일한 유형의 고객들에게 제공되고, 회사는 정보의 콘텐츠 소유권을 갖는다. 이용자의 요구에 따라 네트워크를 통해 필요한 정보를 제공하는 방식이다. 구독자 서비스와 달리 측정된 서비스는 실제 사용률에 근거한다. 인터넷 서비스 제공자는 주로 연결된 시간 동안 고객에게 요금을 부과한다. 사용량 모델은 서비스 이용률이 높을 때 유지 가능한 모델이다.

- **종량제:** 서비스의 실제 사용량을 측정하여 요금을 부과한다.
- **가입형 종량제:** 정해진 양의 서비스를 이용할 수 있다.

2. 비즈니스 모델 캔버스

비즈니스 모델은 설계할 때 많은 요인들이 고려되어 매우 복잡한 과업이다. 설계과정을 용이하게 하기 위해 알렉스 오스터왈더가 창안한 시각도구를 사용한다. 도구의 시각 구성요인은 사업의 다양한 구성요소가 상호 간에 어떻게 영향을 주는지를 이해함으로써 설계과정을 단순화한다. 비즈니스 모델 캔버스는 9개의 상호 관련된 영역으로 구성되고, 이것은 각 영역이 설명되는 순서에 따라 간단하게 기술된다. 각 영역의 내용과 관련된 영역 간의 흐름과 친숙해지면 비즈니스 모델 캔버스는 사용하기 더욱 쉬워진다. 진단도구로서의 역할을 하고, 시나리오 계획에 도움이 되기 때문에 비즈니스 모델 캔버스는 다목적이다.

1) 비즈니스 모델 캔버스의 개념

비즈니스 모델 캔버스는 회사가 제공물을 창조하고, 고객에게 전달하고, 거래로부터 수익을 얻는 방법을 기술하는 기법이다. 즉, 어떤 상품이나 서비스를 어떻게 소비자에게 편리하게 제공하고, 어떻게 마케팅하며, 어떻게 돈을 벌겠다는 아이디어를 기술한다. 캔버스는 조직이 어떻게 가치를 창조하고, 전달하고, 포착하는 원리를 효과적으로 기술한 것이다. 이것은 사업계획에서 기대되는 모든 세부사항과 깊이를 포착하려는 의도가 아니라 아이디어가 사업으로 어떻게 전환되는지에 관한 명확한 통찰력을 커뮤니케이션하는 것이다. 알렉스 오스터왈더(Alex Osterwalder)와 예스 피그누어(Yves Pigneur)는 비즈니스 모델을 9개 요소로 분해한다.

[표 6-3] 비즈니스 모델 9개 영역

영역 구축		설명
제품	가치제안	제공된 상품과 서비스의 독특한 강점
기반관리	핵심활동	가치제안을 실행할 때 가장 중요한 활동
	핵심자원	고객을 위한 가치를 창조하는 데 필요한 자원
	핵심파트너	가치제안을 수행하는 데 필요한 파트너 관계
고객접점	고객세분화	제공하려는 특정한 표적시장
	유통경로	유통의 제안된 경로
	고객관계	고객과 함께 회사가 원하는 관계의 유형
재무측면	비용구조	비용구조의 특징
	수익원	회사가 돈을 버는 방법과 가격결정 방법

출처: Osterwalder, A. & Pigneur, Y.(2010), *Business Model Generation: A Handbook for Visionaries, Game Changers and Challengers*, Wiley.

2) 비즈니스 모델 캔버스의 구조

오스터왈드(Osterwalder)는 기업이 사업기회를 활용하기 위해 고객에게 가치를 어떻게 제공하는지를 충분히 기술하기 위해 9개 차원을 사업 의사결정이라고 제안한다. 또한 이해, 창조성, 토론과 분석을 촉진하기 위한 실제적이고, 직접 해 보는 도구로서 캔버스(canvas)를 제안한다. 이 모델 캔버스는 대안을 평가하고, 기록하고, 평가하기 위한 구조를 제공한다. 9개의 영역은 비즈니스 모델 캔버스라는 단일 다이어그램에서 포착할 수 있다. 기본 초점 영역으로 비즈니스 모델의 중심에 가치제안을 설정한다.

- **고객세분화**: 고객은 누구인가?
- **가치제안**: 제공할 핵심가치는 무엇인가?
- **유통경로**: 핵심가치를 어떻게 전달할 것인가?
- **고객관계**: 고객들과 어떤 관계를 맺을 것인가?
- **수익원**: 이윤을 어떻게 창출할 것인가?
- **핵심자원**: 보유하고 있는 핵심자원은 무엇인가?
- **핵심활동**: 어떤 핵심활동을 수행해야 하는가?
- **핵심파트너**: 어떤 파트너십을 가져야 하는가?
- **비용구조**: 모든 활동을 수행하기 위한 비용구조는 어떠한가?

[그림 6-2] Osterwalder의 비즈니스 모델 캔버스 구조

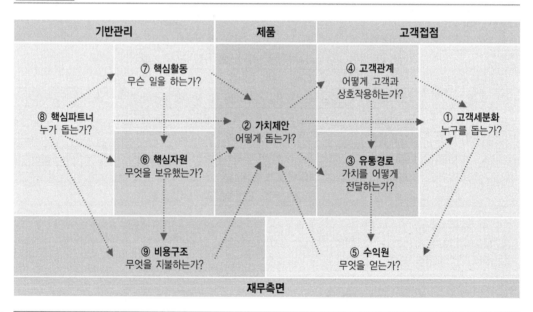

(1) 고객세분화

고객세분화는 상품과 서비스를 제공할 고객집단을 확인하는 것이다. 수익은 고객들로부터 발생하기 때문에 고객들은 모든 기업들의 핵심이다. 성공적인 기업들은 고객을 이해하고, 고객을 위한 가치창조를 인식하고, 고객의 욕구를 충족하는 적절한 제공물을 제공한다. 또한 우수한 기업들은 만족한 고객을 수익원으로 전환하는 방법을 안다. 기업들은 서로 다른 욕구와 특성을 갖

고 있는 독특한 고객집단을 이해해야 한다.

고객이 누구인지를 확인하기 위한 핵심질문을 함으로써 비즈니스 모델을 기술한다. 이러한 질문에 답하고, 비즈니스 모델이 제공하는 다른 고객집단을 확인하고, 각각의 고객을 상세하게 기술한다. 이러한 기술은 인구통계, 지리적 정보, 핵심욕구와 같은 다양한 특성을 포함한다. 기존고객의 특성을 시각화하는 것은 고객세분화에 유용하다. 상이한 고객집단의 기술을 완성한 후 확인된 집단에서 기존고객을 분류한다. 기존고객의 수, 수익성이나 성장잠재력과 같은 통계적인 정보를 추가한다.

표적고객은 가치제안의 구성요소로 표적고객을 기술하는 것은 고객세분화 영역이다. 고객세분화의 주요 기준은 고객들이 독특한 제공물을 요청하는 욕구이다. 이것은 유통경로나 관계의 다른 형태를 통해서 구별될 수 있다. 또한 고객세분화는 제공물의 다른 측면에 기꺼이 지불하려는 의도나 다른 수익성이 있을 수 있다. 고객들은 비즈니스 모델의 중심이고, 고객 없이 어떤 기업도 수익을 얻을 수 없다. 고객에게 더 잘 제공하기 위해 회사는 공통적인 욕구, 행동이나 다른 속성을 특징으로 하는 세분시장으로 집단을 분류한다. 이러한 세분시장은 대량시장, 틈새시장, 세분시장과 다각화 시장이 있다.

- **대량시장:** 상이한 고객세분화를 무시하는 시장으로 가치제안, 유통경로와 고객관계 모두가 동일한 욕구와 문제를 해결하는 시장 관점이다.
- **틈새시장:** 경쟁사가 접근하지 않고, 특정한 고객세분화를 위해 제공하는 시장으로 고객의 특정한 요구에 맞춘다.
- **세분시장:** 상이한 욕구와 문제를 갖고 있는 전체시장을 비교적 동일한 욕구를 가진 고객의 집단으로 나누는 것이다.
- **다각화 시장:** 매우 상이한 욕구와 문제를 갖고 있는 비관련된 고객세분시장에 새로운 상품이나 서비스를 제공하는 것이다.
- **다면시장:** 욕구가 다른 고객군을 상호 연계해 거래 상대를 찾게 해주고, 고객군 간에 가치를 교환할 수 있는 상품이나 서비스를 제공하여 부가가치를 창출하는 시장으로 플랫폼이라고 한다. 신용카드나 SNS, 검색엔진이 있다.

[그림 6-3] 고객세분화 설계

고객세분화의 종류

- 대량시장(mass market): 소비재
- 틈새시장(niche market): 사치재, 전문품
- 다각화 시장(diversified market): Amazon, 인터파크
- 다면시장(multi-sided markets): 신용카드나 SNS, 검색엔진

고객세분화를 위한 질문

- 누구를 위해 가치를 창조하는가?
- 누가 가장 중요한 고객인가?
- 고객들은 어디에 사는가?
- 고객들은 나이가 어떻게 되는가?
- 고객들은 수입이 어느 정도인가?
- 고객들은 어디에서 시간을 보내는가?
- 고객들은 제품과 어떻게 상호작용할 것인가?

➡ ① 고객세분화
누가 고객인가?

(2) 가치제안

가치제안은 특정한 고객집단의 욕구를 만족시키기 위해 가치를 창조하는 상품과 서비스이다.[30] 이것은 고객문제를 해결하거나 욕구를 충족한다. 가치제안은 혁신적이거나 파괴적인 제공물을 제시하는 것을 의미한다. 제공물이 기존 제공물과 동일하더라도 특징과 속성을 추가한 것이다. 우수한 가치제안은 고객을 위해 특정한 상황에 있는 중요하거나 기본적인 문제를 해결한 것을 뜻한다. 이러한 가치제안은 가격, 성능, 서비스의 속도와 같은 양적 요소와 새로움, 디자인, 편의성, 사용성, 신분, 고객경험과 같은 질적 요소가 있다.

어떤 시장이나 고객을 위해 가치제안을 창조하는가? 고객들에게 제공하는 상품과 서비스의 다발을 기술함으로써 특정한 고객집단을 위해 창조하는 가치를 확인한다. 가치제안은 캔버스의 중앙에 위치해 있다. 가치제안을 결정하면 비즈니스 모델 캔버스를 작성하기가 더 쉽다. 가치제안은 각각의 표적고객에게 독특하기 때문에 완성된 가치제안으로 설계과정을 시작하는 것은 비즈니스 모델의 가장 기본적인 영역 구축이다. 따라서 가치제안을 구축할 때 고객경험, 제공물, 제공편익, 대체품과 차별화, 그리고 증거를 고려한다.

---

30) Osterwalder & Pigneur(2010).

- 고객경험: 고객들은 무엇을 가장 가치 있게 생각하는가? 가치제안의 효과성은 실제 고객, 잠재고객이나 종업원 피드백에 달려있다.
- 제공물: 어떤 상품이나 서비스를 제공하는가?
- 제공편익: 고객들이 상품이나 서비스로부터 얻는 편익은 무엇인가?
- 대체품과 차별화: 고객들은 상품이나 서비스에 어떤 대체적 선택을 갖는가?
- 증거: 가치제안을 구체화하기 위해 어떤 증거가 있는가?

[그림 6-4] 가치제안 설계

가치제안의 종류	② 가치제안 어떻게 돕는가?
• 새로움(newness) • 성능(performance) • 개인화(customization) • 과업완수(getting the job done) • 가격(price) • 위험 · 비용절감(risk · cost reduction) • 디자인(design) • 편의성 · 사용성(convenience · usability) • 접근성(accessibility)	
가치제안을 위한 질문 • 고객들에게 어떤 가치를 전달할 것인가? • 고객들의 어떤 문제를 해결하는가? • 회사의 경쟁우위는 무엇인가? • 고객들의 어떤 욕구를 만족시키는가? • 고객들에게 어떤 상품이나 서비스를 제공할 것인가?	

(3) 유통경로

유통경로는 회사가 가치제안을 전달하기 위해 고객집단에 어떻게 커뮤니케이션하는지를 기술하는 영역 구축이다. 회사는 다양한 커뮤니케이션과 유통경로를 통해서 고객에게 접근한다. 커뮤니케이션과 유통경로는 회사, 가치제안과 고객들 간의 상호작용을 전달한다. 이러한 고객 접점은 광고, 소매점, 판매팀, 웹 사이트, 회견이나 판매제휴를 포함한다.

우수하고 통합된 경로 디자인은 차별화와 경쟁우위를 위한 강력한 도구이다. 유통경로 영역에 회사가 고객에게 어떻게 커뮤니케이션하고 유통하고 판매하는가를 기술한다. 경로의 목적은 고객인지를 높이고, 고객이 제공물을 평가하는 것을 돕고, 상품과 서비스를 구매하고, 구매 후 고객지원을 제공한다. 유통경로는 다음과 같은 마케팅 기능이 있다.

- 상품과 서비스의 인지 향상
- 고객의 가치제안 평가 조력
- 고객에게 상품과 서비스의 구매 허용
- 고객에게 가치제안 전달
- 구매 후 고객지원 제공

[그림 6-5] 유통경로 설계

유통경로의 종류	③ 유통경로
• 판매인력(sales force) • 웹 판매(web sales) • 자체점포(own stores) • 제휴점포(partner stores) • 도매업자(wholesaler)	가치를 어떻게 전달하는가?

유통경로 설계를 위한 질문
- 어떤 경로를 통해서 고객들에게 접근하는가?
- 어떻게 고객들에게 접근하는가?
- 어떻게 경로를 통합할 것인가?
- 어떤 경로가 가장 잘 작동하는가?
- 어떤 경로가 가장 비용 효과적인가?
- 어떻게 경로와 고객들을 통합할 것인가?

(4) 고객관계

회사는 어떻게 고객과 상호작용하는가? 고객관계는 회사가 특정한 고객집단과 구축하는 관계의 유형을 기술하는 영역 구축이다. 고객관계는 고객확보, 고객유지와 판매촉진을 목적으로 한다. 고객관계의 본질은 가치제안에서 직접적으로 온다. 예를 들면, 고객이 보안 프로그램을 구입하면 필요시 갱신과 지원을 제공할 것이라고 고객들은 기대한다. 그러나 새로운 요리를 고객들이 구매한다면 고객들은 동일한 정도를 기대할 것이다. 따라서 회사는 인적 상호작용, 자동적인 셀프 서비스, 공동체와 공동창조 등을 활용하여 고객관계를 강화한다.

- **개인적 상호작용**: 회사는 고객에게 판매 과정과 판매 후에 도움을 주기 위해 커뮤니케이션한다. 콜 센터, 이메일, 블로그나 소셜 미디어 등을 통해 커뮤니케이션한다.
- **특별한 지원**: 직원과 고객 간의 상호작용과 특별한 지원은 고객유지에 필수적이다.
- **자동적인 셀프 서비스**: 셀프 서비스 고객을 위한 방법을 제공한다. 이것은 고객 셀프 서비스와 자동화된 과정을 통합하는 정교한 형태이다.
- **고객 커뮤니티**: 회사는 사용자들이 지식을 교환하고, 공통의 문제를 해결하게 하는 온라인 공동체를 제공하고, 고객기대를 관리한다.
- **공동창조**: 회사가 고객과 함께 가치를 창조한다. 예를 들면, 고객들이 선호하는 상품에 대해 후기를 쓰고 가치를 창조할 수 있도록 장려한다.

[그림 6-6] 고객관계 설계

고객관계의 종류	④ 고객관계
• 개인적 상호작용 • 특별한 개별지원 • 셀프 서비스 • 자동지원 • 고객 커뮤니티 • 공동창조	어떻게 고객과 상호작용하는가?

고객관계 설계를 위한 질문
- 고객들을 확보하고 유지하기 위해 어떤 관계를 기대하는가?
- 고객관계를 유지하는 데는 비용이 얼마나 드는가?
- 비즈니스 모델과 어떻게 통합하는가?

(5) 수익원

비즈니스 모델의 지속가능성은 가치창조와 고객 대면활동으로부터 획득하는 수익에 달려있다. 수익원(revenue streams)은 회사가 각 고객집단으로부터 창출하는 현금을 표시하는 영역 구축이다. 수익원은 고정정가, 염가판매, 경매, 시장 의존, 판매량 의존이나 수율관리와 같은 상이한 가격구조이다. 수익원은 제공물을 얻기 위해 가치에 기꺼이 지불하는 고객들로부터 발생된다. 이것은 사업과 수익모델이 어떻게 혁신하는지를 잘 알 수 있는 토대가 된다.

고객은 수익의 중심이 되는 비즈니스 모델의 핵심이다. 수익원은 고객에게 성공적으로 제공되는 가치제안의 결과이다. 수익원은 가격결정 방식으로부터 온다. 예를 들면, 수수료, 구독료, 임대료, 리스료, 중개수수료와 광고수수료 등이 있다. 수익원은 일회성 판매나 반복적인 거래일 수 있다. 고객들이 어떤 가치에 기꺼이 가격을 지불하려는가? 어떻게 현재 지불하고, 그렇게 하는 것에 만족을 느끼는가? 수익원은 전체 수익과 이익에 기여하는가?

- **판매:** 소유권은 실제 제품으로 판매된다. 아마존은 책, 음악, 가전제품 등을 온라인으로 판매한다. 현대자동차는 구매자가 운전, 재판매 또는 처분할 수 있는 자동차를 판매한다.
- **구독료:** 서비스에 대한 반복적인 액세스가 판매된다. 체육관은 회원들에게 운동시설을 이용할 수 있는 월간 또는 연간 회원권을 판매한다.
- **사용료:** 서비스의 실제 사용량이나 정해진 양의 서비스에 따라 사용료를 받는다.
- **임차와 리스:** 고정된 기간 동안 특정한 자산에 대한 독점권을 제공함으로써 수익원이 창출된다. 대여자는 반복적인 수입을 받고, 임차인은 소유권의 전체비용 중 일부를 지불하고 일정 기간 동안 사용한다.
- **저작권 사용:** 컨텐츠 소유자는 제3자에게 저작권 사용을 허용하지만 저작권을 보유한다. 미디어 회사는 이러한 방식으로 수익을 확보한다.
- **중개수수료:** 수익은 두 사람을 위해 수행된 중개 서비스로부터 발생한다. 중개인은 구매자와 판매자를 성공적으로 일치시킬 때마다 수수료를 번다.
- **광고료:** 특정 상품, 서비스나 브랜드 광고수수료 등이 있다.

[그림 6-7] 수익원 설계

수익원의 종류

- 자산판매
- 구독료
- 사용료
- 임차료
- 라이센싱
- 중개수수료
- 광고료

➡ **⑤ 수익원**
무엇을 얻는가?

수익원 설계를 위한 질문

- 고객들은 현재 어떤 가치에 기꺼이 지불하는가?
- 고객들은 장차 어떤 가치에 기꺼이 지불할 것인가?
- 고객들은 현재 어떻게 지불하는가?
- 고객들은 어떻게 지불하는 것을 선호하는가?
- 각 수익원은 전체 수익에 어느 정도 기여하는가?

(6) 핵심자원

핵심자원은 비즈니스 모델 운용에서 가장 중요한 자산을 기술하는 영역 구축이다. 즉, 가치제안과 수익을 창출하는 데 필요한 핵심자원이다. 회사는 비즈니스 모델을 실행할 핵심자원이 있어야 한다. 이러한 핵심자원은 물적자원, 지식자원, 인적자원과 재무자원을 포함한다. 즉, 핵심자원은 비즈니스 모델에 필요한 가장 중요한 자산으로 사람, 기술, 제품, 시설, 장비, 경로와 브랜드 등이다. 핵심자원은 가치제안을 창출할 수 있는 것으로 통제할 수 있어야 한다.

- 물적자원: 생산시설, 건물, 차량, 장비, 기계, 시스템, 유통 네트워크
- 인적자원: 창조적이고 지식이 높은 직원
- 지식자원: 브랜드, 독점적 지식, 지식재산권, 동업자와 고객 데이터베이스
- 재무자원: 금융해법과 보증

[그림 6-8] 핵심자원 설계

핵심자원의 종류	⑥ 핵심자원
• 물적자원 • 지식자원 • 인적자원 • 재무자원	무엇을 보유했는가?

핵심자원 설계를 위한 질문

• 가치제안은 어떤 핵심자원이 필요한가?
• 유통경로는 어떤 자원이 필요한가?
• 고객관계는 어떤 자원이 필요한가?
• 수익원은 어떤 자원이 필요한가?

(7) 핵심활동

핵심활동은 기업이 사업을 성공적으로 운영하기 위해 수행해야 할 가장 중요한 조치이다. 즉, 회사가 비즈니스 모델을 운영하기 위해 가장 중요한 활동이다. 비즈니스 모델을 실행하기 위해 회사는 많은 핵심활동을 수행해야 한다. 이것은 파트너의 네트워크를 통해서 수행되거나 자체로 수행한다. 핵심활동은 제품생산, 문제해결과 플랫폼과 네트워크가 있다.

• 제품생산: 충분한 규모로 제품을 설계하고, 제조하고, 전달하는 것이다.
• 문제해결: 경쟁우위를 차지하는 핵심활동이 되는 문제해결
• 플랫폼 네트워크: 페이스북이나 아마존 등의 비즈니스 모델에서 플랫폼이나 네트워크를 개발하고 유지하는 것은 핵심활동이다.

[그림 6-9] 핵심활동 설계

핵심활동의 종류

- 제품생산
- 문제해결
- 플랫폼과 네트워크

→

⑦ 핵심활동
무슨 일을 하는가?

핵심활동 설계를 위한 질문

- 가치제안은 어떤 핵심활동이 필요한가?
- 유통경로는 어떤 핵심활동이 필요한가?
- 고객관계는 어떤 핵심활동이 필요한가?
- 수익원은 어떤 핵심활동이 필요한가?

(8) 핵심파트너

핵심파트너 영역에서 비즈니스 모델을 운영하는 공급자와 협업자의 네트워크를 기술한다. 회사는 비즈니스 모델을 최적화하고 위험을 줄이며 자원을 확보하기 위해 파트너십을 구축한다. 비즈니스 모델은 파트너 네트워크, 합작투자, 협업과 제휴의 결과가 된다. 파트너는 가치제안을 보완하고, 전문가 역량을 추가한다. 기업들은 자신의 비즈니스 모델과 수익성을 최적화하고, 위험을 감소하거나 자원을 확보하기 위해 제휴한다. 최적화는 비용을 절감하기 위해 모든 자원을 소유하지 않고, 모든 활동을 회사 내에서 수행하지 않는다. 위험과 불확실성의 감소는 전략적 제휴를 통해서 이루어질 수 있다.

[그림 6-10] 핵심파트너 설계

핵심파트너의 동기부여

- 비경쟁업체와 전략적 제휴
- 경쟁자와 협력적 파트너십
- 신사업을 개발하기 위한 합작투자
- 신뢰할 수 있는 공급을 위한 구매자와 공급자 관계

핵심파트너 설계를 위한 질문

- 누가 핵심파트너인가?
- 누가 핵심공급자인가?
- 파트너로부터 어떤 핵심자원을 얻는가?
- 파트너는 어떤 핵심활동을 수행하는가?

⑧ 핵심파트너
누가 돕는가?

(9) 비용구조

비용구조는 비즈니스 모델에 포함된 모든 비용이다. 즉, 원가구조에 있는 직접비, 간접비, 규모와 범위의 경제를 포함한다. 원가구조는 핵심자원, 핵심활동과 파트너십의 비용이다. 핵심파트너의 동기부여는 비용중심과 가치중심이 있다. 비용중심은 고정비, 변동비, 규모의 경제 (economy of scale)[31]와 범위의 경제(economy of scope)[32]로 비용의 최소화이다. 즉, 자동화 프로세스 등을 통해 최대한 비용을 절감하는 데 중점을 둔다. 가치중심은 높은 개인화된 서비스 제공으로 고급 가치제안에 집중한다. 즉, 비용절감에 초점을 맞추지 않고, 보다 높은 비용을 정당화하는 고급 서비스와 제품을 제공한다. 비용구조는 모델의 영역을 구축하는 필요한 직접적인 결과이다. 모델을 운영하는 데 발생하는 비용을 기술한다.

---

31) 생산량의 증가에 따라 단위당 생산비가 감소하는 현상.
32) 기업이 여러 제품을 생산할 경우 각각 생산하는 경우보다 생산비용이 적게 드는 현상.

[그림 6-11] 비용구조 설계

비용구조의 종류
• 비용중심: 비용최소화
• 가치중심: 가치창조 집중

⑨ 비용구조
무엇을 지불하는
가?

비용구조를 위한 질문
• 비즈니스 모델의 운영에 발생하는 가장 중요한 비용은 무엇인가?
• 어떤 핵심자원이 가장 비용이 많이 드는가?
• 어떤 핵심활동이 가장 비용이 많이 드는가?

Section

3. 비즈니스 모델 혁신

비즈니스 모델 혁신은 기존 비즈니스 모델의 요소를 새롭게 수정하는 것이다. 즉, 비즈니스 모델 혁신은 회사가 경쟁하는 상품과 서비스 시장의 기존 비즈니스 모델이나 활동을 새롭게 재형성하는 것이다. 새로운 비즈니스 모델은 시장에 새로운 방식으로 재형성된 사업활동이다. 혁신은 기존 지식을 수정하거나 발전시키는 것을 의미한다. 비즈니스 모델 혁신은 실제로 다른 상품과 서비스 시장에서 비즈니스 모델을 모방하거나 개선하는 것을 포함한다. 기술개발은 많은 비용이 들고, 회사는 과거보다 더 빠르게 상업화하기 위해 새로운 기술을 개발해야 한다. 그래서 기업이 비즈니스 모델 혁신에 집중해야 하는 이유이다. 우수한 비즈니스 모델은 우수한 아이디어나 제품을 산출한다.

1) 비즈니스 모델 혁신의 개념

비즈니스 모델 혁신(business model innovation)은 회사가 경쟁하고 있는 상품과 서비스 시장에 새로운 비즈니스 모델을 재구성하는 것이다. 즉, 새로운 방식으로 고객들과 사용자들을 위해 가치를 창조하는 9개 구성요소의 하나 이상을 새롭게 하는 것이다. 혁신은 세상에 새롭고 가치를 창조하는 것이다. 혁신과정은 고객면접, 고객관찰이나 고객참여를 포함한다. 가치를 창조하고, 포착하는 새로운 방법으로서 비즈니스 모델 혁신은 하나 이상의 구성요소를 변경함으로써 달성된다. 비즈니스 모델 혁신은 다른 형태의 혁신보다 수익과 더 높은 상관관계가 있다. 기업모델 혁신이 성공적인 회사에서 가장 상관관계가 가장 뚜렷하다.

- 산업모델 혁신: 새로운 산업으로 이동을 통한 산업 가치사슬 혁신
- 기업모델 혁신: 네트워크, 공급자, 고객의 재형성을 통한 가치사슬 혁신
- 수익모델 혁신: 제공물의 재구성과 가격결정 모델을 통한 수익모델 혁신

[그림 6-12] 비즈니스 모델 혁신의 분류

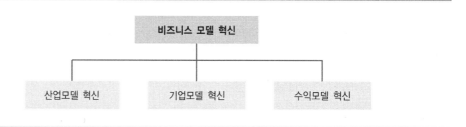

출처: Giesen, E., Berman, S. J., Bell, R., & Blitz, A.(2007), "Three Ways to Successfully Innovate your Business Model," *Strategy & Leadership*, 35(6), 27-33.

2) 비즈니스 모델 혁신의 중요성

혁신적인 비즈니스 모델은 역동적인 기업환경에서 경쟁력을 유지하는 도구이다. 미국의 54% 기업들이 새로운 상품과 서비스에 대한 새로운 비즈니스 모델을 미래 경쟁우위의 원천으로 선호하고 있다.[33] 비즈니스 모델의 혁신은 새로운 시장을 창조하거나 기존시장에서 새로운 기회를 이용할 수 있는 도구이다.

비즈니스 모델 혁신은 기업의 변화와 개선을 위한 도구로서 효과가 있지만, 변화가 수익을 보장하지 않는다면 비즈니스 모델 혁신은 필요하지 않다. 기술발전 자체가 혁신적인 비즈니스 모델의 사용을 통해서 커다란 상업적 가치를 가지지 못한다.[34] 예를 들면, Xerox는 Ethernet[35] 기술을 최초로 발명했지만, 3Com은 IBM 개인용 컴퓨터에 네트워크 능력을 제공하는 부속 프로그램

---

33) Raphael Amit and Christoph Zott(2012).
34) Chesbrough(2010).
35) 특정구역 내 정보통신망인 LAN(Local Area Network)에 사용되는 네트워크의 모델.

설계로 이용하였다. 심지어 독특한 기술이 없어도 새로운 비즈니스 모델은 사업성공을 보장하는 핵심적인 요소가 된다. 예를 들면, Dell은 PC의 디자인 개선 대신에 최종사용자에게 강력한 편익을 전달하는 공급사슬 모델로 혁신하였다.

3) 비즈니스 모델 혁신의 유형

보스턴 컨설팅 그룹의 Lindgardt 등은 비즈니스 모델 혁신을 가치제안, 운영모델과 비즈니스 시스템 구성으로 분류한다. 비즈니스 모델을 혁신하려면 비즈니스 모델에 적어도 한 요소를 변경하는 것이 필요하다. 비즈니스 모델 혁신은 개별적인 요소의 변화를 통해서 다른 비즈니스 모델로 변화하는 것이다.

홍콩에서 태동한 세계 최대 무역회사 리앤펑(Li & Fung)은 자체 공장을 하나도 보유하고 있지 않지만, 매출은 200억 달러가 넘는 글로벌 기업이다. 이익창출을 위해 공급사슬관리(Supply Chain Management; SCM) 시스템을 구축한 후 자체 생산설비 없이 공급업체와 고객을 조정하는 역할만 수행하면서 매출 200억 달러를 올리는 세계적인 의류회사이다. M&A를 통해 확보한 공급자 네트워크를 통해 고객협력사에 빠르고 안정적이고 높은 품질의 제품을 납품한다. 리앤펑은 전 세계 40개국에 약 1만 5,000개의 공급자 네트워크(공장), 200만 명 이상의 관련 업체직원, 70여 개의 조달사무소를 두고, 전문화된 생산, 배송능력이 있는 회사들과의 협업을 통해 고객의 욕구를 충족시킨다.

이와 달리 자라(Zara)는 제품의 50% 정도를 자체 공장에서 생산하는 회사이다. 원자재부터 염료, 가공, 재단, 봉재 등의 과정은 수직계열화이다. 자라의 경영자들은 생산시설에 투자하는 것이 조직의 유연성 증가, 일정과 생산능력에 대한 통제가 가능하다고 생각한다.

[표 6-4] 비즈니스 모델 혁신의 유형

모델	제공물			
가치제안	상품과 서비스	경험	신뢰	무료
	GE	Apple	Whole Foods	Google
운영모델	가치사슬 해체	가치사슬 통합	저원가	직접유통
	리앤펑	Zara	Tata Motors	Nestle Nespresso
비즈니스 시스템 구성	개방	대면	인접 수요 확장	연속
	Facebook	Paypal	Ikea's mega mall division	Virgin

출처: Lindgardt, Z., Reeves, M., Stalk, G. and Deimler, M.S.(2009).

4) 비즈니스 모델 혁신의 과정

가치를 창조하고, 포착하는 독창적인 방법인 비즈니스 모델 혁신은 비즈니스 모델에 있는 하나 또는 복수의 구성요소의 변화를 통해서 달성된다.[36] 창조적인 아이디어를 창출하는 것이 어렵지 않지만, 대부분의 사람들과 조직들은 이를 실행하는 것이 서투르다. 그러나 창조적 아이디어를 실행하고, 이것을 시장에서 성공적인 혁신으로 전환하는 것은 더욱 어렵다. 이것은 많은 회사들이 경쟁하고 있는 환경에서 새로운 발상과 실천전략이 필요하기 때문이다.

경영자들과 기업가들은 경제적 변화의 시기에 맞춰 가치를 창조하는 방법으로서 비즈니스 모델 혁신을 강조한다. 수정이나 새로운 활동시스템을 설계하는 비즈니스 모델 혁신은 회사와 파트너의 기존자원을 재결합하는 것에 의존한다. Mitchell과 Coles는 비즈니스 모델의 혁신 과정을 비즈니스 모델 수정, 채택, 개선 및 재설계의 네 단계로 구분하였다.

- 비즈니스 모델 수정: 가치제안을 제외하고 비즈니스 모델 요소의 하나만을 변경하는 것이다. 예를 들면, 고객관계, 경로 등의 수정이다.
- 비즈니스 모델 채택: 주로 경쟁업체와의 경쟁에 중점을 둔 가치제안의 변화이다. 이것은 상품과 서비스를 변경하는 것이 필요하다.
- 비즈니스 모델 개선: 대부분의 비즈니스 모델의 구성 요소를 변경하지 않고 개선한다. 이것은 주요 요소의 동시변경이다.
- 비즈니스 모델 재설계: 완전히 새로운 가치제안으로 비즈니스 모델을 재설계한다. 재설계는 기본적인 사업구조를 대체하고, 새로운 상품, 서비스나 시스템을 제공한다.

---

36) Frankenberger, Weiblen, Csik and Gassmann(2013).

New Idea

제7장

비즈니스 모델의 사례

New Idea

富의 수직 상승
아이디어에 길을 묻다

1. 플랫폼 비즈니스 모델

　혁신 모델을 주도하는 플랫폼 비즈니스 모델(platform business model)은 공동 작업환경을 조성하며 생태계 가치창출을 가능하게 한다. 이것은 제품, 서비스 및 아이디어를 연결시키는 기술을 사용하는 비즈니스 모델이다. 플랫폼(platform)은 두 개 이상의 상호 의존적인 집단, 즉 소비자와 생산자 간의 교류를 촉진함으로써 가치를 창출하는 비즈니스 모델이다. 이러한 교류를 실현하기 위해 플랫폼은 사용자 및 네트워크를 활용하고 생성한다. 플랫폼은 사용자가 상호작용하고 거래할 수 있는 네트워크 효과로 커뮤니티 및 시장을 창출한다.

　플랫폼 모델은 두 개 이상의 매우 다른 고객집단을 가지고 있는 비즈니스 모델로서 중간에 중개인이 있다. Apple, Google 또는 eBay는 모두 플랫폼 모델을 사용하여 시장의 양면을 결합하는 회사이다. 예를 들어, Apple은 소비자 및 응용 프로그램 개발자라는 두 개의 큰 고객집단이 있다. 애플은 중간에 플랫폼을 제공하지만, 가치의 대다수는 응용 프로그램 개발자에 의해 생성된다. 애플은 돈을 지불하는 것이 아니라 오히려 앱 개발자들로부터 돈을 받는다. 이 돈은 소비자가 제품을 이용하는 대가로 지불하는 돈이다. 애플은 거래 장터인 플랫폼을 제공하고 양쪽으로부터 모두 돈을 받는 플랫폼을 운영한다.

1) 플랫폼 비즈니스의 구조

　플랫폼 비즈니스 모델이란 소비자와 생산자 간의 교류를 촉진함으로써 가치를 창출하는 비즈니스 모델이다. Facebook, Uber 또는 Alibaba는 공급망을 통해 제품을 직접 생성하고 관리하지 않고 단지 플랫폼을 이용한다. 플랫폼 비즈니스는 생산수단을 소유하지 않고 대신 연결수단을 제공한다. 성공적인 플랫폼은 거래비용을 줄이고 외부화된

혁신을 가능하게 하여 교환을 촉진한다. 이와 같이 연결된 기술의 출현으로 이러한 생태계는 플랫폼이 기존 비즈니스에서 할 수 없는 방식으로 확장할 수 있다.

플랫폼은 기술뿐 아니라 비즈니스 모델이라는 것을 기억하는 것이 중요하다. 플랫폼은 소비자와 생산자를 하나로 모아 가치를 창출하는 전체론적 비즈니스 모델이다. 그러나 플랫폼 비즈니스 모델은 새로운 것이 아니다. 실제로 고대 로마의 초기 시장, 바자회 및 경매장으로 거슬러 올라간다. 플랫폼 비즈니스 모델은 이미 경제를 지배하고 있다.

가장 성공한 플랫폼은 Google, Amazon, Apple, YouTube 및 Facebook이다. 그러나 이것은 빙산의 일각에 불과하다. 실제로 오늘날 가장 큰 IPO 및 인수의 대부분은 플랫폼이며 거의 모든 성공적인 신생기업이다. 또한 Alibaba, Tencent, Baidu 및 Rakuten과 같은 플랫폼 회사가 중국 등에 있다. 예를 들어, Alibaba는 중국 전자 상거래 시장의 80%를 지배했으며 Baidu는 중국 검색의 70% 이상을 점유한다. 아시아에서 가장 가치 있는 회사인 Tencent는 WeChat 메시징 플랫폼에 약 8억 5천만 사용자를 보유하고 있으며 세계에서 가장 큰 게임 회사로 추산된다. 그리고 중국의 차량 공유 서비스 업체 Didi Kuadi가 택시 시장을 지배한다. 이와 같이 플랫폼 비즈니스를 구축하든 아니든 플랫폼이 어떻게 작동하는지 이해하지 않고는 오늘날의 경제에서 성공할 수 없다.

(1) 핵심거래의 단계

플랫폼은 궁극적으로 거래를 촉진하여 가치창출을 가능하게 한다. 전통적인 사업은 제품 또는 서비스를 제조하여 가치를 창출하지만 플랫폼은 연결을 구축하고 거래를 제조함으로써 가치를 창출한다. 핵심거래 권한을 얻는 것은 플랫폼 디자인에서 가장 중요한 부분이다. 핵심거래는 플랫폼의 공장, 즉 사용자를 위해 가치를 창출하는 방식이다. 잠재적 연결을 거래로 변환하는 프로세스이다. 플랫폼 비즈니스는 사용자가 프로세스를 반복하여 가치를 창출하고 교류하기 때문에 핵심거래 권한을 얻는 것이 플랫폼 설계의 가장 중요한 부분이다.

[그림 7-] 핵심거래의 단계

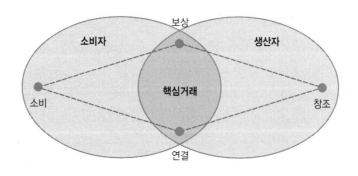

- **창조**: 가치를 창출하고 플랫폼을 통해 사용 가능하게 만든다.
- **연결**: 생산자가 플랫폼에 연결하는 작업을 수행한다.
- **소비**: 사용자가 생산자가 만든 가치를 소비한다.
- **보상**: 사용자는 소비한 것에 대하여 생산자에게 가치를 지불한다.

(2) 플랫폼의 핵심기능

플랫폼은 핵심거래를 수행할 수는 있지만 사용자의 행동을 직접 통제하지는 않는다. 과제는 수백만 명의 사람들을 원하는 방식으로 행동하게 하는 것이다. 먼저 사용자를 유치해야 하고, 그런 다음 신뢰를 구축하고, 품질을 유지하기 위해 거래를 촉진하고, 네트워크를 관리하는 규칙을 수립하는 기술을 제공하여 이들을 서로 조화시킨다. 플랫폼의 핵심기능이 사용자의 공감을 얻을 때 플랫폼은 원활하게 작동될 수 있다. 플랫폼의 네 가지 핵심기능은 거래 장터, 중개, 도구 및 서비스 제공, 규칙 및 표준 설정이다.

[그림 7-2] 플랫폼의 핵심기능

거래 장터

플랫폼은 네트워크에서 잠재적 연결을 사용하여 거래로 변환하는 방법이다. 이 플랫폼에 사용자와 생산자가 들어올 수 있는 연결되는 공간이 거래 장터이다. 거래 장터는 거래가 반복적인 프로세스를 갖게 하는 사용자와 생산자를 연결하는 공간이다. 플랫폼은 핵심거래의 효율성을 극대화하는 것을 목표로 한다.

▌중개

모든 거래에는 생산자와 사용자가 필요하다. 사람들은 모두 고유하며 모든 생산자 또는 사용자 기반에는 다양한 특성이 있다. 사용자 집단은 서로 다른 동기, 욕구 및 필요를 가지고 있다. 사용자와의 공감과 이해를 통해 사용자가 선호할 수 있는 가치를 극대화하는 방법을 파악한다. 예를 들면, Uber는 소비자와 위치 및 이용성을 기반으로 운전자를 연결하는 거래 장터이다.

▌도구 및 서비스 제공

비즈니스 모델의 주요 기능이 결정되면 플랫폼은 기술을 구축하여 올바른 종류의 가치창출에 집중할 수 있다. 이 기술은 적절한 가격으로 플랫폼을 통해 충분한 가치를 창출하고 교환해야 한다. 예를 들면, Airbnb는 생산자가 예약, 이용성, 통신 및 지불을 쉽게 관리할 수 있게 해주는 소프트웨어를 제공한다. 수입에 대한 세금 계산에도 도움을 주고 고객을 다루는 보험을 제공한다.

▌규칙 및 표준 설정

플랫폼 비즈니스는 가치교환을 촉진하기 위해 기술을 사용하여 여러 사용자 집단 간의 접근 및 사용을 차단한다. 플랫폼은 규칙을 만들어서 올바른 종류의 성장을 장려하고 희망적으로 유도할 수 있는 마을의 시장으로 생각해야 한다. 예를 들면, 트위터는 140자 제한을 설정한다.

2) 플랫폼 비즈니스의 유형

모든 플랫폼은 유형이 다르다. 플랫폼 비즈니스 유형들은 플랫폼의 핵심거래에서 교환되는 가치 유형별로 구성된다. 각 유형에는 교환되는 특정 유형의 가치를 중심으로 하는 핵심거래가 있다. 그러나 각 유형의 플랫폼은 산업 전반에 걸쳐서 매우 유사하게 작동한다. Uber처럼 거래비용 절감에 중점을 두는 플랫폼도 있고, 사용자가 실제로 만들 수 있는 기본 인프라를 제공하는 플랫폼도 있다. 교환 플랫폼은 직접 일대일 연결을 지원하나 제작자 플랫폼은 다중 연결을 용이하게 한다. 플랫폼 유형은 대체로 핵심거래를 정의하는 가치교환의 유형이다.

▌교환
- 서비스 시장: 서비스
- 제품 마켓 플레이스: 실제 제품
- 결제 플랫폼: 결제(P2P 또는 B2C)

- **투자 플랫폼**: 투자/금융 수단(금융상품으로 교환되는 돈, 지분, 대출)
- **소셜 네트워킹 플랫폼**: 소셜 상호작용 네트워크
- **커뮤니케이션 플랫폼**: 직접적인 사회적 커뮤니케이션(메시징)
- **소셜 게임 플랫폼**: 경쟁/협력을 통해 다수 사용자가 참여하는 게임 상호작용

┃제작자

- **콘텐츠 플랫폼**: 핵심거래가 다른 사람들의 발견과 상호작용에 초점을 맞추는 소셜 플랫폼, 미디어 발견 및 상호작용에 초점을 맞춘 미디어 플랫폼
- **개발 플랫폼**: 소프트웨어 프로그램

3) 플랫폼 비즈니스의 원리

최근 가장 성공적인 큰 신생기업 중 일부는 플랫폼 비즈니스이다. 또한 플랫폼 비즈니스는 현대 경제에서 가장 강력한 비즈니스 중 하나이다. 이러한 경이로운 성공에서 영감을 얻은 혁신가들은 점점 더 많은 산업 분야에 플랫폼을 도입하기 시작했다. 그들은 성공을 발판으로 산업계를 변화시키고 있다. 앞으로도 다양한 진화가 예상되는 플랫폼 비즈니스 모델의 근본적인 경제적 원리는 경제적 이익, 가치창조와 네트워크 효과이다.

[그림 7-3] 플랫폼 비즈니스의 기본 원리

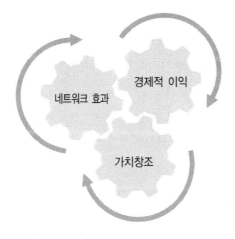

(1) 경제적 이익

혁신 아이디어의 성공은 혁신이 고객에게 제공할 경제적 이익에 크게 좌우된다. 플랫폼 비즈니스의 경우 연결하는 여러 측면에 플랫폼이 제공할 경제적 이점에 의해 결정된다. 그렇다면 다면 플랫폼(multi-sided platform)[37]은 실제 경제적 가치를 추가하는가? 아니면 가치를 창출하지 않으면서 가치를 포착하려고 하는 단지 또 다른 중개인에 불과한가? 대부분의 경우 이에 대한 대답은 가치를 부가한다.

(2) 가치창조

어떤 학자들은 플랫폼을 고대 바자회 또는 실제 시장과 비교한다. 그들은 장터가 구매자를 판매자와 연결시켰으며 현대 플랫폼에서도 이러한 면에서 동일하다고 주장한다. 플랫폼 비즈니스는 두 유형의 집단을 연결해서 가치창조에 관여시킨다. 두 유형의 플랫폼은 둘 다 서로 안전하게 상호작용할 수 있는 관리 기능을 제공한다.

(3) 네트워크 효과

다면 플랫폼을 지원하는 기본 개념인 네트워크 효과는 다른 사용자 및 비사용자에 대한 네트워크 가치에 대한 사용자의 영향이다. 경제학자 하비 라이벤스타인(Harvey Leivenstein)은 네트워크 효과를 어떤 상품에 대한 수요가 형성되면 이것이 다른 사람들의 수요에 영향을 미치는 것으로 정의한다. 네트워크효과는 다른 사람이 참여함으로써 기존 참여자가 느끼는 가치가 상승하는 현상이다. 제품이나 서비스 자체 품질보다는 얼마나 많은 사람이 사용하고 있느냐가 더 중요하다. 오프라인 소매 판매점은 네트워크 효과가 없다. 식품점에 쇼핑객이 많거나 적다고 값이 변경되지 않는다. 규모의 경제로 인해 가격이 인하될 수 있지만 이는 경제적인 구조가 다르며 네트워크 효과로 간주되지 않는다.

- 직접 네트워크 효과: 같은 종류의 사용자가 증가할수록 사용자가 느끼는 가치가 상승하는 현상이다. 예를 들면, 페이스북에 친구나 가족이 거의 없다면 아주 작은 가치를 제공할 것이다. 그러나 더 많은 친구가 가입하면 Facebook의 가치가 더 커진다. 사용자가 성장함은 사용자의 네트워크 가치가 증가한다.

---

37) 다수의 고객과 공급자를 연결해 주는 중재 플랫폼.

- 간접 네트워크 효과: 다른 종류의 사용자가 증가할수록 해당 사용자가 느끼는 가치가 상승하는 현상이다. 즉, 다른 유형의 네트워크 참여자에게 미치는 영향이다. 다른 유형의 참가자는 누구인가? 이들은 다른 경제적 목적으로 네트워크를 사용한다. 예를 들어, 광고주는 Facebook을 광고용으로 사용한다. 더 많은 사람들이 사용자측(비광고주)에 가입함에 따라 페이스북은 비광고주들뿐만 아니라 광고주들에게 더 가치를 제공한다.

2. 비즈니스 모델의 사례

고객의 문제를 이해하는 것이 비즈니스를 시작할 때 직면하게 될 가장 큰 과제이다. 고객은 실제 고객의 문제를 해결하는 제품을 원한다. 따라서 제품이 고객의 문제를 해결하는지 확인하는 것이 성공적인 비즈니스의 유일한 길이다. 고객의 문제를 확인하는 것이 어떻게 돈을 벌 수 있는지를 알아내는 것이다. 고객의 문제를 이해하는 것은 비즈니스 모델이 작동하는 것이다. 비즈니스 모델은 비즈니스가 어떻게 돈을 벌 수 있는지에 대한 설명이다. 적절한 비용으로 고객에게 가치를 전달하는 방법에 대한 설명이다. 본장에서는 구글, 애플, 익스피디아, 우버 및 에어비앤비의 성공적인 비즈니스 모델을 살펴본다.

회사는 상품이나 서비스를 생산하고 고객들에게 판매한다. 모든 것이 잘 진행된다면 판매로부터 얻는 수입은 운영비용을 초과하고 기업은 수익을 실현한다. 기술이 발전하고 기업이 수익을 창출하기 위해 새롭고 창의적인 방법을 찾기 때문에 새로운 모델이 계속적으로 출현한다. 비즈니스 모델은 사업계획의 중심이기 때문에 모델을 신중하게 설계해야 한다. 따라서 성공적인 모델을 구축하려는 회사는 비즈니스 모델의 핵심요소를 설명할 수 있어야 한다. 성공한 회사의 비즈니스 모델을 분석하는 것은 새로운 사업 아이디어를 얻는 방법이기도 하다.

1) 구글(Google)

Google은 원래 1995년 3월 스탠포드 대학원의 학생들이었던 래리 페이지(Larry Page)와 세르게이 브린(Sergey Brin)의 연구 프로젝트에서 시작되었다. 페이지는 World Wide Web의 수학적 속성 에

대한 아이디어를 탐구하기를 원했다. 후에 브린이 이
프로젝트에 참여했다. 브린은 후에 다른 연방기관들과
함께 이 프로젝트의 자금원천 중 하나가 된 National
Science Foundation Graduate Fellowship의 지원을 받았
다. 브린과 페이지의 목표는 스탠포드의 "통합되고 단
일화된 디지털 라이브러리를 가능하게 하는 기술을

개발하는 것"이었다. 이것은 스탠포드 디지털 도서관 프로젝트라고 불렸다. 그들이 첫 번째 검색
엔진을 완료했을 때, 그것은 원래 스탠포드의 웹 사이트에 사용되었다. 이러한 실험을 통해 1998
년 9월 4일 구글은 친구의 차고에서 회사를 설립하였다.

　구글은 검색엔진으로 출발했지만 여러 분야에서 다양한 제품과 서비스를 제공한다. 그들은
크롬, 북마크, 툴바, 모바일, 지도, 휴대전화용 앱, 비즈니스가 있다. 기타 애드몹, 애드워즈, 애드
센스, 마이 비즈니스, 미디어, 캘린더, 문서 도구, Gmail, 드라이브가 있다. 또한 YouTube, Google
Play, 뉴스, Picasa가 있다.

　구글은 세계적인 기술 리더이자 세계에서 가장 인
정받는 브랜드 중 하나이다. 구글은 온라인 사용자에
게 무료로 여러 제품을 제공한다. 구글은 마케팅 담당
자가 광고 제품을 사용하여 온라인 사용자를 표적할
수 있도록 지원한다. 구글은 주로 사이트 및 네트워크

회원 사이트에서 온라인 광고를 판매함으로써 수익을 창출한다. 구글은 엔터프라이즈 제품, 소
비자 컨텐츠 플랫폼, 상거래 및 하드웨어 제품에서 수익을 창출한다. 구글의 모회사 알파벳의 자
율주행 기업 웨이모(Waymo)가 개발 중인 자율주행자동차가 미국 내 공공도로 테스트를 통해 누
적거리 1,000만 마일(1,609만 km)을 달성했다.

(1) 고객세분화

　구글의 주요 고객은 구글 제품 및 서비스를 사용하여 유용한 방식으로 정보를 정리할 수 있는
사용자, 네트워크 회원에게 온라인 및 오프라인 광고를 게재하는 비용 효율적인 방법을 사용하
는 광고주 및 애드 센스 서비스를 사용하는 콘텐츠 제공업체, 모바일 장치 사용자와 제조업체 및
개발자가 포함될 수 있다. 구글의 다면시장은 혁신적인 개발을 통해 최종 사용자의 요구를 충족
시키는 동시에 전체 수익의 97%를 차지하는 광고주의 요구를 충족시키는 데 중점을 둔다. 구글

은 궁극적으로 최종 사용자의 욕구를 충족시키며 이들이 결국 회사 광고에 관심을 갖도록 한다. 구글의 고객세분화는 많은 기술회사의 고객세분화와 비슷하지만 한 유형의 제품 고객에게 집중하지 않는다. 그들은 대량시장에 초점을 맞추고 있으며 제품뿐만 아니라 고객의 광범위한 기반을 가지고 있다. 구글은 새로운 산업과 제품라인은 물론 고객지향적인 첨단기업이 되었다.

▌인터넷 사용자

구글의 목표는 사용자가 쉽게 모든 것을 온라인으로 만드는 것이다. 공동 창립자인 래리 페이지는 "완벽한 검색엔진은 고객이 의미하는 것을 정확히 이해하고 다시 돌려준다"고 말한다. 따라서 구글은 필요한 정보를 찾고 필요한 조치를 취할 수 있도록 가능한 한 쉽게 작성한다. 구글은 사람들이 똑똑하고 빠르게 일할 수 있기를 원한다. 회사는 사람들이 이동 중에도 정보에 접속할 수 있도록 클라우드 서비스를 제공한다. Chrome과 같은 제품은 웹을 더 빠르고 더 간단하게 만들어준다. Map 및 Earth와 같은 프로그램을 사용하면 사람들이 거리를 탐색하고 접속할 수 없는 전 세계 장소를 볼 수 있다.

▌광고주/광고 대행사

구글은 간단한 텍스트 광고에서부터 리치 미디어 광고(rich media advertising)[38]에 이르기까지 다양한 광고를 제공하여 기업이 고객을 찾고 고객이 기업을 찾는 데 도움을 준다. 전 세계의 기업가와 출판사가 자신의 네트워크를 성장시켜 콘텐츠에서 수익을 창출할 수 있도록 한다. 광고주는 YouTube 및 Google Play와 같은 다양한 구글 미디어에 광고를 게재할 수 있다.

▌Google 네트워크 회원

구글 네트워크 회원은 구글을 사용하는 사람이든 대기업 회원이든 관계없이 클라우드 서비스 및 워드 프로세싱 프로그램과 같은 구글의 무료 서비스를 많이 사용할 수 있다. 기업뿐만 아니라 개인을 위한 컴퓨팅 도구를 제공한다.

▌휴대기기 소유자

구글은 Android 운영체제와 같은 휴대기기용 제품을 개발하여 휴대전화 사용 경험을 향상시키고 사람들이 다양한 방법으로 인터넷에 연결할 수 있도록 한다. 그들은 휴대전화 및 Android 기기에서 구글을 사용할 수 있게 했다.

---

38) 배너 광고에 비디오, 오디오, 애니메이션 효과 등을 결합한 멀티미디어형 광고.

▌개발자

구글은 많은 프로젝트에 참여하고 있으며 개발자와 협력하여 개발자가 온라인 생태계에 쉽게 기여하고 웹을 발전시킬 수 있도록 도와준다.

▌기업

구글은 기업이 웹에서 성공하거나 성공하는 데 도움이 되는 다양한 도구를 제공하고 기업이 성공적으로 사업을 운영할 수 있도록 돕는 프로그램을 만든다. 구글이 비즈니스에서 사용할 수 있는 프로그램 및 제품은 Chrome, Google 결제, Google Apps, Google 애널리틱스와 Google 광고 등이 있다.

[그림 7-3] 고객세분화 설계

고객세분화의 종류	① 고객세분화 누가 고객인가?
• 인터넷 사용자 • 광고주/광고 대행사 • Google 네트워크 회원 • 휴대기기 소유자 • 개발자 • 기업	

(2) 가치제안

구글은 인터넷 검색, 광고, 운영체제, 플랫폼 및 사업을 위해 고객에게 가치를 창출하는 것을 목표로 한다. 가장 중요한 원칙은 전 세계 정보를 관리하고 보편적으로 접근 가능하고 유용하게 만드는 것이다. 구글의 주요 목표는 모든 고객에게 가치를 추가하는 것이다. 구글은 사용자, 광고주 및 구글 네트워크 회원의 세 가지 영역에 가치의 초점을 맞춘다. 이 세 가지 주요 영역 내에서 성능, 경제성 및 접속성·편의성을 제공한다.

▌성능

구글은 가능한 한 빨리 정보에 접속하고 유통할 수 있는 형식으로 고객에게 서비스를 제공한다. 고객의 시간이 귀중하므로 가능한 한 빨리 고객이 구글 웹 사이트를 떠나도록 하는 것이 목표이다. 이 목표는 웹 검색, 문서, 드라이브, YouTube 등 구글 서비스의 모든 영역으로 확장된다. 구글은 사용자가 일을 성취하면서 최대한 빨리 하루를 보내고 구글 사이트를 나가기를 원한다.

▌경제성

구글은 모든 사용자에게 서비스를 제공하나 서비스 이용 가격은 저렴하다. 대부분의 구글 서비스는 무료이며 많은 양의 데이터 저장 공간을 제공한다. 사용자가 더 많은 저장 공간을 필요로 한다면 구글은 편리하고 저렴한 가격으로 제공한다. 예를 들어, 구글 드라이브는 사용자에게 완전히 무료로 15기가 바이트의 저장공간을 제공한다. 이 용량은 일반 사용자에게 충분하다. 그러나 더 많은 공간이 필요한 경우 월별 요금으로 매우 저렴하게 사용할 수 있다.

▌접속성·편의성·유용성

구글은 사용자에게 매우 편리한 접속성을 제공한다. Windows, Apple iOS, Android 및 Linux를 비롯한 다양한 운영체제에서 앱 및 서비스에 접속할 수 있다. 또한 데스크톱 PC, MAC, 태블릿 및 스마트 폰과 같은 모바일 플랫폼을 포함한 여러 장치에 대한 접속을 제공한다. 집, 사무실 또는 이동 중에도 구글은 접속을 통해 쉽고 편리하게 노래를 부르고 업로드하고 공유할 수 있다.

구글은 사람들의 검색어를 원하는 정보에 직접 연결하는 매우 사용자 친화적인 플랫폼을 만들어 전반적인 사용자 경험을 향상시킨다. 이는 구글의 무료 서비스를 이용하는 데 관심이 있는 다양한 고객을 끌어들여 최종 사용자와 기업 모두에게 이익이 되는 기업을 위한 광고 환경을 조성한다. 구글은 접근성과 사용 편의성을 거의 모두 충족시키는 원 스톱을 제공한다.

- **구글 검색**: 구글의 혁신 기술자가 개발한 최첨단 검색엔진이다.
- **구글 뉴스**: 주제별로 분류된 최근 이벤트의 조직된 출처에서 전 세계에서 일어나는 일과 연결을 유지할 수 있다.
- **Picasa**: 친구와 가족이 사진과 동영상을 서로 업로드하고 공유할 수 있는 구글 고유의 미디어 공유 플랫폼이다.
- **구글 파이낸스**: 금융을 추적하고 포트폴리오를 관리할 수 있다. 주식 및 최근 뉴스에 대한 정보를 확인할 수 있다.
- **구글 메일**: 구글이 제공하는 보안 전자메일 계정이다. Gmail은 문서 및 파일을 온라인 스토리지 클라우드 장치로 업로드할 수 있다.
- **구글 사이트 도구**: 템플릿과 개별 사이트를 맞춤 설정할 수 있는 사용자 친화적인 플랫폼으로 원하는 만큼 무료 웹 사이트를 만들 수 있다. 광고, 사진 및 동영상을 추가할 수 있다. 애드워즈를 사이트에 통합하여 광고를 통해 수익을 창출할 수 있는 기회를 제공한다.

- **구글 행아웃:** 구글 행아웃을 사용하면 모든 전화번호를 하나의 번호로 연결하여 생활을 단순화하고 기억할 번호 하나를 제공할 수 있다.
- **구글 톡:** 구글 톡은 Gmail 계정에 직접 통합되는 매우 유용한 서비스이다. 클릭 한번만으로 하루 중 언제든지 직접 얼굴을 보며 대화할 수 있다.

[그림 7-4] 가치제안 설계

(3) 유통경로

전 세계 정보를 체계화하고 보편적으로 접속하고 유용하게 만드는 구글의 사명은 다양한 도구를 통해 수행된다. 이러한 도구는 모든 사람이 접속할 수 있으며 전문적인 비즈니스 환경이든 또는 가정용 인터넷 브라우징이든 관계없이 모든 웹 환경에서 유용할 수 있다. 구글은 웹 및 모바일 앱 개발을 통해 세계 정보를 구성할 수 있다. 웹 및 모바일 앱을 통해 구글은 가치제안을 거의 전적으로 디지털 방식으로 제공한다. 고객에게 도달하기 위한 채널에는 google.com, Google 제휴사 웹 사이트 및 Google 애드워즈가 있다. 광고주 및 네트워크 구성원에게 연락하는 채널에는 판매 및 지원팀이 포함된다.

▎웹

1996년에 창안된 구글 검색엔진은 엄청나게 성장하여 사람들에게 답변을 쉽게 찾을 수 있는 방법을 제공한다. 구글은 검색엔진을 보다 빠르고 효율적으로 만드는 연구집단의 하나이다. 구글은 사람들이 원하는 정보에 가능한 빨리 접속할 수 있도록 노력한다. 또한 전체 웹 경험을 더 빠르고 즐겁게 사용자를 위해 만드는 것을 목표로 하는 Chrom을 제공한다. Gmail은 모든 웹 브라우저를 통해 접속할 수 있는 구글의 무료 이메일 서비스이다. 간단하면서도 직관적인 인터페이스로 메일을 찾고 쉽고 빠르게 보낼 수 있다. 또한 구글은 애드워즈와 같은 광고 서비스를 제공하여 회사가 구글 검색에 입력한 키워드를 기반으로 광고를 할 수 있도록 한다.

▌모바일 앱

오늘날 많은 사람들은 스마트 폰을 가지고 있으며 다양한 정보를 검색하기 위해 다양한 앱을 사용한다. 구글은 빠르고 효율적으로 정보를 검색할 수 있는 다양한 응용 프로그램을 제공한다. 이러한 앱은 휴대기기에 다운로드하거나 Chrome과 같은 브라우저를 통해 휴대기기에서 접속할 수 있다. 기본적으로 구글이 웹에서 제공하는 모든 것은 다운로드 가능한 모바일 애플리케이션을 통해 접속할 수 있다. 예를 들어, 구글 지도는 사람의 휴대전화로 다운로드할 수 있으며 어디서나 길찾기를 제공한다. 구글 번역은 거의 모든 언어로 번역을 제공한다. 구글이 소유한 모바일 운영체제인 Android는 사용자의 스마트 폰 또는 태블릿에 구글의 가장 널리 사용되는 모든 앱을 통합한다. Android는 가장 강력하고 널리 사용되는 운영체제이며 전 세계의 정보를 쉽게 이용할 수 있다.

[그림 7-5] 유통경로 설계

유통경로의 종류	③ 유통경로 가치를 어떻게 전달하는가?
● 웹 ● 모바일 앱	

(4) 고객관계

고객관계를 구축하기 위한 채널에는 판매 및 지원 서비스는 물론 대형 고객 전용팀이 있다. 구글은 고객과 광고주와 긴밀한 관계를 맺고 사용자가 상호작용하고 정보 또는 서비스를 교환할 수 있는 가상 사용자 커뮤니티를 만든다. 사용자가 구글 계정을 사용하면 전자 메일, 정리를 위한 캘린더, 소셜 플랫폼 등과 같은 다양한 혜택을 누릴 수 있다. 구글은 웹상의 다른 곳에서는 볼 수 없는 많은 혁신적인 서비스를 제공함으로써 많은 비즈니스와 관계를 맺고 있다. 구글은 영업 및 지원 인프라가 성공의 핵심 요소라고 생각한다. 이들은 직접, 원격 및 온라인 판매 채널과 같은 다양한 방식으로 광고 세계에서 관계를 형성한다. 기술 및 자동화는 가능하면 전체 고객의 경험과 사용 편의성을 향상시키고 비용 효율성을 높이기 위해 통합된다. 고객관계 구축은 가능한 자동화나 영업 및 지원 서비스는 물론 대형 고객 전용 팀이 포함될 수 있다.

[그림 7-6] 고객관계 설계

고객관계의 종류
- 자동화
- 영업 및 지원 서비스
- 대형 계정 판매팀

➡ **④ 고객관계**
어떻게 고객과
상호작용하는가?

(5) 수익원

구글의 주요 수익원은 검색 광고이다. 이는 전체 수익의 90%에 해당한다. 구글 인터넷 기반 서비스 및 제품을 호스팅하고 개발하며 주로 애드워즈 프로그램 광고를 통해 수익을 창출한다. 애드워즈, 애드센스, 구글모바일 및 YouTube와 같은 혁신으로 인해 구글은 매우 성공적인 광고 플랫폼을 구축했다. 구글은 주로 구글 및 구글 네트워크 회원 웹 사이트에 온라인 광고를 판매하여 수익을 창출한다. 구글의 해외 운영은 수익 창출 및 순이익에 필수적이다. 매출의 약 52%가 국제 비즈니스에서 발생하며 인터넷 트래픽의 절반 이상이 미국 이외 지역에서 발생한다. 구글 서비스 수익은 주로 광고수익으로 구성된다.

- 구글 검색
- Gmail, 지도 및 Google Play
- YouTube
- 검색용 애드센스, 콘텐츠용 애드센스
- AdMob
- DoubleClick AdExchange

[그림 7-7] 수익원 설계

수익원의 종류
- 광고 수입
- 앱 판매 수입
- 제품판매 수입
- 특허권 수입

➡ **⑤ 수익원**
무엇을 얻는가?

(6) 핵심자원

모든 비즈니스 모델에는 핵심자원이 필요하다. 핵심자원에는 데이터 센터, 서버 및 기타 IT 인프라, IP 및 인적자원이 있다. 기타 자원에는 특허, 라이센스 및 독점 자료가 있다. 구글은 핵심 자원을 통해 고객에게 가치제안을 제공할 수 있다.

핵심자원에는 물적자원과 지식자원이 있다. 물적자산은 각국에 있는 사무실이다. Googleplex 로 알려진 캘리포니아 주 사무소는 직원들에게 상당한 혜택을 제공한다. 사무실에서는 사이트 에 전력을 공급하는 데 사용하는 기술장비가 중요하다. 지식자산은 구글의 가장 큰 핵심자원이 다. 주요 지식자산은 광고 특허, 디자인 특허, 콘텐츠 특허, 메일 및 메시징 특허, 이벤트 모델링 특허, 게임 특허, 하드웨어 특허, 이미지 및 비디오 특허, 대형 파일 공간 인덱싱 특허, 의학 특허, 다중 데이터베이스 인덱싱, 구문 기반 인덱싱 특허, 검색 색인 특허, 보안 특허, 소셜 네트워킹, 소프트웨어 특허, 차량 , 음성 검색 특허, 무선 및 모바일 특허 등이 있다. 특허, 상표, 영업비밀, 저작권 및 기타 재산권은 지식재산의 중요한 자산이다.

[그림 7-8] 핵심자원 설계

(7) 핵심활동

핵심활동은 목적을 달성하기 위해 성취해야 하는 중요한 임무이다. 회사는 비즈니스 모델에 서 다루는 행동을 수행할 수 있어야 한다. 핵심활동은 가치제안의 산물이다. 핵심활동에는 새로 운 기술 및 기능의 개발과 기존 기술의 개선이다. 거대한 IT 인프라, 제품과 서비스의 유지 보수 및 관리에 많은 시간을 소비한다. 마케팅, 전략 및 제휴에 대한 작업이 있다. 구글은 고객관계를 유지하고 수익을 창출하는 활동을 성공적으로 수행해야 수익을 창출할 수 있다. 지속적으로 새 로운 서비스를 혁신하고 검색엔진 플랫폼을 개선하여 더 빠르고 더 나은 서비스를 제공한다. 성공적인 운영을 위해 수익을 창출하고 고객에게 제공하는 가치를 지속적으로 향상시킬 수 있는 세 가지 핵심활동을 운영한다. 즉, 연구개발, 검색엔진의 구축과 유지, 광고 서비스이다.

▍연구개발

구글은 모든 종류의 기업을 위한 검색엔진 및 광고 수단 역할을 한다. 업계의 선두주자가 되려면 구글은 현재 제품을 개선하고 새로운 제품을 혁신할 수 있는 새로운 아이디어를 계속 연구하고 개발해야 한다.

▍검색엔진

완벽한 검색엔진은 고객들이 의미하는 것을 이해하고 원하는 것을 정확하게 찾아주는 수단이다. 구글의 관계회사는 Alphabet이라고 칭한 모회사의 밑에 있다. 구글의 목표는 사람들이 필요한 정보를 쉽게 찾고 원하는 정보를 얻을 수 있도록 하는 것이다. 검색엔진으로서 구글의 주요 활동은 검색 프로세스를 보다 지능적으로 신속하게 처리하여 사용자가 입력하는 내용을 이해하고 각 개인의 검색 습관을 충족시켜 주는 것이다. 구글은 검색이 직관적으로 이루어지길 바라며 사용자가 원하는 것을 이해하고자 한다.

▍광고

구글은 검색엔진을 사용하여 기업이 회사와 제품을 광고하는 방법을 사용한다. 구글은 다양한 텍스트 광고와 리치 미디어 광고를 통해 세계와 연결하고 네트워크를 형성하는 기업 프로그램을 개발했다. 구글 비즈니스 모델의 주요 초점은 기업이 고객을 찾고 게시자가 콘텐츠에서 돈을 벌 수 있도록 돕는 것이다.

[그림 7-9] 핵심활동 설계

핵심활동의 종류	⑦ 핵심활동
• 연구개발 • 검색엔진 • 광고	무슨 일을 하는가?

(8) 핵심파트너

구글은 광고에서 총수익의 90% 이상을 얻는다. 파트너십이 없으면 수입이 크게 줄어들 것이다. 구글은 고객과 핵심파트너 간의 커뮤니케이션 및 상호작용을 원활하게하기 위해 노력하고 있다. 목표는 더 많은 고객이 광고를 클릭하면 더 많은 돈을 벌어들여 고객과 파트너를 행복하게 만드는 것이다. 광고료를 지불하는 기업과 광고를 클릭하는 고객이 없으면 구글은 존재하지 않는다. 구글에 핵심파트너 관계를 맺는 다른 이점은 신규고객을 회사에 도입하는 동시에 기존고객에게 추가되는 새로운 서비스를 유지하는 데 도움이 된다.

구글에는 여러 가지 핵심파트너가 있다. 구글의 핵심파트너에는 공급업체, 유통업체, Open Handset Alliance 및 원천장비 제조업체가 포함된다. 실제로 6,000개가 넘는 다른 파트너십을 보유하고 있다. 구글은 이러한 파트너십을 강화한다. 구글은 일본의 Softbank, 미국 APAC, 미국의 Onix Network, 한국의 SPH, 영국 및 미국 PA 컨설팅과 파트너십을 맺고 있다. 회사는 고객을 행복하게 유지하고 고객을 위해 지역에서 중요한 파트너쉽을 맺는다.

[그림 7-10] 핵심파트너 설계

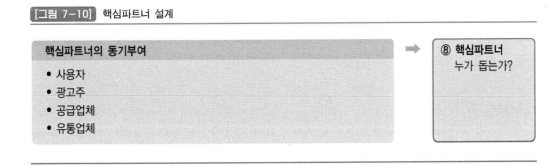

(9) 비용구조

구글의 비용구조에는 IT 인프라, 인력, R&D 비용 및 마케팅 비용이 있다. 구글은 범위의 경제를 운영하는 가치 중심의 회사이다. 연구개발은 구글에서 두 번째로 큰 비용이다. 그들은 기술의 최상위에 머물기 위해 노력한다. 또한 가치 중심의 비용구조를 실현하는 데 도움이 되는 유망 중소기업을 인수한다. 핵심비용에는 트래픽 유도비용, 콘텐츠 획득비용, 데이터 센터 운영비용, 하드웨어 제품 재고비용, 연구 및 개발비용, 마케팅 및 판매비용이 포함된다.

┃ 트래픽 유도비용
트래픽 유도비용은 구글이 네트워크 회원과 공유하는 광고수익과 Chrome 브라우저를 배포하거나 구글 웹 사이트로 직접 검색어를 보내는 유통 파트너에게 지불하는 금액이다. 구글 유통 파트너에는 브라우저 제공업체, 이동 통신사, 장비 제조업체 및 소프트웨어 개발자가 포함된다.

▌콘텐츠 획득비용

콘텐츠 획득비용은 주로 Youtube 및 Google Play에서 콘텐츠를 배포하는 특정 콘텐츠 제공업체에게 지급하는 비용이다.

▌데이터 센터 운영비용

데이터 센터 운영비용은 데이터 센터 운영과 관련된 비용(감가상각, 인건비, 에너지 및 대역폭 비용 포함)이다.

▌재고비용

재고비용은 구글이 판매하는 하드웨어 비용이다.

▌연구개발 비용

연구개발 비용에는 기존 사업, 신제품과 서비스의 R&D를 담당하는 직원에 대한 인건비 및 시설 관련 비용과 스톡 기반 보상비용이다.

▌마케팅 및 판매비용

마케팅 및 판매비용에는 구글의 제품 및 서비스와 관련된 광고 및 판촉비용이다. 영업 및 마케팅, 영업지원 및 특정 고객 서비스 기능에 종사하는 인력의 인건비 및 시설 관련 비용 및 재고 기반 보상비용도 포함된다.

[그림 7-11] 비용구조 설계

비용구조의 종류	⑨ 비용구조
• 트래픽 유도비용 • 콘텐츠 획득비용 • 데이터 센터 운영비용 • 재고비용 • 연구개발 비용 • 마케팅 및 판매비용	무엇을 지불하는가?

(10) 비즈니스 모델 캔버스

구글은 미국의 캘리포니아 주 마운틴 뷰에 위치한 기술 회사이다. 이 회사는 인터넷 검색 엔진으로 시작했지만 이후 50개 이상의 제품과 서비스를 제공하는 기술 거인이 되었다. 여기에는 전자 메일, 온라인 문서 작성, 소프트웨어, 클라우드 컴퓨팅, 온라인 광고 기술, 휴대폰 및 태블릿 컴퓨터가 포함된다. 검색엔진은 인터넷에서 가장 성공적인 검색엔진으로 모든 온라인 검색요청의 70% 이상을 처리한다.

[그림 7-12] 구글 비즈니스 모델

구글 비즈니스 모델				
⑧ 핵심파트너	⑦ 핵심활동	② 가치제안	④ 고객관계	① 고객세분화
• 사용자 • 광고주 • Softbank • APAC • Onix Network • SPH • PA	• 연구개발 • 검색엔진 • 광고 ⑥ 핵심자원 • 특허 • 상표 • 영업 비밀 • 저작권 • 기타 지적 재산권	• 구글 검색 • 구글 뉴스 • Picasa • 구글 파이낸스 • 구글 메일 • 구글 사이트 도구 • 구글 행아웃 • 구글 톡	• 자동화 • 영업 및 지원 서비스 • 대형 계정 판매팀 ③ 유통경로 • 웹 • 모바일 앱	• 인터넷 사용자 • 광고주/광고 대행사 • Google 네트워크 회원 • 휴대기기 소유자 • 개발자 • 기업
⑨ 비용구조			⑤ 수익원	
• 트래픽 유도비용 • 콘텐츠 획득비용 • 데이터 센터 운영비용 • 재고비용 • 연구개발 비용 • 마케팅 및 판매비용			• 광고 수입 • 앱 판매수입 • 제품판매 수입 • 특허권 수입	

2) 애플(Apple)

Apple의 공동 창립자인 스티브 잡스(Steve Jobs)는 1955년 2월 24일 태어났으나 부모의 이혼으로 양부모에게 입양되었다. 고등학교 졸업 후 잡스는 오리건주 포틀랜드에 있는 리드칼리지(Reed College)에 의학 및 문학을 공부하기 위해 입학했으나 한 학기를 다니고 자퇴했다. 그는 몇 년 후 워즈니악과 협력해 부모의 차고 안

에서 애플을 설립하고 최초의 개인용 컴퓨터인 Apple
I을 내놓았다. 애플은 Steve Jobs, Steve Wozniak, Mike
Markkula 등 3명으로 시작하여 1970년대 후반 Apple II
시리즈 컴퓨터를 설계하고 판매했다. 최초의 상용 컴
퓨터 라인이었고 1983년에 Apple Lisa를 이끌었다. 이

컴퓨터는 마우스 기반 GUI(그래픽 사용자 인터페이스)을 사용하는 최초의 컴퓨터이다. 1년 후
애플 매킨토시(Apple Macintosh)가 태어났으며 애플의 전설이 시작됐다.

1985년 애플 이사회와 오랜 기간 싸워온 잡스는 그가 설립한 회사를 떠났다. 그 다음으로 그는
넥스트(NeXT)라는 고등교육 및 비즈니스 전문회사를 설립했다. 1986년 잡스는 Lucasfilm Ltd.의
소규모 사업부에 큰 관심을 보였다. 애니메이션 영화용 컴퓨터 그래픽 개발에 초점을 맞추었으
며 Pixar는 잡스에 인수되었다. 그는 이 회사의 잠재력을 즉시 보았다. 많은 소규모 프로젝트와
많은 시행착오 끝에 Pixar는 1995년 Toy Story를 발표했다. 1996년 Toy Story가 출시된 지 1년 후
애플은 잡스가 소유하고 있는 NeXT 회사를 인수하고 고문 역할로 돌아오라고 했다. 그는 고문
으로 돌아가서 1997년 CEO되었고, 2011년 8월에 사임할 때까지 영구 CEO가 되었다.

잡스와 애플이 세계 지배를 시작했다. 1996년까지 애플은 여전히 틈새 컴퓨터 플랫폼이었다.
Windows 기반 PC는 광고, 디자인 및 영화를 포함하여 창의적인 산업에서 주로 사용되는 고가의
애플 컴퓨터를 사용하여 대다수의 소비자가 소유했다. 그러나 2001년 11월에 iPod이 등장했을
때 모든 것이 바뀌었다. 모든 사람의 입에 애플이 갑자기 나타났다. 워크맨이나 CD 플레이어보
다 훨씬 작은 하나의 작은 장치에 수천 곡의 노래를 디지털 방식으로 저장할 수 있었다. 잡스는
음악이 재생되고 공유되는 방식을 변화시킨 제품을 선구자적으로 이끌었다. 몇 년 안에 애플은
모두가 갖고 싶어 하는 기술이 되었다. 2007년에 iPhone이 등장했다. 결국 애플은 주요 기업들이
모방하려는 회사가 되었다.

2010년 iPhone의 다양한 변형 이후 iPads는 초기 평범한 수신기였다. 사람들은 필요로 하지 않
았지만 잡스는 큰 영향을 줄 것이라는 것을 알고 있었다. 결국 잡스의 예상은 적중했다. 2011년 3
월까지 1,500대가 넘는 iPads가 출시되었다. 애플은 Genius Bars의 도움으로 고객의 불만 사항과
요구 사항을 처리하여 가치를 창출하고 있다. 애플은 다양한 소매점 및 온라인 상점을 통해 제품
을 판매한다. 회사는 종업원, 지식재산 및 물적자산을 가지고 운영된다. 또한 조직을 위한 가장
큰 수입원은 iPhone, Mac 및 iPads의 판매이다. 그러나 안타깝게도 잡스는 건강이 문제가 되었고
결국 2011년 10월 5일에 세상을 떠났다.

(1) 고객세분화

애플에서 제공하는 제품 및 서비스의 표적 소비자는 청소년, 대학생, 성인, 직장인 및 사업가이다. 청소년들은 아이팟을 사용하여 친구와 사귀고 페이스북, 트위터, MSN 등을 방문한다. 또한 그들은 그것으로 음악을 듣는다. 아이팟에는 많은 매력을 주는 게임용 앱이 있다. MacBook, iPhone 및 iPads와 같은 애플 제품은 메모를 기록한다. 학생들에게 더 매력적으로 만드는 것은 어디서나 쉽게 휴대할 수 있다는 생각이다. 애플 제품은 학생들이 사용하는 것 외에도 비즈니스 업계에서도 사용된다. 이 장치는 직장인들이 문서를 보내거나 받음으로써 고객과 쉽게 통신할 수 있는 통로를 제공한다. 어린 자녀들은 애플 기기를 학습 목적으로 사용한다. 학부모는 학습 및 게임 응용 프로그램을 쉽게 다운로드할 수 있다. 성인은 iPhone과 같은 애플의 장치를 사용하여 전화 걸기, 지도 보기, 문서 보기, 인터넷 접속 및 카메라를 사용하여 사진을 찍는다.

[그림 7-13] 고객세분화 설계

(2) 가치제안

가치제안은 고객이 직면한 다양한 문제에 대한 해결안을 제공하는 것이다. 애플의 가치제안의 중심은 디자인이다. 애플은 가능한 사용자 친화적이고 우아한 제품을 설계하는 것으로 유명하다. 애플은 모든 제품에 대한 새 모델 출시를 통해 다양한 제품을 제공하고 제품을 지속적으로 개선한다. 지속적인 개선은 하드웨어 및 소프트웨어 관련 문제에 대한 해결안을 제공하고 소비자 수요를 충족시키는 데 도움이 된다. 고객이 원하는 새로운 기능을 애플은 현실로 구현한다.

핵심적인 가치제안은 성능, 디자인, 사용성, 편의성, 브랜드와 신분이다. 휴대폰, 태블릿, PC 등 애플에서 생산하는 모든 제품은 사용자에게 친숙하다. 신모델은 저장 용량을 확장하고 속도를 증가시켜 가치를 향상시킨다. 고객이 선호하는 단순하고 독창적인 디자인으로 시작하고 보증을 통해 위험을 줄인다.

[그림 7-14] 가치제안 설계

가치제안의 종류	② 가치제안 어떻게 돕는가?
• 디자인 • 성능 • 사용성 • 편의성 • 브랜드/신분 • 보증	

(3) 유통경로

애플은 소매점, 온라인 상점 등 다양한 채널을 통해 제품을 판매한다. 애플은 전 세계에 소매점을 운영하고 있다. 소매점 외에 소프트웨어 및 하드웨어를 판매하는 수천 개의 온라인 상점을 설립했다. 고객은 Apple.com, Apple 소매점(iStores), App Store를 통해 애플 제품에 접근할 수 있다. 그리고 다른 소매업체. 유통채널은 회사가 제품을 판매할 수 있는 통로 역할을 한다. iTunes Store는 디지털 컨텐츠가 판매되는 채널 역할을 한다.

[그림 7-15] 유통경로 설계

유통경로의 종류	③ 유통경로 가치를 어떻게 전달하는가?
• 소매점 • 온라인 상점	

(4) 고객관계

애플은 설립 초기부터 매우 강력한 브랜드 충성도를 보여 주며 애플 제품을 계속 구매하는 매니아를 많이 확보했다. 애플은 전화 및 웹 채팅을 기반으로 한 고객 서비스 채널을 제공하고 전 세계의 다양한 매장에서 직접 지원을 제공함으로써 고객과의 강력한 관계를 유지한다. 회사에서 고객을 다루는 것은 회사의 성공을 위한 중요한 원천이다. 고객관계는 회사의 성공을 위한 비밀 무기이다. 회사는 고객관계를 유지하기 위해 다양하게 활동한다.

고객관계 향상을 목표로 회사가 수행한 주요 활동에는 Genius Bar의 개발이 포함된다. Genius

Bar는 애플의 소매점에 위치한 기술 지원 플랫폼이다. 이 시스템은 애플 제품 고객을 위해 서비스 지원을 제공한다. Genius Bars의 설립으로 회사는 다양한 소프트웨어 및 하드웨어 관련 문제에 대한 해결안을 제공할 수 있었다. 소비자는 이러한 플랫폼에 장치를 가져가고 이 분야의 전문가는 고객이 제기한 문제를 해결하기 위해 노력한다. 이것은 애플이 고객을 다루는 방법을 잘 알고 있기 때문에 수행된다.

애플은 잠재고객과 기존고객 모두에게 정보를 제공하기 위해 광고에 막대한 투자를 해왔다. Business Insider에 따르면 애플은 한해에 1억 달러의 광고비를 지출했다. 애플은 고객의 인지도와 관계를 창출하는 광고 외에도 고객에게 보장과 보증을 제공한다. 보장과 보증 제공은 회사 제품에 대한 고객의 신뢰를 형성하기 위한 것이다. 현재 애플은 모든 제품에 대해 1년 보증을 제공한다.

[그림 7-16] 고객관계 설계

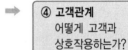

고객관계의 종류
- Genius Bar
- 정보, 이미지 광고
- 보장과 보증

④ 고객관계
어떻게 고객과 상호작용하는가?

(5) 수익원

설립 이후 10년 간 가정용 컴퓨터 판매수익이 대부분이었지만, 소규모 소비자 전자제품에 중점을 두면서 수익이 변화했다. 회사 수익의 주요 원천은 iPhone과 iPads의 판매에서 비롯된다. 다른 수익은 Apple Watch, Apple TV, Beats 제품, Apple 브랜드와 타사 액세서리 및 Apple touch와 같은 Mac 및 기타 제품의 판매로 발생한다. iPhone의 판매는 매 분기마다 회사 수익의 30-50%를 창출하며 지속적으로 가장 큰 수익을 올리고 있다. iPads는 Apple의 분기별 수입의 4-9%를 차지하는 두 번째로 큰 수입원이다. 매킨토시 컴퓨터의 판매는 일반적으로 수입의 5% 미만을 창출하며 지난 몇 년 동안이 수치는 크게 감소했다. 애플 시계와 다른 제품의 판매는 매출의 3-6%를 차지한다. iTunes, Apple Care 및 Apple Pay를 포함한 Apple의 인터넷 서비스는 일반적으로 수익의 3-6%를 차지한다. 전체 수익의 90% 정도가 HW의 직접 판매, 악세사리 판매, 관련 서비스 등에서 발생한다. 모바일 컨텐츠 산업의 핵심축인 앱스토어, 아이튠즈 등을 통해 발생하는 수익은 전체의 5~7% 수준이다. 애플이 현재 HW 중심의 수익 구조로 된 비즈니스 모델이 미래에 한계가 될 수 있다.

[그림 7-17] 수익원 설계

수익원의 종류	
• HW 판매: iPhone, iPads, Mac • SW: 앱스토어, 아이튠즈	⑤ 수익원 무엇을 얻는가?

(6) 핵심자원

인적자원은 제품을 생산하기 위해 최고 수준의 하드웨어 디자이너와 소프트웨어 엔지니어에게 크게 의존하는 핵심자원이다. 수년 동안 애플은 매우 재능 있는 직원을 엄청나게 축적해 왔다. 현재 애플은 여러 국가에서 116,000명의 풀타임 직원을 고용하고 있다. 애플은 미국에 4만 7천명의 직원을 고용한다.

지식자원을 풍부하게 보유하고 있다. 지식자원은 회사의 직원 기술, 비즈니스 교육 및 조직에 경쟁우위를 제공할 수 있는 독점 기술이나 정보를 의미한다. 조직이 처분할 수 있는 전체 정보자산으로 수익창출, 신규고객 창출, 신규고객 확보 또는 비즈니스 개선에 사용될 수 있다. 애플에서 지식자원의 일부는 저작권, 상표 및 특허를 포함한다. 애플의 브랜드 이미지는 경쟁업체보다 높은 가격으로 제품을 판매할 수 있는 핵심자원이다.

지식자원 이외에도 애플은 차량, 건물 및 시스템과 같은 기타 물적자원도 보유하고 있다. 애플은 세계에서 가장 가치 있고 수익성 있는 조직으로 성장했다. 전 세계 애플 매장과 같은 물적자원 또한 비즈니스에 가치 있고 중요하다. 애플은 세계 여러 지역에 위치한 소매점을 통해 전 세계 수백만 고객에게 서비스를 제공한다.

[그림 7-18] 핵심자원 설계

핵심자원의 종류	
• 우수한 직원 등 인적자원 • 특허, 상표, 저작권, 교육 등 지식자원 • 물적자원 • 브랜드 이미지 • 전 세계 유통 소매점	⑥ 핵심자원 무엇을 보유했는가?

(7) 핵심활동

애플의 핵심활동은 제품을 설계하고 판매하는 것이다. 이들은 제품의 하드웨어 및 소프트웨어 설계의 모든 측면에서 매우 까다롭기 때문에 품질관리에 많은 투자를 하여 고객이 기대하는 표준을 충족하도록 한다. 디자인, 품질관리를 제외하고 브랜딩은 애플의 역할 중 상당 부분을 차지한다. 애플은 이미지를 관리하는 것을 극도로 의식하고 있으며, 경쟁사에 비해 제품가격을 정당화할 수 있도록 품질, 정확성, 정교성 및 이미지를 고심하고 의식적으로 개발한다. iTunes Store 채널을 통해 제3자 디지털 컨텐츠를 판매하는 것이 또 다른 주요 활동이다.

애플은 소프트웨어 개발, 제조, 디자인, 품질관리 및 유통에 이르기까지 다양하게 활동하고 있다. 이러한 활동으로 인해 조직의 가치제안이 창안되었다. 애플은 연구개발에 많은 투자를 해왔다. 회사는 기존 품목을 개선하고 혁신적인 업무 및 혁신의 달성을 통해 품목을 개선하고 새로운 연구개발을 계속해서 확대하고 있다. 이외에도 회사는 자사 제품의 마케팅에 많이 투자한다. 제품을 시장에서 눈에 띄게 하는 독특한 마케팅 전략을 채택한다. 항상 고객의 욕구와 요구 사항을 충족시키는 제품을 설계할 수 있게 해주는 전략이다.

[그림 7-19] 핵심활동 설계

핵심활동의 종류	⑦ 핵심활동 무슨 일을 하는가?
• 기술 및 연구개발 • 고객의 욕구와 요구 사항 충족 설계 • 제조, 품질관리 • 마케팅 전략 • 혁신활동	

(8) 핵심파트너

애플의 핵심파트너는 애플 스토어 개발자, 제조사, 출판사 및 음악, 휴대폰 서비스, 영화 및 TV 산업이다. 핵심파트너들은 조직에서 특정 역할을 담당한다. 애플 하드웨어의 일부 핵심부품 제조는 Foxconn과 같은 회사에 아웃소싱되어 중요한 파트너이다. 애플이 아이튠즈 스토어에서 판매하는 디지털 미디어에 대한 권리를 소유하고 있는 레코드 회사, 영화 스튜디오 및 기획사 역시 중요한 파트너이다. 앱 스토어에서 제공되는 프로그램을 만드는 타사 개발자도 주요 파트너이며 Apple의 Macintosh 및 iPhone 생태계에 기여한다. 이러한 핵심파트너는 소프트웨어 개발, 제품판매, 원자재 제공, 조립 서비스 및 제조시설을 포함하여 회사에 다양한 역할을 담당한다.

▌제품 개발자

사용자가 iPhone 스마트폰, iPod Touch, Apple 시계 및 iPads 태블릿 컴퓨터에서 모바일 응용 프로그램에 접속하고 다운로드할 수 있는 통로를 제공한다. 사용자는 회사의 iPhone 운영 소프트웨어 개발 키트로 개발된 응용 프로그램을 검색하고 다운로드할 수 있다.

▌음악산업

제품 개발자들과의 협력 외에도 음악회사와 협력하여 사용자에게 엔터테인먼트를 제공한다. 지난 수년 동안 애플은 음악산업의 특정 요소를 재발명하고 재정의하는 데 성공했다. iTunes의 도입으로 음악산업에 혁명을 일으켰다. 2003년에 MP3를 판매할 수 있는 플랫폼인 iTunes를 출시했다. 싱글 MP3는 각각 0.99달러에 팔렸다. 이 시점부터 플랫폼을 널리 확산시키고 수익성 있는 투자로 성장시켰다. iTunes는 결국 미국 최고의 음악 소매업체가 되었다.

▌텔레비전 및 영화 산업

애플은 기술에 투자하는 것 외에도 애플 TV 앱을 통해 텔레비전 산업에 투자했다. 응용 프로그램을 사용하면 4K HDR 품질로 쇼 및 영화를 볼 수 있다. Hulu, Netflix 및 ESPN과 같은 앱에서 라이브 뉴스, 스포츠 및 기타 엔터테인먼트 콘텐츠를 스트리밍할 수 있다. 또한 할리우드 제작자와 제휴하여 일부 컨텐츠를 Apple TV를 통해 방송한다.

[그림 7-20] 핵심파트너 설계

핵심파트너	⑧ 핵심파트너
• 제품 개발자 • 음악산업 • 텔레비전 및 영화 산업	누가 돕는가?

(9) 비용구조

애플은 제품제조에 많은 비용을 지출하지만 디자인, 품질관리 및 제품 테스트 단계의 모든 측면에도 상당히 투자한다. 애플은 프리미엄 가격전략으로 운영된다. 즉, 마케팅 및 브랜드 이미지 유지에 상당한 자원을 투자한다. 애플은 모든 제품의 시장가격을 결정하는 가격결정 기업이다. 때때로 회사는 업계에서 치열한 경쟁으로 인해 가격을 조정해야 한다. 최근 삼성, 소니 등 다른 휴대폰 제조업체와의 경쟁 등 외세로 인한 가격 변동은 비용구조에 직접적인 영향을 미쳤다.

애플이 채택한 비용구조는 제품 포트폴리오에 따라 다르다. 자사 제품에 대해 회사가 부과하는 가격은 주요 제품에서 얻는 프리미엄 가치제안에 달려있다. 조직에서 생산하는 주요 제품으로는 iPhone, iPads, Mac, iPod 등이 있다. 회사는 규모의 경제를 활용하기 위해 대량생산을 추구한다. 대량으로 제품을 생산하는 전략을 통해 회사는 제품에 적당한 가격을 책정할 수 있다.

[그림 7-21] 비용구조 설계

(10) 비즈니스 모델 캔버스

감성적인 디자인과 탁월한 성능의 제품을 고객들에게 제공하는 애플은 더 나은 방법으로 가치를 창출하고 제공한다. 애플은 iPod, iPhone과 iPads가 주력 제품이지만 가전제품에 점점 더 집중했다. 애플의 가치제안의 중심은 디자인이다. 애플은 가능한 사용자 친화적이고 우아한 제품을 세심하게 설계한다. 충성도가 높은 고객층은 애플이 디자인한 제품에 대해 프리미엄을 지불할 의사가 매우 크다. 애플의 명성은 화려한 디자이너로서 브랜드 이미지에 필수적인 요소이다. 제품 범위는 대개 고성능이며 사용자는 애플을 특정 품질 기준과 연관 짓는다.

[그림 7-22] 애플의 비즈니스 모델

애플 비즈니스 모델				
⑧ 핵심파트너	⑦ 핵심활동	② 가치제안	④ 고객관계	① 고객세분화
• 제품 개발자 • 음악산업 • 텔레비전 및 영화 산업	• 기술 및 연구개발 • 고객의 욕구와 요구 사항 충족 설계 • 제조, 품질관리 • 마케팅 전략 • 혁신활동	• 디자인 • 성능 • 사용성 • 편의성 • 브랜드/신분	• Genius Bar • 정보, 이미지 광고 • 보장과 보증	• 청소년 • 대학생 • 성인 • 직장인 • 사업가
	⑥ 핵심자원		③ 유통경로	
	• 우수한 인적자원 • 특허, 상표, 저작권, 교육 등 지식자원 • 물적자원 • 브랜드 이미지 • 전 세계 소매점		• 소매점 • 온라인 상점	
⑨ 비용구조			⑤ 수익원	
• 연구개발비용 • 제조비용 • 재고비용 • 마케팅 및 판매비용 • 시설비용			• HW 판매: iPhone, iPads, Mac • SW: 앱스토어, 아이튠즈	

3) 익스피디아(Expedia)

익스피디아(Expedia)는 여행 관련 호텔 및 항공권 등의 온라인 예약과 결제를 통합적으로 관리해주는 서비스 플랫폼 회사이다. MS의 경영진의 한 사람이었던 리차드 바튼(Richard Barton)이 1996년 익스피디아를 설립했다. 아무도 익스피디아가 시가총액이 20년 내에 20조 원이 될 것이라고 상상하지 못했다. 플랫폼 비즈니스 모델의 힘으로 짧은 시간 내에 대규모로 확장할 수 있었다. 플랫폼 비즈니스 모델은 가장 중요하고 혁신적인 비즈니스 모델로 간주되고 있다. 가장 성공적인 신생기업 중 Google, Facebook, Alibaba, Uber, Airbnb, Paypal 및 기타 여러 기업이 비즈니스 모델을 기반으로 한다. 익스피디아는 다양한 여행 온라인 플랫폼과 관련 비즈니스를 운영하여 다양한 비즈니스 모델을 운영한다. 익스피디아는 2015년 오비츠의 인수와 함께 세계 1위 규모의 온라인 여행사가 되었다. 다음은 중요한 비즈니스 브랜드에 대한 간략한 개요이다.

- Expedia.com: 호텔, 항공편, 렌트카, 여행자 보험, 객실 판매
- Hotels.com: 숙박 시설에 초점을 맞춘 온라인 여행사
- Orbitz.com, Wotif.com: Expedia가 인수한 대형 온라인 여행사
- Trivago.com: Expedia가 대부분 소유한 여행 메타 검색엔진
- Egencia: 풀 서비스 기업 여행사
- HomeAway: 공유경제 가정 숙소 여행 플랫폼(Airbnb와 유사)
- 기타: Expedia는 약 75개국에서 약 200개의 여행 웹 사이트를 운영

(1) 고객세분화

데이터 중심 접근 방식은 고객의 극소 세분화가 가능하다. 비즈니스 모델에서 플랫폼은 호텔 객실을 구입한 다음 여행자에게 재판매한다. 상인들은 일찍부터 일괄적으로 객실을 구입한다. 상인들은 항공료, 렌터카에서 수익을 얻는다. 플랫폼 비즈니스에는 가치를 제공해야 하는 고객이 두 명 이상 있다. 온라인 여행 대행사의 경우 가치제안은 수요 측면에서 여행자이며, 공급 측면에서 여행 서비스 제공자, 호텔 등이다.

[그림 7-23] 고객세분화 설계

고객세분화의 종류	① 고객세분화 누가 고객인가?
■ 호텔 • 부동산 유형 • 객실 유형 • 스타·사용자 평점 • 편의 시설 • 근접성 • 호텔 유형 • 위치 ■ 여행자 • 여행 동기 • 인구통계 • 예약 세부 정보 • 지출 행태	

(2) 가치제안

가치제안의 대상은 서비스 제공업체와 여행자가 있다. 익스피디아는 양측에 가치제안과 함께 가치창출 방식으로 제공하는 간접적인 네트워크 효과가 있다. 수요와 공급 측면에서 다양한 범주로 구분할 수 있다. 익스피디아는 여행자에게 최고의 가치를 제공한다. 즉, 탁월한 제품 및 제품 선택, 여행 서비스 제휴업체, 타의 추종을 불허하는 글로벌 유통 기회, 동급 최고의 고객 및 파트너 경험이다.

▌서비스 제공업체에 대한 가치제안

- 증분 수익: 공실 채우기
- 반응 능력: 호텔이 익스피디아에게 신축적으로 서비스를 공급할 수 있는 능력
- 전 세계적 서비스: 호텔의 글로벌 시장진출 지원
- 위험 감소: 예약과 수수료 없음
- 호텔 웹 사이트 트래픽 증가: 광고판 효과

[그림 7-24] 가치제안 설계

가치제안의 종류	⇒	② 가치제안 어떻게 돕는가?
■ 여행자 　• 저렴한 가격 　• 위험 감소 　• 고객 서비스 　• 유용한 앱 　• 유용한 여행 콘텐츠 ■ 서비스 제공업체 　• 증분 수익 　• 반응하는 능력 　• 글로벌 접근 　• 위험 감소 　• 추가 웹 트래픽 　• 시장정보		

(3) 유통경로

유통경로는 익스피디아 고객의 판매 채널, 광고 채널, 커뮤니케이션, 콘텐츠 및 기타 경로 등 다양한 경로를 갖고 있다.

▌익스피디아 고객의 판매 채널

- 익스피디아 웹 페이지
- 자회사의 웹 페이지: 약 200개의 서로 다른 도메인/사이트
- 모바일에 최적화된 웹 페이지
- 익스피디아 앱
- 세계 최대 규모의 여행 사이트 TriPadsvisor[39]를 통한 판매

▌광고 채널

- 일반 검색엔진, Google, Bing
- 유료 광고
- 유용한 콘텐츠를 통한 자연적 검색(organic sear)[40] 순위
- 기타 온라인 여행 대행사
- TriPadsvisor 광고
- 메타 검색엔진(meta search engines)[41]
- Trivago.com 광고
- Google 호텔 광고
- TV, 라디오, 잡지 등과 같은 전통적인 브랜드 광고 채널

▌커뮤니케이션, 콘텐츠 및 기타 채널

- 앱용 iTunes App Store, Google Play 스토어 등
- 고객과의 직접 커뮤니케이션을 위한 EMail
- 기타 검색엔진 및 웹 페이지
- Expedia YouTube 채널
- YouTube 광고

---

39) 호텔 등 여행에 관한 가격 비교를 중심으로 하는 세계 최대 규모의 웹 사이트.
40) 광고료를 지불하지 않고 노출되는 검색 영역.
41) 자체적으로 검색 기능은 없으며 다른 검색엔진들을 연결시켜 검색한 정보를 보여주는 검색엔진이다.

- 기타 디스플레이 광고 및 재 타겟팅 광고
- 소셜 미디어 사이트, Facebook, Instagram 등 흥미로운 기사 및 유용한 내용
- 여행 목적지

[그림 7-25] 유통경로 설계

유통경로의 종류

- 웹 사이트(모바일, 데스크톱)
- 앱
- 파트너 채널
- 광고 채널(메타 검색엔진 등)
- 통신 채널

➡ **③ 유통경로**
가치를 어떻게 전달하는가?

---

(4) 고객관계

호텔과 온라인 여행사 간의 관계는 매우 밀접하나 이것은 애증의 관계이고, 주요 호텔 체인의 경우 특히 심하다. 호텔은 충성도 프로그램을 많이 홍보한다. 그들은 온라인 여행 대행사에 수수료를 지불하는 것을 피하면서 더 높은 수준의 직접 예약을 달성하기 위해 이 프로그램을 사용한다. 무료 편의 시설과 같은 로열티 혜택은 종종 충성도 프로그램을 통해서만 사용할 수 있다. Expedia, Hotels.com 및 Orbitz는 대규모 충성도 프로그램을 운영하고 있다. 충성도 프로그램의 세 가지 필수 요소는 통화(포인트), 독점 상품과 비금전적 특혜이다.

익스피디아 신용카드는 고객에게 결제 서비스를 제공하고 연대감을 강화한다. 적절한 순간에 올바른 형식의 올바른 컨텐츠를 제공할 수 있도록 컨텐츠 전략을 수립하면 고객의 방문 브랜드가 될 수 있다. 세분화를 통해 고객의 평생가치를 이해하고 마케팅 노력을 조정한다. 일반적으로 고객 충성도 프로그램은 반복, 교차판매, 상향판매에 유용하다. 익스피디아는 다른 호텔과 함께 충성도 프로그램을 확장한다. 구매행동에 보상을 주는 충성도 프로그램이다.

- 유용한 기능을 갖춘 충성도 앱(모바일 체크인, 채팅 봇 등)
- 메시징 앱(예: Facebook 메신저)을 통한 상호작용
- 디지털 지갑 서비스 생성 · 사용
- 가구별로 가치 재정의

- 게임화(gamification) 고려
- 맞춤 설정: 여행환경 추적

[그림 7-26] 고객관계 설계

고객관계의 종류	④ 고객관계 어떻게 고객과 상호작용하는가?

■ 서비스 제공업체
  • 커미션
  • 간편한 가입
  • 예약, 지불 없음
■ 여행자
  • 고객 서비스
  • 정확도	

(5) 수익원

온라인 여행사가 수익을 실현하는 비즈니스 모델은 판매자 비즈니스 모델, 대행 비즈니스 모델, 광고 비즈니스 모델, 구독료 비즈니스 모델과 기타(예: 여행자 보험료, 마케팅 서비스)이다. 익스피디아의 가맹점은 숙소, 렌터카 등의 예약에서 해당 수수료가 발생한다. 메타 검색엔진인 Trivago는 클릭당 광고수익을 얻는다. HomeAway는 공실에 대한 수익을 얻는다. 여행자들의 여행 안전을 위한 여행 보험료 수익이 있다. 익스피디아의 가맹점 비즈니스 모델은 여러 특징이 있다. 가맹점은 도매가격으로 호텔 객실을 할인하여 구입한다. 여행자 우대 프로그램에 따라 적격한 고객은 숙박 후 호텔에서 비용을 지불할 수 있다. 계약에 따라 사전 예약 마감일에 예약 취소된 객실을 다시 호텔에 반납할 수 있다. 패키지 상품은 주로 판매자 모델을 사용하여 판매된다.

[그림 7-27] 수익원 설계

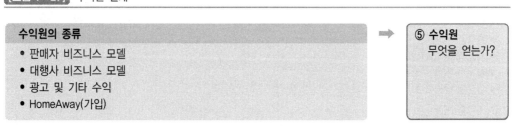

수익원의 종류	⑤ 수익원 무엇을 얻는가?
• 판매자 비즈니스 모델 • 대행사 비즈니스 모델 • 광고 및 기타 수익 • HomeAway(가입)	

(6) 핵심자원

익스피디아는 패키지 상품을 판매한다. 회사는 각 분야에 많은 참여자가 있어 완전한 패키지를 만들 수 있는 능력을 키울 수 있다. 네트워크 비즈니스 모델의 가장 중요한 특징 중 하나는 성장할 때 더 많은 가치를 제공한다. 비네트워크 비즈니스 모델은 많은 가치를 제공하지 못한다. 플랫폼 비즈니스가 성장함에 따라 공급 측면과 수요 측면 모두를 활용할 수 있다. 대규모 공급 측면에서는 전환이 높다. 플랫폼 비즈니스의 자원은 네트워크 효과이다. 모든 핵심자원은 사업에 기여한다.

- 예약 가능한 호텔 및 숙박 파트너 수
- 적용 지역 수
- 독립적으로, 부분적으로는 서로 경쟁하는 다양한 자회사 및 브랜드
- 매력적인 콘텐츠: 고품질, 전문사진, 훌륭한 호텔 설명, 시설
- 신선한 사용자 생성 콘텐츠: 리뷰, 평점
- 사용자 데이터 및 독점 알고리즘
- 웹 사이트 및 앱의 사용자 경험
- 익스피디아 소유 플랫폼의 글로벌 네트워크
- 숙련된 기술직원
- 숙련된 고객 서비스 직원
- 로열티 프로그램과 회원
- 제휴 프로그램 회원
- 웹 사이트 및 앱 인프라와 다양한 호텔, 항공편, 렌트카, 기타 유통 시스템
- 지식재산권, 상표, 영업비밀, 도메인 등

[그림 7-28] 핵심자원 설계

핵심자원의 종류	⑥ 핵심자원
• 호텔 수 • 위치 • 훌륭한 콘텐츠 • 사용자 데이터/알고리즘 • 사용자 경험 • 글로벌 네트워크 • 숙련된 직원	무엇을 보유했는가?

(7) 핵심활동

플랫폼 비즈니스 모델의 장점은 네트워크 효과이다. 핵심활동은 이들을 향상시키는 것을 목표로 해야 한다. 네트워크 효과 및 고객경험을 향상한다. 예약 가능한 숙박 시설의 수, 예약 가능한 속성의 유형(다양성), 사용자 리뷰, 이미지 등의 유용한 컨텐츠, 기술혁신을 통해 고객경험을 향상시킴으로써 플랫폼의 가치를 높인다. 알려진 직접 경쟁자의 움직임을 관찰한다. 프로모션이나 구독자에게 알림을 통해 수요를 촉진하고, 수집된 데이터와 진화하는 기술, 추세 및 피드백을 기반으로 웹 사이트 및 앱을 개선한다. 여행자의 고객 여정을 안내하고, 파트너 및 고객 기반 확대를 위한 새로운 여행 관련 서비스를 개발한다. 유료 광고 채널에서 최상위 순위 유지 및 자연 검색 순위를 향상하는 검색엔진 가시성을 추구한다.

[그림 7-29] 핵심활동 설계

핵심활동의 종류	⑦ 핵심활동 무슨 일을 하는가?
• 네트워크 효과 관리 • 고객경험 • 고객지원 • 플랫폼 성장 • 외부 요인 관찰 • 기술향상 • 검색엔진 가시성 • 호텔 체인의 움직임을 관찰 • 고객 여정 안내 • 로열티 프로그램 확대 • 파트너 및 고객 기반 확대를 위한 여행 관련 서비스 개발 • 규제 로비와 숙박 로비 단체의 움직임 관찰	

(8) 핵심파트너

핵심파트너는 여행 서비스 제공업체, 회사 여행 관리자, 기술 파트너, 메타 검색엔진, 로비스트 및 기타 관광단체가 있다. 이러한 핵심파트너는 익스피디아가 경쟁력을 갖고 수익을 창출하는 데 핵심적인 역할을 한다. 오프라인 여행 계열사는 여행사 제휴 프로그램에 따라 위탁 수수료를 받는다. 위탁 수수료는 패키지(항공편 + 호텔, 항공편 + 호텔 + 렌터카)에 따라 대체로 3%-11%이다. 기술 파트너는 새로운 기능을 개발하고 여행 계획, 예약 및 경험 과정에서 갈등을 제거한다. 이것은 호텔 체인 및 기타 여행 플랫폼을 뒤지지 않게 유지하는 데 큰 역할을 한다. 익스피디아는 다른 큰 여행 메타 검색엔진인 Google 호텔과 공동으로 작업한다.

▌여행 서비스 제공업체
- 호텔 소유자
- 기타 숙박 시설 제공자
- 항공사
- 렌트카
- 활동 제공자

▌회사 여행 관리자: 익스피디아는 Booking.com보다 기업 여행 관리에 더 야심 찬 방법을 사용한다. 자체 비즈니스 여행 관리 포털 Egencia를 보유하고 있다.

▌기술 파트너: 익스피디아는 5,500명의 사내 IT · 기술직원을 보유하고 있다.

▌메타 검색엔진: 메타 검색엔진이 점차 중요해지고 있다. 익스피디아는 Trivago.com에서 대부분의 소유권을 보유한다.

▌로비스트: 로비스트는 주도권 싸움에 큰 역할을 한다.

▌기타: 관광 단체 VisitBritain 외 다수

[그림 7-30] 핵심파트너 설계

핵심파트너의 동기부여	⑧ 핵심파트너 누가 돕는가?
• 호텔 • 부동산 소유자 • 항공사 • 렌트카 회사 • 활동 제공자 • 여행사 · 제휴사 • 기업여행 관리자 • 기술 파트너 • 메타 검색엔진 • 로비스트	

(9) 비용구조

익스피디아의 비용구조는 플랫폼 비즈니스를 운영하는 데 소요되는 모든 비용이다. 운영구조는 직접적으로 운영에 지출되는 운영비와 운영에 필요한 자산비용이 있다. 판매 및 마케팅 비용, 고객 대응비용, 기술 및 콘텐츠 개발비용과 관리비용이다. 금융비용은 차입이자, 지분 배당금, 무형자산이나 영업권이 있다. 이러한 비용을 상회하는 수익이 창출될 때 비즈니스 모델은 건전하다.

❚ 운영비용
- 판매 및 마케팅 비용
- 직접비용
- 검색엔진 및 인터넷 포털의 트래픽 생성 비용
- 텔레비전, 라디오 및 인쇄 지출
- 개인 라벨 및 제휴 프로그램 커미션
- 홍보 및 기타 비용
- 간접비용
- 관리비용

❚ 금융비용
- 차입이자
- 지분 배당금
- 무형자산이나 영업권 취득

[그림 7-31] 비용구조 설계

비용구조의 종류	⑨ 비용구조 무엇을 지불하는가?

■ 운영비
  • 실적 광고
  • 매출 원가
  • 기술 및 콘텐츠
  • 자본비용
■ 대차 대조표
  • 부동산 및 장비
  • 무형자산
  • 영업권	

(10) 비즈니스 모델 캔버스

익스피디아는 호텔 및 항공사에서 시작하여 렌트카, 크루즈 및 기차로 끝내는 주요 파트너의 훌륭한 구조를 갖추고 있다. 이것들은 가치제안의 핵심이다. 고객은 가장 중요한 핵심파트너 중 하나이며 기술과 제품은 지속적으로 자신의 필요에 따라 개발되고 있다. 익스피디아는 기술 플랫폼, 숙련된 직원 및 정보 데이터베이스와 같은 주요 자원을 사용하여 제품개발 및 관리, 영업 및 마케팅, 고객 네트워크 관리 및 빅데이터 관리 등의 주요 활동을 성공적으로 수행한다. 이러한 익스피디아는 세계에서 가장 성공적인 기업 중 하나이지만 위협에 직면해 있다. 주요 경쟁자인 프라이스라인 그룹(Priceline Group)과 함께 그들은 세계적인 양립을 이룬다. 최고의 자리를 지키기 위해서는 인수뿐만 아니라 새로운 시장으로의 확장과 혁신이 계속되어야 한다.

[그림 7-32] 익스피디아 비즈니스 모델 캔버스

익스피디아 비즈니스 모델				
⑧ 핵심파트너	⑦ 핵심활동	② 가치제안	④ 고객관계	① 고객세분화
• 호텔 • 부동산 소유자 • 항공사 • 렌트카 회사 • 활동 제공자 • 여행사·제휴사 • 기업여행 관리자 • 기술 파트너 • 메타 검색엔진 • 로비스트 • 기타	• 네트워크 효과 관리 • 고객경험 • 고객지원 • 플랫폼 성장 • 외부 요인 관찰 • 기술향상 • 고객 여정 안내 **⑥ 핵심자원** • 호텔 수와 위치 • 훌륭한 콘텐츠 • 사용자 데이터/알고리즘 • 사용자 경험 • 글로벌 네트워크 • 숙련된 직원	▪ 여행자 • 저렴한 가격 • 위험 감소 • 고객 서비스 • 유용한 앱 • 유용한 여행 콘텐츠 ▪ 서비스 제공업체 • 증분 수익 • 반응하는 능력 • 글로벌 접근 • 위험 감소 • 추가 웹 트래픽 • 시장정보	▪ 서비스 제공업체 • 커미션 • 간편한 가입 • 예약, 지불 없음 ▪ 여행자 • 고객 서비스 • 정확도 **③ 유통경로** • 웹 사이트(모바일, 데스크톱) • 앱 • 파트너 채널 • 광고 채널(메타 검색엔진) • 통신 채널	▪ 서비스 제공업체 • 부동산 유형 • 객실 유형 • 스타/사용자 평점 • 편의 시설과 근접성 • 호텔 유형과 위치 • 인프라 유형 ▪ 여행자 • 여행 동기 • 인구 통계 • 예약 세부 정보 • 지출 행태 • 극소 세분화
⑨ 비용구조			⑤ 수익원	
▪ 운영 • 실적 광고 • 매출 원가 • 기술 및 콘텐츠 • 자본화된 비용 ▪ 대차대조표 • 부동산 및 장비 • 무형자산			• 판매자 비즈니스 모델 • 대행사 비즈니스 모델 • 광고 및 기타 수익 • HomeAway(가입)	

4) 우버(Uber)

우버(Uber)는 가장 유명한 플랫폼 비즈니스 중 하나로 많은 혁신가와 기업가에 의해 존경을 받는 회사이다. 우버는 기술적으로 우수하지 않지만 혁신적인 기업이다. 우버는 온 디맨드(on-demand)[42] 운송 서비스로 전 세계의 택시업계에 혁신을 가져왔다. 사람들은 스마트 폰을 활용하고 택시를 최소

시간 내에 자신의 위치에 도착시켜 우버와 같은 App을 제작하는 신생 벤처기업을 탄생시켰다.

2009년 3월 미국 샌프란시스코에서 설립된 우버는 스마트폰 앱을 통해 차량이동이 필요한 사람과 차량소유·운전자를 연결해 주는 서비스 회사이다. 우버는 세계에서 700억 달러가 넘는 소수의 기술기업 중 하나이다. 우버는 전 세계 633개 도시에 진출했다. 이러한 사실은 비즈니스 모델에서 투자자의 신뢰를 확실하게 보여주고 일단 유동성을 확보하면 조직이 많은 수익을 창출할 수 있다.

- 설립자: Travis Kalanick 및 Garrett Camp
- 본사: San Francisco, California, United States
- 자금 조달액: 22억 2천만 달러(2017년 12월)
- 평가가치: 7백억 달러 이상
- 사용자 수: 5천만 명 이상
- 등록 운전기사 수: 약 7백만(2017년 12월)
- 일일 평균 이용자 수: 1백만 명

택시를 타면 내릴 때 운전기사에게 현금으로 요금을 지불했을 것이다. 택시 요금은 전통적인 택시회사의 유일한 수익원이다. 우버도 마찬가지이다. 우버도 다른 수익 모델을 가지고 있지 않다. 그러나 하루에 100만 번 타는 것을 상상해 보면 회사

에서 얻은 큰 숫자를 계산하는 데 도움이 된다. 우버가 성공을 거둔 이유는 수익 모델이 독특하다는 사실이다. 그것은 몇 가지 독특한 비즈니스 모델의 특징으로 설명할 수 있다.

---

42) 모바일을 포함한 정보통신기술 인프라를 통해 소비자의 수요에 맞춰 즉각적으로 맞춤형 제품 및 서비스를 제공하는 경제 활동.

▌모두를 수용할 수 있는 다양한 택시 모델

우버는 자동차의 특정 부분이나 특정 사람들에게만 국한되지 않는다. 검은 색 차량으로 여행하는 것을 좋아하는 사람들에게는 Uber X, Uber Black, 럭셔리를 원하는 사람들에게는 Uber Taxi가, 비용 효율적인 해결을 찾는 사람들에게는 Uber SUV가 있다.

▌탄력요금 기술

탄력요금제(surge pricing)란 이용자는 많고 운전기사가 부족한 경우 일시적으로 가격이 높게 측정되는 시스템을 말한다. 상황에 따른 택시 요금의 편차는 비즈니스 모델의 중요한 측면이다. 수요가 증가할 때마다 주행거리 당 가격이 자동으로 증가한다. 특별한 이벤트가 있거나 주말 저녁의 경우 통상에 비해 오른 가격이 자동 적용된다. 가격은 이용 가능한 운전자의 숫자와 여행을 원하는 사람들의 요청 횟수에 따라 다르다. 이것을 탄력요금 기술 특허로 신청했다.

▌다른 이동 영역 확대

우버는 택시에서 보트, 헬리콥터 및 기타 운송 수단을 제공한다. 그들은 최근에 파리에서 오토바이 픽업 서비스, 샌프란시스코에서 배달 서비스, 아이스크림 트럭 배달 서비스를 시작했다. 이러한 방법은 특정 지리적 위치에서 사용할 수 있고, 새로운 비즈니스 흐름을 비즈니스 모델에 추가했다.

(1) 고객세분화

고객집단은 운전자(드라이버)와 이용자(라이더)가 있다. 현금지급이 불가능하기 때문에 이용자는 신용카드를 소지한 18세 이상자이다. 서비스를 이용하려면 이용자는 우버 계정을 만들고 라이더 앱을 다운로드해야 한다. 이용자 집단은 고급 승차를 원하는 사용자, 가격 대비 편안함 간의 정확한 균형을 위해 승차를 원하는 사용자, 최저가격을 지불하기 위해 타인과 승차를 공유하는 사람들이다.

운전자는 우버의 서비스를 사용하기 전에 많은 요구 사항을 충족시켜야 한다. 드라이버 앱을 다운로드해야 하고, 우버가 승인한 모델 중 하나인 자동차를 소유하고 있고, 웹 페이지에 명시된 조건을 충족해야 한다. 자동차를 소지하지 않은 경우 우버는 적절한 장비가 있는 자동차를 제공하는 렌터 회사와 연결할 수 있다. 또한 운전자는 다양한 운전자, 즉 전문 택시 운전자 및 다른 사람들로 구성되어 우버 서비스를 사용하여 수익을 얻는다.

우버는 방대한 고객집단을 보유하고 있다. 우버 택시에서 Uber Black까지 그리고 Uber X에서 Uber SUV까지 회사는 고객이 선택할 수 있는 방대한 범위를 포함한다. 우버는 우버 택시를 왕복으로 고용하면서 전문기사에게 서비스를 제공하였다. 그래서 처음에는 법인과의 제휴를 거의하지 않았으며 새로운 국가의 신도시에서 시작되었다. 전문가와는 별도로 우버는 다음과 같은 특별한 서비스를 제공함으로써 사람들의 마음을 감동하려고 했다.

- 어린이용 서비스: 우버의 특별한 서비스는 자녀가 우버 택시로 집에 도착하기를 바란 부모를 위해 제공했다.
- 고령자용 서비스: 고령자를 대상으로 하는 특별 서비스이다. 도시의 노인들은 택시 이용자의 30-40%에 해당한다. 이것은 우버를 연장자를 위한 몇 가지 특별한 특징으로 만들었고 따라서 플랫폼에서 더 많은 노인을 끌어들인다.

우버는 고객과 운전자를 양면으로 분할하여 이익을 얻는다. 고전적인 시장세분화와 고도로 목표를 둔 극소 세분화를 결합하여 사용한다. 우버는 "사람들은 우버를 다른 교통수단과 연결하기 위해 우버에 의존하고 있다"라고 결론을 짓는다. 상황별 및 행동별 세분화에 사용할 수 있는 또 다른 통찰력이다. 다음은 우버가 고객과 공급 측면을 의미 있게 분류하는 방법이다.

▎운전자 세분화
- 인구통계학적 특성: 연령, 사회 경제적 지위, 가족 상태, 국적
- 지리적 위치: 도시, 교외 지역별
- 행동 방식: 선호하는 근무 시간 및 패턴
- 서비스 제공: UberX, UberPOOL, UberBLACK, 파트타임 대 풀타임

▎이용자 세분화
- 지리적 위치: 가정, 직장, 일반적인 위치(우버 앱은 기본 설정을 변경하지 않으면 꺼져 있어도 위치를 추적한다)
- 사용 패턴: 정기적, 간헐적
- 사용 유형 제공
  - UberPOOL: 평일 정규 근무지 자동차 통근
  - UberX: 비즈니스 여행 사용자(예: 공항에서 도심까지)
  - UberX: 임시 사용자
  - UberBLACK: 리무진 사용자
  - UberSUV 또는 UberLUX: 주말, 레크리에이션 사용자
- 행동: 결제 습관(예: 우버 신용카드를 사용하는 사람)

[그림 7-33] 고객세분화 설계

고객세분화의 종류	① 고객세분화 누가 고객인가?
• 이용자 • 운전자 • 투자자 • 로비스트 • 전문 기술 제공업체: 지도, GPS, 결제, 애널리스트 • 전문 프로그래머 • 보험	

(2) 가치제안

우버가 경쟁자보다 우위를 차지하는 주요 요소는 애플리케이션을 통해 서로 다른 고객층을 연결하는 기술 플랫폼이다. 그 이유는 서비스의 단순성과 두 부문의 수요와 공급을 연결하는 효율성 때문이다. 정보 비대칭, 거래비용을 줄이고 자원을 보다 효율적으로 할당할 수 있다. 이용자는 버튼을 누르기만 하면 운전자를 요청할 수 있으며 합의된 위치에 도착하면 계좌에서 자동으로 금액이 공제된다. 언제 어디서나 서비스가 제공된다.

이용자에게는 다양한 선택의 유연성이 제공된다. 그들이 원하는 차를 기반으로 가장 좋아하는 옵션을 선택할 수 있으며, 가장 적합한 차를 원할 수 있다. 우버는 다면 플랫폼이므로 이용자와 운전자 모두에게 가치제안을 한다. 이용자를 위한 가치제안은 하루 24시간 언제든지 전화를 걸면 도착하는 운전자를 추적할 수 있는 방법이다. 운전자는 소득을 얻을 기회이며, 근무 시간의 선택이다. 모든 제안은 다면 플랫폼의 주요 특징인 검색비용과 거래비용의 절감에 속한다.

▌이용자

- 빠른 픽업(종종 3-5분)
- 비교할 수 있는 택시보다 저렴한 가격(예외: 탄력요금)
- App은 예상 운임 및 승차 소요 시간을 알려준다.
- 운전자에게 목적지를 말할 필요가 없다.
- 현금 없는 거래(예외가 있음)
- 피드백을 허용하는 등급 시스템
- 안전한 귀가

▌운전자

- 추가 소득 발생
- 유연한 근무 시간과 근무 일정을 계획하고 일과 가족 간의 균형
- 보스 없음
- 내비게이션 등을 도와주는 전용 드라이버 앱
- 가입 용이성(주로 확인, 배경조사, 차량 검사 정도)
- 가입에 대한 선행투자가 없다.
- 평균 이상으로 소득을 얻는 기회
- 운전자에게 무료로 고객(이용자)을 확보할 수 있는 능력
- 이용자와의 어떠한 손해, 분쟁 등에 대해서도 다툴 필요가 없다.
- 우버를 통한 보험 보상

[그림 7-34] 가치제안 설계

가치제안의 종류	② 가치제안 어떻게 돕는가?
■ 이용자 　• 빠른 픽업 　• 택시보다 저렴한 가격 　• 예상 운임 및 승차 소요 시간 　• 운전자에게 목적지 설명 불필요 　• 현금 없는 거래 　• 피드백을 허용하는 등급 시스템 　• 안전한 귀가 ■ 운전자 　• 추가 소득 발생 　• 유연한 근무 시간과 근무 일정 계획 　• 내비게이션 　• 가입 용이성 　• 무료로 고객(이용자) 확보 　• 손해, 분쟁 대신 해결	

(3) 유통경로

우버 앱은 그 자체로 회사가 고객들에게 다가가는 통로이다. 고객들은 앱을 다운로드하고 서

비스를 사용하는 것이 필수이다. 이전 사람들은 도로 가장자리에 서서 택시를 탔다. 그러나 우버는 상황을 바꾸었다. 이제는 스마트 폰을 접촉하여 현재 위치에서 택시를 탈 수 있다. 앱 자체가 고객들에게 다가갈 수 있는 최고의 유통경로이다. 제품을 출시한 후 고객들에게 다가가는 것은 신생기업에게 있어 가장 어려운 과업이다.

▍소셜 미디어

소셜 미디어는 분명히 우버가 팬을 확보하고 유료고객으로 신속하게 전환할 수 있도록 도와주는 경로이다. 모든 제안, 할인 및 경품은 소셜 미디어 캠페인을 통해 추진된다. 우버가 아직 출시되지 않은 새로운 도시로 시장을 개척하기 위해서는 소셜 미디어가 여전히 중요한 경로이다.

▍입소문

많은 사람들은 대체로 파티가 끝난 후 집으로 돌아가는 준비를 한다. 우버는 이 사실을 이해하고 야간에 서비스를 제공했다. 이 서비스를 사용하는 사람은 누구나 우버의 팬이 되어 입소문 광고를 통해 확산되었다.

▍스포츠

스포츠 경기가 열리면 우버는 사람들에게 이벤트를 주선하거나 행사 후에 집으로 돌아갈 때 할인 혜택을 제공하여 대중에게 다가갈 수 있는 최초의 택시회사였다. 우버가 도로에서 무작위로 택시를 타는 번거로움을 피하면서 VIP 방식으로 사람들이 쉽게 집으로 돌아가도록 했다.

▍파트너십

우버의 잠재고객을 보유한 조직과의 파트너십은 새로운 고객을 확보하기 위한 우버 비즈니스 모델의 주요 부분이었다. 우버는 최근 모바일 제조회사와 파트너십을 맺어 고객에게 홍보한다.

▍이벤트

우버의 사용자를 확보하기 위한 또 다른 전략은 이벤트에 참석하고자 하는 사람들에게 서비스를 제공한다. 우버는 낮과 밤을 불문하고 이벤트 주최자와 협력하여 도시 내 행사에 참석하고자 하는 사람들에게 서비스를 제공한다.

[그림 7-35] 유통경로 설계

유통경로의 종류	③ 유통경로
• 소셜 미디어 • 입소문 • 파트너십 • 이벤트 • 앱·앱 스토어 • 통신 채널	가치를 어떻게 전달하는가?

(4) 고객관계

고객관계는 자동화된 서비스를 통해 설정된다. 전체 프로세스는 회사 직원과 실제로 접촉하지 않고 앱을 통해 수행된다. 목표는 서비스를 가능한 쉽고 편리하게 사용하여 구매와 관련된 거래비용을 줄이는 것이다. 또한 우버는 고객의 안전과 관련하여 제공되는 개인적인 도움을 통해 개인적인 관계를 맺고 있다. 고객이 서비스에 대한 익명의 피드백을 통해 관계를 이용자와 공동으로 운전자들의 신뢰를 구성한다. 운전자는 회사 직원이 아니지만 특정 조건을 준수해야 한다. 우버는 그들에 대한 배경 조사를 실시하며, 검토 시스템은 고객과 좋은 관계를 맺을 좋은 품질의 운전자를 선발하기 위해 사용된다.

우버는 고객관계를 관리하기 위해 네 가지 요소를 고려한다. 즉, 고객(이용자), 운전자, 광범위한 대중 및 규제 기관과의 관계이다. 최근 엄청난 양의 보험 및 규제 개입으로 인해 고객관계 측면에서 어려웠다. 보다 기술적인 면에서 우버는 CRM 소프트웨어와 고객 서비스 소프트웨어를 사용하고 있다. 모든 플랫폼 비즈니스에서 고객관계, 즉 고객 세부 정보를 확실하게 소유하는 것이 중요하다. 공급 측면(운전자)에 대한 고객관계는 주로 플랫폼이 무엇을 하는지에 따라 정의된다. 우버는 지역사회에 대한 긍정적인 기부를 주장함으로써 긍정적인 이미지를 묘사하기 위해 노력하고 있다. 공유 플랫폼 비즈니스는 지나치게 부정적인 대중이 규제 당국에 압력을 가하기 전에 스스로 혁신을 수행하는 모습을 보인다.

▌운전자 및 이용자 관련
- 안전과 위험 관리
- 운전자와 이용자의 나쁜 행동을 관리하고 규칙을 지속적으로 개선한다.

- 고객문제를 적절한 방식으로 적시에 처리한다.
- 투명 가격결정
- 프라이버시를 둘러싼 투명성
- 소셜 및 기타 미디어를 통해 원하는 회사 이미지 묘사

▎운전자 관련

- 소득을 창출할 수 있는 플랫폼의 능력
- 우버 운전자가 적어도 택시 운전자보다 많은 수입을 올린다.
- 수락 가능한 근무 조건 및 시간
- 사고에 영향을 미치는 사고, 손해 또는 문제점
- 필요한 경우에 탑승 수속 지원
- 공정한 배분
- 합리적인 가격의 민간 보험(의료, 상해, 장애, 생명) 개발

▎일반 대중

- UberPOOL을 통한 배출가스 감축처럼 환경에 대한 긍정적 영향을 지적한다.
- 커뮤니티를 보다 안전하게 만든다.
- 우버가 커뮤니케이션 캠페인을 통해 규제 당국에 압력을 가한다.
- 미디어 및 기타 관련 채널 전반에서 플랫폼의 이미지를 관리한다.

[그림 7-36] 고객관계 설계

고객관계의 종류	④ 고객관계 어떻게 고객과 상호작용하는가?
■ 운전자 및 이용자 관련 　• 안전과 위험 관리 　• 운전자와 이용자의 나쁜 행동을 관리하고 규칙을 개선한다. 　• 고객문제를 적절한 방식으로 적시에 처리한다. 　• 투명 가격결정 　• 프라이버시를 둘러싼 투명성 　• 소셜 및 기타 미디어를 통해 원하는 회사 이미지 묘사 ■ 운전자 관련 　• 소득을 창출할 수 있는 플랫폼의 능력	

- 우버 운전자가 택시 운전자보다 많은 수입을 올린다.
- 수락 가능한 근무 조건 및 시간
- 사고에 영향을 미치는 사고, 손해 또는 문제점
- 필요한 경우에 탑승 수속 지원
- 공정한 배분
- 합리적인 가격의 민간 보험(의료, 상해, 장애, 생명) 개발
- 일반 대중
  - 환경에 대한 긍정적 영향을 지적한다.
  - 커뮤니티를 보다 안전하게 만든다.
  - 캠페인을 통해 규제 당국에 압력을 가한다.
  - 미디어 및 관련 채널에서 플랫폼의 이미지를 관리한다.

(5) 수익원

우버 자동차 요금은 우버가 독자적으로 책정한다. 특정시기에는 특정 변동이 있을 수 있지만, 우버 비즈니스 모델은 우버와 운전자가 절대로 불이익을 받지 않도록 보장된다. 우버의 수입은 매우 간단하다. 앱은 여행한 마일 수와 피크 시간대처럼 추가 요금을 기준으로 이용자에게 청구한다. 비싼 자동차의 일부 프리미엄 타기는 또한 높은 가격으로 제공된다. 이익 분배는 보통 80%를 운전자가, 20%는 우버가 갖는다. 20%의 공제 후에도 택시기사는 전통적인 택시 서비스보다 더 많은 수입을 올린다.

평균적으로 우버는 하루에 백만 번 타기를 한다. 우버는 차량에 다양한 자동차 모델을 추가했다. '미니 타기'에서 '특별 SUV 타기'까지 다양한 가격대를 제공한다. 우버는 가격 탄력 기술을 적용한다. 놀이기구에 대한 수요가 증가하면 운임이 자동으로 증가한다. 회사 구조는 끊임없이 새로운 기능을 비즈니스에 추가하는 사람들로 구성된다. 그들이 추가한 가장 최근의 놀이기구는 보트, 헬리콥터, 아이스크림 트럭 배달 및 배달 서비스이다.

[그림 7-37] 수익원 설계

수익원의 종류
- 운임의 20%

⑤ **수익원**
무엇을 얻는가?

(6) 핵심자원

핵심자원은 확실히 기술 자원이다. 플랫폼은 고객과 운전자 간의 통신을 가능하게 하며 적절한 기능을 보장한다. 플랫폼 기술은 서비스가 가능한 가장 짧은 시간 내에 제공되도록 한다. 또한 서비스의 가격 효율성에 기여한다. 우버는 자동차 없이는 운전할 수 없다. 회사는 자동차를 소유하지 않고, 운전자는 회사의 직원이 아니다. 우버는 자금을 유치하여 서비스를 운영하고 있으며 이는 가격을 낮추는 또 다른 이유이다. 플랫폼의 핵심자원은 네트워크 효과이다. 이것은 지어질 필요가 있는 자원이다. 분석하고 통찰력을 얻는 데 필요한 데이터, 알고리즘 및 기능이 필수적이다. 결과는 네트워크의 크기에 따라 커진다.

- 참가자(운전자와 이용자) 간의 네트워크 효과
- 포착된 데이터, 알고리즘
- 분석 기능
- 숙련된 기술자 및 기타 직원
- 플랫폼 아키텍처
- 비즈니스 성장을 유지하는 벤처 캐피탈
- 브랜드 이름 및 자산
- 이용자, 운전자 앱 및 기타 제품

[그림 7-38] 핵심자원 설계

핵심자원의 종류
- 참가재(운전자와 이용자) 간의 네트워크 효과
- 포착된 데이터, 알고리즘
- 분석 기능
- 숙련된 기술자 및 기타 직원
- 플랫폼 아키텍처
- 비즈니스 성장을 유지하는 벤처 캐피탈
- 브랜드 이름 및 자산
- 이용자, 운전자 앱 및 기타 제품

➡ **⑥ 핵심자원**
무엇을 보유했는가?

(7) 핵심활동

플랫폼이 주요 자산인 우버의 핵심활동은 알고리즘과 함께 플랫폼을 유지 및 개발하는 것이다. 또한 그들은 수요를 충족시키기 위해 충분한 수의 운전자가 등록되어야 하며, 이는 부분적으로는 서비스 마케팅을 통해 달성되어야 한다. 성공적인 마케팅 전략을 통해 두 고객층의 네트워크를 넓혀 모든 사람에게 교통수단을 제공한다는 사명을 완수한다. 간접 네트워크 효과는 경쟁우위를 달성하기 위한 플랫폼 비즈니스의 핵심요소이다. 주요 활동은 간접 네트워크 효과를 높이고 부정적인 영향을 줄이는 데 초점을 맞추어야 한다.

- 모든 상호작용에서 갈등을 제거한다.
- 운전자의 유휴 시간과 고객 대기 시간을 줄이기 위해 운전자와 고객 측을 조정한다.
- 부정적인 외부 효과를 줄인다.
- 더 많은 참가자가 참여하여 플랫폼을 성장시킨다.
- 참여자를 계속 참여시키고 지속적인 참여를 유도한다.
- 가치제안을 계속적으로 개선한다.
- 보완 가치제안(예: 자동차 금융, 신규고객 세분화)
- 고객제안 전달
- 이탈을 줄인다.
- 더 많은 도시로 확장한다.
- 모든 것을 미세 조정하기 위해 데이터를 분석한다.
- 기술 장벽과 지식재산권을 강화하여 진입장벽을 가라앉힌다.

[그림 7-39] 핵심활동 설계

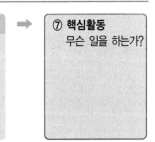

핵심활동의 종류	⑦ 핵심활동 무슨 일을 하는가?
• 거래에서 갈등을 제거한다. • 임계질량[43] 이상으로 확장 • 참여자 참여 • 가치제안 재정립 • 데이터 분석 및 개선	

---

43) 바람직한 결과를 얻기 위한 충분한 양.

(8) 핵심파트너

우버는 세 가지 유형의 핵심파트너를 보유하고 있다. 첫째로, 운전자, 둘째, 기술 파트너, 셋째, 투자자 및 로비스트이다. 운전자는 공급 측면이며 최종 고객에게 가치제안을 전달하는 데 도움을 준다. 기술 파트너도 마찬가지이다. 고유한 가치제안을 작성하고 이용자와 운전자 간의 갈등을 제거하는 데 도움이 된다. 투자자와 로비스트와 같은 다른 지지자들은 경제 공유에 있어 확고한 기업이 되기 위해 거친 환경을 조정하는 데 도움을 준다. 중요한 파트너이지만 반드시 핵심파트너가 아닌 다른 파트너도 있다.

[그림 7-40] 핵심파트너 설계

핵심파트너의 동기부여

- 핵심파트너
  - 운전자
  - 기술 파트너
  - 투자자 및 로비스트
- 기타 파트너
  - 기타 기술 및 인프라 제공업체
  - 지도
  - GPS
  - 결제
  - 클라우드 스토리지(cloud storage)
  - 데이터 분석
  - 융자 파트너/은행
  - 자동차 파트너
  - 보험

⑧ 핵심파트너
누가 돕는가?

(9) 비용구조

온라인 플랫폼에서 가장 큰 비용 요소는 고객획득 비용이다. 우버는 세계에서 가장 큰 시장에서 승리하기 위해 중국의 디디(Didi)와 오랫동안 격렬한 전쟁을 벌였다. 선택의 무기는 고객확보 보조금이었다. 운송산업은 매우 세분화되지 않다. 일부 전문가는 이것이 승자가 될 요소라고 믿는다. 우버의 기술 자산, 즉 플랫폼의 적절한 사용을 유지, 개발 및 설계하기 위한 마케팅 비용, 특히 신도시에서 사업을 개시할 때 및 운전자 파트너에게 지급할 때 비용이 발생한다. 직원 수에 따라 월급도 상당한 수준의 비용을 추가해야 한다. 비용구조는 고객확보에 따른 마케팅 비용, 운전자 비용과 시스템 운영비용이다.

운전자의 임금을 비용 요소로 보지 않으면 놀랄 수도 있다. 그러나 우버 수익에는 거래 수익, 즉 운임의 20%-30%를 차지하는 것만 포함된다. 따라서 다른 운전자 비용이나 지불금이 없다. 수익에는 우버가 운임에서 취하는 부분만 포함된다. 단, 카풀 서비스의 경우는 예외이다. 이 회사는 수익으로 UberPool 요금의 전체 금액을 계산한다.

[그림 7-41] 비용구조 설계

비용구조의 종류	⑨ 비용구조 무엇을 지불하는가?
• 고객 확보비용: 무료 시승, 일회성 보조금, 디지털 광고 • 자본비용 • 새로운 기능의 개발, 진행 중인 알고리즘의 미세 조정 • UberPool 운전자 비용 • 법적인 분쟁해결 및 합의 비용 • 로비, 규정 준수 • 거래 수수료(신용 카드 수수료) • 직원 및 주식 기준 보상에 대한 급여 • 더 많은 도시와 국가로 확장 • 인프라 비용, 컴퓨팅 성능, 대역폭 • 고객지원 • 보험비용 • 연구개발 • 인접한 틈새시장으로의 확장	

(10) 비즈니스 모델 캔버스

우버는 사용자의 요구를 충족시키기 위해 플랫폼을 통해 여러 사용자를 연결하는 기술 회사이다. 우버의 비즈니스 모델은 일반 택시보다 이용 요금이 상당히 저렴하지 않으면 작동하지 않는다. 우버가 스스로 고객가치를 제안할 때도 택시보다 저렴할 수 있는 이점은 어디에서 비롯되는가? 그것은 비용구조가 다르다는 것이다. 다면 플랫폼 비즈니스 기업인 우버는 고객과 운전자를 양면으로 분할하여 이익을 얻는다.

[그림 7-42] 우버 비즈니스 모델

⑧ 핵심파트너	⑦ 핵심활동	② 가치제안	④ 고객관계	① 고객세분화
• 운전기사 • 투자자 • 로비스트 • 지지자 • 전문기술 업체: 지도, GPS, 결제, 애널리스트 • 프로그래머 • 보험	• 거래에서 갈등을 제거한다. • 임계질량 이상으로 확장 • 참여자 참여 • 가치제안 재정립 • 데이터 분석 및 개선 **⑥ 핵심자원** • 네트워크 효과 • 데이터 및 분석 • 숙련된 직원 • 앱, 아키텍처 • 벤처 캐피털 • 브랜드	• 운전기사 • 소득 발생 • 유연한 근무 시간 • 보스 없음 • 간편한 가입 • 낮은 유휴 시간 • 문제해결 • 고객/이용자 • 빠른 픽업 • 비용절감 • 요금 추산 • 편리함 • 쉬운 거래 • 등급 시스템	• 운전자 및 이용자 • 공공: 공동체 • 규제기관: 규정 준수, 세금, 투명성 **③ 유통경로** • 소셜 미디어 • 입소문 • 파트너십 • 이벤트 • 앱/앱 스토어 • 통신 채널	• 운전자 • 인구 통계 • 사회 경제적 • 극소 지리 • 행동 • 상황 • 고객·이용자 • 사용 패턴 • 사용 유형 • 인구 통계 • 사회 경제적 • 극소 지리

⑨ 비용구조	⑤ 수익원
• 고객획득 비용 • 자본비용 • UberPool 운전기사 비용 • 법적 분쟁 해결비용 • 로비 • 기술개발, 연구개발	• 운임의 20%

5) 에어비앤비(Airbnb)

자신이 사는 집의 남는 방을 공유하는 개념을 도입한 에어비앤비(Airbnb)의 사명은 사람들이 건강하고 믿을 만하고 다양하며 포괄적이며 지속 가능한 여행을 통해 소속할 수 있는 세상을 만드는 것이다. 회사는 전 세계 수백만 명의 사람들에게 경제적으로 힘을 실어줌으로써 공간, 열정, 재능을 열어 수익을 창출해 환대하는 기업가가 되도록 독창적으로 기술을 활용한다. 자기의 집을 상품으로 내놓는 숙박 공유 플랫폼으로 에어 베드(air bed)와 아침밥(breakfast)을 제공한다는 아이디어에서 출발했다.

에어비앤비(Airbnb)는 샌프란시스코의 한 아파트에서 공동 생활하던 조 게비아(Joe Gebbia), 브라

310

이언 체스키(Brian Chesky)와 네이선 블레차르치크(Nathan Blecharczyk)에 의해 창립되었다. 이 아파트는 2007년 3명의 공동창업자가 함께 지내던 곳이다. 사업하고 싶었지만 자금이 없었다. 단지 집 안에 남는 공간이 있었다. 2007년 10월 샌프란시스코에선 대규모 디자인 컨퍼런스가 개최되어 호텔이 만원이었다. 그들은 3명의 디자이너에게 집을 빌려줬다. 또한 그들은 손님에게 샌프란시스코의 커피숍과 식당을 소개하고 동네를 안내했다. 손님에게 에어 베드(air bed)와 아침(breakfast)을 줬다는 점에서 에어비앤비(air bed & breakfast)다.

에어비앤비는 자신의 집을 상품으로 내놓는 아이디어이다. 집주인(Host)이 빈 방이 있을 때 여행객이나 머물 곳이 필요한 사람(Guest)에게 가정집의 방을 빌려주는 아이디어이다. 즉, 낯선 사람에게 일반 주택의 공간을 빌려주는 서비스다. 낯선 사람에게 집을 빌려주는 것은 신뢰가 필요한데 제도적인 장치와 보험으로 위험을 보호한다. 게스트가 숙소를 예약할 때 회사에 숙박 대금을 지불하고, 게스트가 체크인하고 24시간 후에 집주인은 회사에서 숙박 대금을 받는다. 집주인은 보험으로 절도와 파손 피해를 최대 10억 원까지 보상받을 수 있다.

회사는 현지 호스트와 게스트를 연결하는 온라인 마켓 플레이스이다. 한 편으로 이 플랫폼은 사람들이 사용 가능한 공간을 나열하고 임대료 형태로 추가 수입을 얻게 한다. 다른 한편으로 회사는 게스트가 현지 호스트로부터 독특한 민박을 예약하고 돈을 절약하고 지역 주민과 교류할 수 있는 기회를 제공한다. 에어비앤비의  숙박 시장은 81,000개 이상의 도시와 191개 국가에 5백만 이상의 독특한 장소를 제공하고, 2억여 명의 고객에게 서비스를 제공하고 있다. 회사의 인적자원 플랫폼은 호스트, 게스트, 직원 및 운영되는 지역사회를 포함한 모든 이해관계자에게 이익이 된다. 현재 시가총액이 310억 달러로 합병된 Hilton과 Hyatt의 시가총액을 상회했다.

(1) 고객세분화

에어비앤비가 목표로 삼는 두 가지 주요 집단은 호스트(집주인: Hosts)와 게스트(여행자: Guests)이다. 집주인은 사적인 사람에서부터 숙식제공업체, 숙소 및 기타 호스텔(hostel)에 이르기까지 누구에게나 가능하다. 유일한 전제 조건은 호스팅 기준을 준수하는 것이다. 또한 비즈니스 여행객에게 독특한 경험을 제공하는 공간을 제공한다. 다른 집단은 여행자이며 개인 및 기업으로 구성된다. Facebook 계정으로 로그인하면 잘 표적화할 수 있다. 데이터 중심 회사는 기존 세분화보다 훨씬 더 극소 세분화를 만든다. 자녀가 있는 가족을 대상으로 하거나 퇴직 후 광범위한 여행자 집단으로 표적화하는 경우가 있다.

[그림 7-43] 고객세분화 설계

고객세분화의 종류	① 고객세분화 누가 고객인가?
■ 게스트(Guests): 여행 유형별 • 출장 손님, 여행 손님 • 여러 목적지 여행, 단일 목적지 체류 • 인구통계 • 일인, 복수, 가족과 아이들 • 연령대 • 퇴직 전후 • 소득 계층 별 • 관심 분야별 ■ 호스트(Hosts): 제공되는 숙박 시설 유형별 • 주택 형태: 단독, 아파트 • 방: 한 칸, 전체 • 집 위치 별 • 국가, 도시 • 위치 유형별 • 시골, 근교	

(2) 가치제안

플랫폼은 호스트와 게스트가 연결되어 그들의 필요를 충족시키기 위해 직접 소통하는 장소를 만든다. 가장 큰 이점은 플랫폼 등록과 정보 등록이 간단하고 쉽고 빠른 점이다. 이러한 조직은 불필요한 중개인을 제거함으로써 거래비용과 가격을 절감한다. 회사의 경쟁우위는 여분의 공간을 가진 거의 모든 사람들이 주인공이 되어 돈을 벌거나 지역사회의 다른 주인과 연결하거나 단순히 새로운 사람들을 만날 수 있다는 것이다. 여행자에게 제공하는 가장 중요한 장점은 저렴한 가격과 다양한 선택이다. 어떤 여행자의 목표는 가장 저렴한 가격이 아닌 성, 보트 또는 별장과 같은 독특한 장소에 머무르는 것이다.

회사는 호텔과 경쟁하기 위해 가치제안을 추가하고 있다. 호텔 로비 구석에 있는 구식 전단지와 에어비앤비 행사를 비교한다. 목적지에서 개최되는 행사와 경험은 주인과 손님을 위한 훌륭한 보완적 가치제안이다. 호텔은 리조트 내 또는 사전 선택된 제품만을 제공하기 때문에 겨우 경쟁한다. 이것이 혁신을 키울 수 있는 또 다른 커다란 원천이다. 회사의 플랫폼은 플랫폼의 공급

(주인: Hosts) 및 수요(손님: Guests) 측면에서 가치를 창출한다. 회사는 재무적 가치를 제외하고 세 가지 수준에서 가치제안을 제공한다.

- **개별적 연결**: 회사는 게스트와 호스트를 연결하는 데 도움을 준다. 호텔은 세계 곳곳에서 동일한 시각과 느낌을 제공하여 개성이 부족하다. 그러나 에어비앤비 서비스 제공자들은 서비스 전달 기준에 맞게 조정한다.
- **커뮤니티**: 목적지에 대한 방대한 양의 사용자 정보와 사용할 수 있는 개별 주택/방 정보 간의 개별적인 연결이다.
- **현지화**: 위치 정보와 추천을 추가하고 이벤트를 제공한다.

회사는 목적지에 대한 안내서 목록이 여행안내서와 유사하지만 현지 호스트가 만든 내용을 확대한다. 이것은 다른 여행지 손님을 유도할 수 있는데, 해당 도시의 호스트가 전문적인 사진과 함께 제작된 목록이다. 호스트가 작성하므로 제작비용이 적다. 지역 호스트는 게스트에게 큰 가치를 부여하는 장소를 추천할 수 있다. 또한 회사 자료에는 거리 사진이 많은 도시와 주변 지역이 있다. 이렇게 하는 것이 호스트에 대한 가치제안이 보다 상세하게 보이는 방식이다.

[그림 7-44] 가치제안 설계

가치제안의 종류	② 가치제안 어떻게 돕는가?
■ 호스트(공급) • 추가 소득창출 • 거래의 용이성 • 플랫폼 가입 • 손님 확보 • 결제방법 • 손님의 신분과 등급 확인 • 일정 관리, 예약 관리 • 보험 보상 • 새로운 사람들을 만나는 경험 ■ 게스트(수요) • 예약 편의성 • 가정의 종류와 다양성의 양 • 목적지를 보다 확실하게 경험할 수 있는 제안 • 대상 도시에 대한 엄청난 양의 정보	

- 비교할 만한 크기의 호텔 객실보다 저렴
- 여러 침실이 있는 가구 및 주택
- 현금 없는 거래
- 피드백을 허용하는 등급 시스템
■ 프리랜서 사진작가(지원)
- 프리랜서 사진가들로 구성된 광대한 네트워크 구성
- 프리랜서 사진작가에게 수수료 직접 지급

(3) 유통경로

고객과의 커뮤니케이션, 즉 서비스에 대한 인지율 제고를 위해 컨텐츠 마케팅을 사용한다. Facebook, Instagram, Twitter와 YouTube와 같은 소셜 미디어를 통해 고객을 유치한다. Airbnb Stories와 다양한 비디오 콘텐츠를 통해 블로그를 운영한다. 기존고객에게 신규고객을 추천하는 경우 여행 포인트를 제공한다. 예약, 입소문, 등급 및 리뷰 시스템을 통해 게스트와 호스트가 서비스를 평가할 수 있다. 정보 비대칭을 줄이고 신뢰를 쌓는다. 서비스는 웹 페이지 및 응용 프로그램을 통해 구입할 수 있으며 다양한 온라인 방법을 통해 지불할 수 있고, 현금 지불은 엄격히 금지된다. 이를 통해 플랫폼을 원스톱샵으로 구성하여 고객이 필요로 하는 모든 것을 준비하고 거래비용을 낮출 수 있다.

[그림 7-45] 유통경로 설계

유통경로의 종류

➡ **③ 유통경로**
가치를 어떻게
전달하는가?

■ 입소문
- 소셜 미디어 및 메시징 앱을 통해
- 사용자 스토리
- 보상을 제공하는 추천 프로그램
- 무료 언론 보도
■ 웹 홍보
- 앱 스토어(iOS, Android): 높은 평점, 광고 및 추천
- 앱 및 웹 페이지를 통한 거래의 자동화
- 웹 페이지 또는 앱을 통한 가입
■ 계층화된 고객지원 채널
- 대용량, 경미한 문제에 대한 신속한 고객지원 자동화
- 보다 심각한 문제에 대해 다층 고객지원
- Airbnb는 전자메일 및 알림을 사용하여 참여와 추천

■ 커뮤니케이션 다중 채널
  • Airbnbmag
  • Airbnb newsroom
  • Airbnb Citizen
  • Facebook pages

(4) 고객관계

고객관계는 유통채널을 통해 주로 유지·관리되며, 고객은 검토 시스템 및 스토리텔링을 통해 서비스 가치를 공동 창출할 수 있다. 플랫폼의 이면에 있는 아이디어는 셀프 서비스 또는 자동화된 서비스를 만드는 것이지만 회사는 이러한 정도의 유연성과 소속감을 결합하려고 한다. 그들은 온라인 커뮤니티 센터를 만든다. 주최자가 연결되어 조언을 구하거나 만나기를 준비할 수 있다. 그들은 지역사회를 자극하고 지원하기 위해 전 세계 여러 도시에서 다양한 행사를 주최한다. 그들은 사회적 원인을 지원하는 Airbnb Citizen과 같은 움직임을 촉진한다.

[그림 7-46] 고객관계 설계

고객관계의 종류	④ 고객관계
■ 양측 • 적절한 방식으로 적시에 고객문제 처리 • 나쁜 행동과 위험을 관리하고 규칙을 지속적으로 개선 • 개인 정보와 사적 비밀 보호 • 소셜 및 기타 미디어를 통해 회사 이미지 홍보 ■ 호스트 • 소득을 창출하는 플랫폼 • 좋은 손님을 제공 • 문제(사고, 피해, 불만) 관리 • 탑승 과정 지원 • 호스트의 성공 지원 ■ 게스트 • 정시 고객지원: 전 시간대의 모든 고객에게 연중무휴 지원 • 검토 시스템 및 스토리텔링을 통해 서비스 가치 공동 창출 • 프로모션 및 충성도 프로그램: 신규고객 확보 및 반복 예약 • 호스트 취소, 허위 정보 또는 부정한 숙박의 경우 환불 • 효과적인 분쟁 해결 • 맞춤식 추천 사항 • 소셜 미디어: 모든 플랫폼의 광범위한 사용	어떻게 고객과 상호작용하는가?

- ■ 공중
  - ● 플랫폼의 사회적, 공동체적, 경제적 영향 관리
  - ● 도시, 지역사회, 규제 기관 및 기타 집단과 유대
  - ● 미디어 및 기타 관련 채널에서 플랫폼 이미지 관리
  - ● 기사에 영향을 미치는 여론을 게시하는 여러 채널 관리
  - ● Airbnb 뉴스 룸, Airbnb Citizen 및 Facebook

(5) 수익원

회사는 사용자들의 등록 및 목록 등재를 무료로 하지만 호스트 및 게스트로부터 수익을 창출한다. 예약할 때마다 호스트는 서비스 요금으로 설정된 가격의 3%를 부과한다. 개인 여행자는 일반적으로 6-12%의 높은 서비스 수수료를 부과받지만 가격은 예약 기간 또는 기타 세부 사항에 따라 다르다. 비즈니스 여행객에게는 2-5%의 서비스 요금이 부과되며, 더 많은 직원이 있거나 더 오랜 기간 동안 머무르면 낮아진다. 이처럼 회사는 호스트와 게스트에게 서비스 수수료를 청구하여 수익을 창출한다.

[그림 7-47] 수익원 설계

수익원의 종류
- ● 개인 게스트 : 6-12%
- ● 기업 게스트: 2-5%
- ● 호스트: 3%

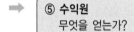

⑤ 수익원
무엇을 얻는가?

(6) 핵심자원

플랫폼 비즈니스의 핵심자원은 네트워크 효과이다. 즉, 고객층이 넓은 온라인 플랫폼이다. 에어비앤비가 고객에게 제공하는 모든 효율성의 근본적인 이유이기도 하다. 가치제안을 만들고 판매하는 곳이며 고객과 소통하고 고객과 관계를 맺을 수 있는 채널이다. 또한 온라인 결제 시스템은 필수 자원 중 하나이다. 에어비앤비는 에스크로 계좌를 만들어 체크인 후 24시간에만 호스트에 돈을 이체한다. 또 다른 자산은 브랜드이다. 그것은 안전하고 신뢰할 수 있는 독특한 고객 경험과 글로벌 커뮤니티에 대한 소속감을 나타낸다. 또한 기술 인력, 마케팅, 관리 및 디자인 전문가와 같은 인적자원은 매우 중요한 자산이다.

[그림 7-48] 핵심자원 설계

핵심자원의 종류	⑥ 핵심자원
• 네트워크 • 목록화된 주택 · 방 · 행사 • 목록화된 이벤트 • 웹 페이지에서 사용자 생성 콘텐츠 • 축적된 데이터 • 알고리즘 • 개발, 분석 기능 및 엔지니어, 데이터 과학자 • 브랜드 • 숙련된 직원 • 앱 및 웹 페이지	무엇을 보유했는가?

(7) 핵심활동

핵심활동은 플랫폼을 유지 · 관리하고 개발하는 것이다. 또한 고객의 글로벌 커뮤니티를 창출하여 새로운 사람들을 끌어 들이고 이미 가입한 사람들에게 더 나은 환경을 제공한다. 그 외에도 서비스를 홍보하고 더 발전시키는 데 초점을 맞추고 있다. 네트워크 효과는 플랫폼 비즈니스의 경쟁우위이다. 긍정적인 네트워크 효과를 개선하고 부정적인 영향을 줄이는 것이다.

[그림 7-49] 핵심활동 설계

핵심활동의 종류	⑦ 핵심활동
• 호스트와 게스트 간의 긍정적인 네트워크 효과 • 거래를 보다 쉽게 이용하도록 절차 간소화 • 고객들의 불만 사항을 신속하게 관리 · 처리 • 숙박과 이벤트에 훌륭한 여행 경험 제공 및 고객 유지 • 새로운 가치제안 추가 • 호스트 및 게스트 참여 증가 • 고객제안 반영 • 새로운 호스트 추가, 수입 기회 제공	무슨 일을 하는가?

(8) 핵심파트너

회사는 설립된 이래로 많은 파트너십을 체결했다. 그들은 지방 정부와 파트너 관계를 맺어 규제, 투자자, 결제 시스템 판매자 등 여러 사람들에게 동의를 얻으려고 노력했다. 파트너십은 회사의 협업 문화를 알리고 브랜드 및 커뮤니티 주변의 유대 형성에 중요한 단계이다. 파트너십은 대중을 위한 파트너십, 브랜드 구축, 커뮤니티 연결 및 환경 보존으로 요약될 수 있다. 핵심파트너는 쉽게 교체할 수 없고 회사의 성공에 크게 기여하고 미래의 궤도에 영향을 준다.

▌호스트

플랫폼의 공급 측면으로 집·방을 동원한다. 고객의 가치제안에 중요한 공급량과 선택의 폭을 제공한다. 두 가지 유형의 호스트가 있다.

- 임대 호스트: 주택, 콘도, 방, 성, 이글루 등 이국적인 숙박을 제공한다.
- 이벤트 호스트: 현지 경험, 음식, 예술, 패션, 유흥 등을 안내한다.

▌투자자 · 벤처 자본가

자금은 기능, 앱, 알고리즘 개발과 고객확보에 도움이 된다.

▌로비스트

정부의 모든 수준에서 중요하다. 주택 임대를 합법화하는 로비가 필요하다.

▌기업 여행 파트너

회사는 비즈니스 여행의 세계로 확장하여 새로운 고객을 열었다. Concur 및 Flight Center와 같은 플랫폼과의 제휴를 통해 Airbnb 목록이 기업 여행 관리자에게 제공된다.

▌기업 여행 관리자

숙박 제공업체를 포함한 공급업체가 기업 여행 정책에 참여할 수 있는 재량권이 있다. 기업 여행 관리자는 수천 명의 잠재고객을 추가할 수 있는 재량권이 있다.

[그림 7-50] 핵심파트너 설계

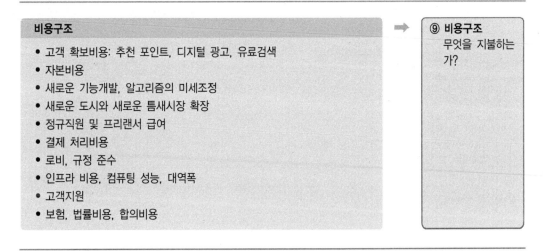

핵심파트너의 동기부여	⑧ 핵심파트너 누가 돕는가?
• 호스트 • 투자자·벤처 자본가 • 로비스트 • 기업 여행 파트너 • 기업 여행 관리자	

(9) 비용구조

비용구조는 플랫폼의 유지·보수 및 개발과 관련된 비용, 마케팅 비용, 판매 및 직원들에 대한 지불과 관련된 비용으로 구성된다. 호스트는 회사의 직원이 아니며 자산은 회사의 소유가 아니다. 이는 숙박 시설의 저렴한 가격의 주요 이유 중 하나이다. 고객에게 제공하는 지원에 따라 보험 또는 법적인 비용이 발생할 수도 있다. 회사는 비용 중 일부를 고객에게 직접 전가한다.

[그림 7-51] 비용구조 설계

비용구조	⑨ 비용구조 무엇을 지불하는가?
• 고객 확보비용: 추천 포인트, 디지털 광고, 유료검색 • 자본비용 • 새로운 기능개발, 알고리즘의 미세조정 • 새로운 도시와 새로운 틈새시장 확장 • 정규직원 및 프리랜서 급여 • 결제 처리비용 • 로비, 규정 준수 • 인프라 비용, 컴퓨팅 성능, 대역폭 • 고객지원 • 보험, 법률비용, 합의비용	

(10) 비즈니스 모델 캔버스

에어비앤비는 전 세계적으로 독특한 비즈니스 모델로 거대한 회사가 되었다. 독특한 비즈니스 모델은 사람들이 호텔보다 Airbnb를 더 선호한다는 것으로 입증되었다. 사람들은 현저하게

319

적은 비용으로 현지 문화를 체험할 수 있다. 에어비앤비는 기술혁신을 통해 전 세계의 개인을 연결하는 플랫폼을 구축했다. 그것은 하나의 자산을 구입하지 않고 오늘날 가장 큰 부동산 체인이 되었다. 게스트에게 최소한의 서비스 요금을 청구하지만 이들의 예약이 계속 증가함에 따라 에어비앤비의 수익은 계속 증가하고 있다.

[그림 7-52] 에어비앤비 비즈니스 모델

에어비앤비 비즈니스 모델				
⑧ 핵심파트너	⑦ 핵심활동	② 가치제안	④ 고객관계	① 고객세분화
• 호스트 • 투자자/벤처 자본가 • 로비스트 • 기업 여행 파트너 • 기업 여행 관리자	• 네트워크 효과 • 절차 간소화 • 고객들의 불만 신속한 처리 • 여행 경험 제공, 고객 유지 • 가치제안 추가 • 호스트·게스트 참여	▪ 운전기사 　• 소득 발생 　• 유연한 근무 시간 　• 보스 없음 　• 간편한 가입 　• 낮은 유휴 시간 　• 문제해결 ▪ 고객/이용자 　• 빠른 픽업 　• 비용절감 　• 요금추산 　• 편리함 　• 쉬운 거래 　• 등급 시스템	• 호스트 　• 소득창출 　• 손님제공 　• 문제관리 • 게스트 　• 정시 고객지원 　• 가치 공동창출 　• 환불과 분쟁해결	• 호스트(공급) • 게스트(수요) • 프리랜서(지원)
	⑥ 핵심자원		③ 유통경로	
	• 네트워크 • 주택/방/행사의 목록 • 이벤트 목록 • 축적된 데이터 • 개발, 분석 인력 • 브랜드 • 숙련된 직원 • 앱 및 웹 페이지		• 입소문 • 웹 홍보 • 계층화된 고객지원 채널 • 커뮤니케이션 다중 채널	
⑨ 비용구조			⑤ 수익원	
• 고객확보 비용 및 자본비용 • 새로운 기능개발, 알고리즘의 미세조정 • 새로운 도시와 새로운 틈새시장 확장 • 정규직원 및 프리랜서 급여 • 결제 처리비용 및 인프라 비용, 컴퓨팅 성능, 대역폭 • 보험, 법률비용, 합의비용			• 개인 게스트: 6-12% • 기업 게스트: 2-5% • 호스트: 3%	

참고문헌

서라미(역)(2015), 비즈니스 모델을 훔쳐라, 한빛비즈.

오경철, 안세훈(2012), 생각이 열리는 나무, 트리즈마인드맵, 성안당.

유순근(2015), 창의적신제품개발, 진샘미디어.

_____(2016), 서비스 마케팅, 무역경영사.

_____(2016), 센스 마케팅, 무역경영사.

_____(2017), 센스 경영학, 진샘미디어.

_____(2018), 벤처창업과 경영 2판, 박영사.

_____(2018), 글로벌 리더를 위한 전략경영, 박영사.

유효상(역)(2011), 비즈니스 모델의 탄생-상상과 혁신, 가능성이 폭발하는 신개념 비즈니스 발상법, 타임비즈.

이재선, 윤지선(역)(2016), 그래픽 디자인 씽킹-창의적 사고와 표현, 비즈앤비즈.

전경아(역)(2015), 세상을 바꾼 비즈니스 모델 70, 더난출판사.

최창일(2007), 트리즈 마케팅-창조경영, 최고의 해결사, 더난출판사.

Adam, A.(2009), Mihaly Csikszentmihalyi: Creativity: Flow and the Psychology of Discovery and Invention, Jura: A Pecsi Tudomanyegyetem Allames Jogtudomanyi Karanak Tudomanyos lapja, 235.

Amabile, T.M.(1997), "Motivating Creativity in Organizations: On Doing what you Love and Loving what you Do," *California Management Review,* 40(1), 39-57.

Ardichvili, A., Cardozo, R., & Ray, S. (2003), "A Theory of Entrepreneurial Opportunity Identification and Development," *Journal of Business Venturing,* 18(1), 105-123.

Aron O'Cass and Ngo(2011), "Examining the Firm's Value Creation Process: A Managerial Perspective of the Firm's Value Offering Strategy and Performance," *Journal of Management,* 22, 4, 646-671.

Barry, D. M., & Kanematsu, H.(2006), "International Program to Promote Creative Thinking in Chemistry and Science," *The Chemist,* 83(2), 10-14.

Carlgren, L. (2013), "Identifying Latent Needs: Towards a Competence Perspective on Attractive Quality Creation," *Total Quality Management & Business Excellence,* 24(11-12), 1347-1363.

Chesbrough, H.(2010), "Business Model Innovation: Opportunities and Barriers," *Long Range Planning,* 43(2), 354-363.

Csikszentmihalyi, M.(2014), "Society, Culture, and Person: A Systems View of Creativity," *The Systems Model of Creativity.* 47-61. Springer, Dordrecht.

Eberle, B.(2008), Scamper: Creative Games and Activities for Imagination Development, Prufrock Press.

Domb, E., & Tate, K.(1997),"Inventive Principles with Examples," *The TRIZ Journal.*

Frankenberger, K., Weiblen, T., Csik, M., & Gassmann, O.(2013), "The 4I-Framework of Business Model

Innovation: A Structured View on Process Phases and Challenges," *International Journal of Product Development,* 18(3/4), 249-273.

Giesen, E., Berman, S. J., Bell, R., & Blitz, A.(2007), "Three Ways to Successfully Innovate your Business Model," *Strategy & Leadership,* 35(6), 27-33.

Gino, F., & Ariely, D.(2012), "The Dark Side of Creativity: Original Thinkers can Be more Dishonest," *Journal of Personality and Social Psychology,* 102(3), 445.

Hipple, J., Caplan, S., & Tischart, M.(2010), "40 Inventive Principles with Examples: Human Factors and Ergonomics," *The TRIZ Journal.*

Karolin Frankenberger, Tobias Weiblen, Michaela Csik and Oliver Gassmann(2013), "The 4I-Framework of Business Model Innovation: An Analysis of the Process Phases and Challenges," *International Journal of Product Development,* 18, 249-273,

Kirzner, I. M.(2015), Competition and Entrepreneurship, University of Chicago press.

Koners, U., Goffin, K., & Lemke, F.(2010), *Identifying Hidden Needs: Creating Breakthrough Products,* New York: Palgrave Macmillan.

Lindgardt, Z., Reeves, M., Stalk, G. and Deimler, M.S.(2009), *Business Model Innovation. When the Game Gets Tough, Change the Game,* The Boston Consulting Group, Boston, MA.

Mann, D., & Catháin, Ó.(2001), "40 Inventive(Architecture) Principles with Examples," *The TRIZ Journal.*

Maslen, Andy(2015), Persuasive Copywriting: Using Psychology to Engage, Influence and Sell, Kogan Page Publishers.

Meinel, C., & Leifer, L.(2012), "Design Thinking Research," *Design Thinking Research,* 1-11, Springer, Berlin, Heidelberg.

Michalko, M.(2000), "Four Steps toward Creative Thinking," *The Futurist,* 34(3), 18.

Nussbaum, Bruce(2009), Latest Trends in Design and Innovation and Why the Debate over Design Thinking Is Moot, Business Week Blog.
    http://www.businessweek.com/innovate/NussbaumOnDesign/archives/2009/07/latest_trends_i.html, accessed 20 August 2009.

Osterwalder, A. & Pigneur, Y.(2010), *Business Model Generation: A Handbook for Visionaries, Game Changers and Challengers,* Wiley.

Plattner, H., Meinel, C., & Weinberg, U.(2009), Design Thinking. Landsberg am Lech: Mi-Fachverlag.

Raphael Amit and Christoph Zott(2012), "Creating Value through Business Model Innovation," *MIT Sloan Management Review,* 53, 3, 41-49.

Sabatier V., Mangematin V. & Rousselle T.(2010), "From Recipe to Dinner: Business Model Portfolios in the European Biopharmaceutical Industry," *Long Range Planning,* 43: 431-447.

Smith, J. B., & Colgate, M.(2007), "Customer Value Creation: A Practical Framework," *Journal of Marketing Theory and Practice,* 15(1), 7-23.

Simon, R.(2010), "New Product Development and Forecasting Challenges," *Journal of Business Forecasting,* 28, 4, 19-21.

Steve Johnson(2011), Where Good Ideas Come from: The Seven Patterns of Innovation. Penguin UK.

Young, J. W., Bernbach, W., & Reinhard, K.(1975), A Technique for Producing Ideas, NTC Business Books.

Zott, C., Amit, R. and Massa, L.,(2010), "The Business Model: Theoretical Roots, Recent Developments and Future Research," *IESE Business School-University of Navarra,* 1-43.

찾아보기

富의 수직 상승

아이디어에 길을 묻다

초 판 인 쇄	2019년 05월 02일
초 판 발 행	2019년 05월 07일

저 자	유 순 근
발 행 인	윤 석 현
발 행 처	박문사
책 임 편 집	최 인 노
등 록 번 호	제2009-11호

우 편 주 소	서울시 도봉구 우이천로 353 성주빌딩 3층
대 표 전 화	02) 992 / 3253
전 송	02) 991 / 1285
홈 페 이 지	http://jnc.jncbms.co.kr
전 자 우 편	bakmunsa@hanmail.net

ⓒ 유순근 2019 Printed in KOREA.

ISBN 979-11-89292-31-7   13320   정가 25,000원